Gerhard Marschütz

Gender-Ideologie!?

Gerhard Marschütz

Gender Ideologie!?

Eine katholische Kritik

echter

Der Umwelt zuliebe verzichten wir bei diesem Buch auf die Folienverpackung.

Bibliografische Information der Deutschen Nationalbibliothek

Die Deutsche Nationalbibliothek verzeichnet diese Publikation in der Deutschen Nationalbibliografie; detaillierte bibliografische Daten sind im Internet über ‹http://dnb.d-nb.de› abrufbar.

1. Auflage 2023

www.echter.de

Umschlag: Tobias Klose
Umschlagbild: privat
Innengestaltung: Crossmediabureau
Druck und Bindung: CPI books – Clausen & Bosse, Leck

ISBN
978-3-429-05841-8
978-3-429-05295-9 (PDF)
978-3-429-06635-2 (ePub)

Inhalt

Einleitung

„Ich schreibe ein Buch über die ‚Gender-Ideologie'." So lautete im ersten Halbjahr 2023 oft meine knappe Antwort auf die mir gestellte Frage, was ich denn nach meiner Emeritierung so tue. Die Reaktionen darauf reichten von erstaunt bis interessiert nachfragend, wobei Ideologie meist mit dem Gendern assoziiert wurde. Nur wenigen katholischen Insidern war bekannt, dass „Gender-Ideologie" auch noch anderes meint.

In der Regel gilt: Viele begegnen dem Begriff Gender durch die zunehmende Präsenz einer geschlechtergerechten Sprache – und üben nicht selten Kritik daran. Oft ist zu hören und zu lesen, Gendern sei ein neumodischer Quatsch oder gar eine Vergewaltigung der Sprache. Darum wird auch eine Entgenderung gefordert, um die bisweilen bis zur Unlesbar- und Unaussprechbarkeit gesteigerte Form gegenderter Sätze stoppen zu können. Manches scheint auch wirklich übertrieben, wenn z. B. in der *Tagesschau online* vom 1. April 2023 der Begriff „Mutter" durch „entbindende Person" ersetzt wurde, was zudem sachlich falsch ist, da die entbindende Person üblicherweise eine Hebamme ist. Die bayerische Kabarettistin Monika Gruber hat das besonders aufgeregt, weshalb sie in ihrem Online-Shop eine Fußmatte anbietet, auf der zu lesen ist: „Genderfreie Zone: Wer gendert braucht gar ned erst klingeln". Damit dürfte für Gruber auch geklärt sein, sich nicht mehr länger mit der Frage beschäftigen zu müssen, ob sie korrekterweise, da sie nach eigenen Angaben keine (wie einst gesagt) Mutter ist, als „gender-fluktuative Person mit unbenutzter Gebärvorrichtung" zu bezeichnen sei?[1]

1 Vgl. URL: https://www.weekend.at/promitalk/monika-gruber-fussmatte-gendern-wirbel. Übrigens: Der Satz auf der Fußmatte wird gleichermaßen als „Verunglimpfung" der deutschen Sprache kritisiert, da nach „gendert" ein Komma fehlt, statt „ned" korrekt „nicht" stehen muss wie auch im erweiterten Infinitiv „zu klingeln".

Bereits in den 1970er Jahren forderten feministische Bewegungen die sprachliche Berücksichtigung von Frauen, was durch Abkürzungen wie Binnen-I und Schrägstrich (LehrerInnen, Lehrer/-innen) oder durch Doppelnennung der Geschlechter (Lehrer und Lehrerinnen) eingelöst wurde. Zunehmend verpönt war damit auch das generische Maskulinum (die Lehrer), da hiermit Frauen lediglich als mitgemeint erscheinen würden. Mit dem Aufkommen der Gender/Queer-Studies seit den 1990er Jahren wurde in einer nächsten Phase die sprachliche Berücksichtigung von geschlechtlichen Verständnisweisen jenseits der herkömmlichen Zweigeschlechtlichkeit zum Thema. Über die sprachliche Sichtbarmachung von Frauen und damit auch über die dichotome Geschlechterkategorie hinausgehend waren nun auch sog. LGBTIQ-Personen (= engl. Abkürzung für Lesbian, Gay, Bisexual, Transgender, Intersex und Queer) einzubeziehen. Das erfolgt entweder durch geschlechtsneutrale Bezeichnungen (Lehrkraft bzw. Lehrende) oder durch Genderzeichen wie dem Asterisk (Lehrer*innen), dem Unterstrich (Lehrer_innen) oder dem Doppelpunkt (Lehrer:innen). Ausgesprochen erfordern diese Zeichen Sprechpausen, den sog. Glottisschlag, der oft als unnatürlich kritisiert wird, jedoch vereinzelt in Worten wie „Spiegelei" oder „vereisen" durchaus üblich ist, wenn Assoziationen mit Spiegelungen oder einer Reise vermieden werden wollen. Zumindest erwähnt sei, dass seit den 2010er Jahren eine (öffentlich bislang kaum wahrgenommene) dritte Phase zu beobachten ist, insofern mit dem Konzept Intersektionalität gezeigt wird, dass sprachliche Repräsentation nicht allein auf die Geschlechterdimension reduzierbar ist, weil stets mehrere Faktoren – wie Ethnizität, Nation oder Klasse – für soziale Ungleichheiten zusammenzusehen sind. Die Kritik an der sprachlichen Fixierung auf Geschlecht wird darum mit einem wandernden, frei im Wort platzierbaren Genderzeichen (z. B. Leh:rerinnen oder Lehre*rinnen) verdeutlicht.

Dieser kurze Blick auf die wenige Jahrzehnte umfassende Entwicklung einer geschlechtergerechten Sprache zeigt, wie vielfältig die Formen des Genderns sind und dass der Diskurs darüber, welche Form die optimale ist, keineswegs abgeschlossen ist. Dennoch: Da binäre Formulierungen (Binnen-I, Doppelnennung) und das generische Maskulinum als unzureichend gelten, werden zur sprachlichen Repräsentation der Realität von geschlechtlicher Vielfalt heute Genderzeichen und/oder geschlechtsneutrale Bezeichnungen bevorzugt. Genau das empfinden aber viele als nicht hinnehmbar, denn es könne nicht sein – so ist oft zu vernehmen –, dass mit dem Gendern *allen* ein elitäres Projekt einer kleinen Minderheit (gemeint sind die LGBTIQ-Personen) zugemutet werde. Tatsächlich wird Umfragen zufolge diese Form des Genderns mehrheitlich nicht befürwortet, was naheliegend auch auf den katholischen Bereich zutrifft.

Naheliegend darum, weil die katholische Kirche seit dem Jahr 2000 das Thema Gender kontinuierlich als Ideologie bezeichnet. Ideologie wird hierbei nicht neutral als eine Lehre von Ideen (von gr. *idéa* = Idee und *lógos* = Lehre, Wissenschaft) verstanden, sondern als tendenziell totalitär sich gebende Weltanschauung, auf die alle Menschen verpflichtet werden sollen, die aber auf völlig falschen Prämissen (mit Karl Marx gesagt: auf einem „falschen Bewusstsein") beruhe und folglich entschieden abzulehnen ist. Analog zum Begriff Marxismus ist deshalb vor allem in der über kirchenlehramtliche Aussagen hinausgehenden Anti-Gender-Literatur nicht nur von „Gender-Ideologie", sondern auch vom „Genderismus" die Rede.

Die lehramtliche Gender-Kritik setzt primär also nicht beim Gendern an, sondern bei der dahinter liegenden Theorie bzw. Weltanschauung. Zuvorderst geht es dieser Kritik somit nicht um die zu Beginn genannte Vergewaltigung der Sprache, sondern um den gewaltsamen Eingriff in die Anthropologie (von gr. *ánthrōpos* = Mensch und *lógos*: Wissenschaft vom Menschen), der durch den Begriff Gender erfolge, insofern dieser das Geschlecht vermeintlich nur noch als soziales Produkt und nicht mehr länger als biologisch angelegt verstehe. Damit werde zugleich die in der göttlichen Schöpfungsordnung gründende Dualität von Mann und Frau infrage gestellt, also die zentrale Grundlage der lehramtlichen Geschlechteranthropologie. Dass eine solche mit dem Begriff Gender verbundene „anthropologische Revolution" (Papst Benedikt XVI.) als inakzeptabel angesehen wird, lässt sich unschwer nachvollziehen.

Ich werde in diesem Buch jedoch aufzeigen, dass die über das Lehramt hinaus auch in weiten Teilen der Anti-Gender-Literatur geäußerte katholische Gender-Kritik[2] mit einem Begriff von Gender operiert, der im wissenschaftlichen Diskurs nicht anzutreffen ist. Diese merkwürdige Sachlage bedarf daher einer Kritik der Kritik, d. h., als katholischer Theologe werde ich die katholische Gender-Kritik einer wissenschaftlichen Kritik unterziehen. Der Untertitel dieses Buches *Eine katholische Kritik* impliziert somit eine zweifache Blickrichtung, welche auch den inhaltlichen Aufbau vorgibt.

Im *ersten Kapitel* wird ausführlich die vor allem lehramtliche Kritik an der „Gender-Ideologie" dargelegt. Das hier in der Überschrift hinzugefügte Ausrufezeichen zeigt die Richtung dieser Kritik an: Achtung, Gender ist eine gefährliche Ideologie. Das *zweite Kapitel* versieht die Überschrift mit einem Fragezeichen: Ist Gender wirklich eine Ideologie? In vielerlei Hinsicht wird hier die katholische Gender-Kritik einer kritischen Analyse ausgesetzt und im Ergebnis als unhaltbar ausgewiesen. Eine solche Kritik der Kritik (von gr. *krínein* = [unter-]scheiden, trennen) erfolgt freilich – im Unterschied zu einem landläufigen Verständnis von Kritik – durch argumentative Differenzierungen, die ein ebenso adäquates wie nachvollziehbares Verstehen und Urteilen über ein gegenständliches Thema, im vorliegenden Fall: Gender,

---

2 Ich spreche von *lehramtlicher* Gender-Kritik, wenn explizit auf Dokumente des katholischen Lehramts Bezug genommen wird. Der Begriff *katholische* Gender-Kritik umfasst auch darüber hinausgehende Literatur.

erst ermöglichen. Das abschließende *dritte Kapitel* ist weiterführenden Perspektiven gewidmet.

Letztlich wird deutlich werden, dass das, was die katholische Kirche über Gender sagt, mehr über die katholische Kirche als über Gender aussagt. Die Kritik an der „Gender-Ideologie“ verweist auf die konsequente Verteidigung einer lehramtlichen Geschlechteranthropologie, die im Plan Gottes nur die familienbezogene Ehe von Mann und Frau gewollt sieht. Aus diesem Grund werden integrative Optionen für LGBTIQ-Personen (auch queere Menschen genannt) ebenso behindert wie eine Geschlechtergerechtigkeit innerhalb der Kirche. Es ist vor allem diese in der Gender-Kritik enthaltene Dynamik des Behinderns bzw. Blockierens, die ein angemessenes Verständnis von Gender meist verhindert oder nicht zulässt. Aus theologisch-wissenschaftlicher Sicht gilt es dieses Be- und Verhindern zu analysieren und aufzubrechen. Es wäre wohl gar nicht so massiv vorhanden, wenn die auf dem Zweiten Vatikanischen Konzil (1962–1965) erfolgten Aufbrüche in der Folgezeit konsequent weiterentwickelt worden wären. Stattdessen sollte sich die Erblast der vorkonziliar neuscholastischen Theologie, speziell im Bereich der Geschlechteranthropologie, als fatal erweisen.

Ein Buch entsteht nie im abstrakten Raum, sondern ist vielfach konkret verdankt. Zu danken ist allen, die seit meinem ersten Artikel zum Thema Gender im Jahr 2014 in der Herder Korrespondenz[3] und meiner in Verbindung mit weiteren diesbezüglichen Veröffentlichungen irgendwann recht unbedacht getätigten Äußerung, dereinst ein Buch hierzu zu verfassen, nicht aufgehört haben, mich durch Nachfrage immer wieder an die (jahrelang ausstehende) Realisierung des Buchprojekts zu erinnern. Dieser Dank gilt ganz be-

3 Gerhard Marschütz, Wachstumspotential für die eigenen Lehre. Zur Kritik an der vermeintlichen Gender-Ideologie, in: Herder Korrespondenz 68 (9/2014) S. 457–462. URL: https://www.herder.de/hk/hefte/archiv/2014/9-2014/wachstumspotenzial-fuer-die-eigene-lehre-zur-kritik-an-der-vermeintlichen-gender-ideologie/

sonders dem am 27. Februar 2023 völlig unerwartet verstorbenen Geschäftsführer des Echter Verlags, Thomas Häußner, der über Jahre hinweg immer wieder bei mir anfragte, wann denn das bereits im Juni 2017 erstmals angedachte „Genderprojekt" verwirklicht werden könne. Mit ihm konnte ich in den letzten Monaten vor seinem Tod noch die ersten wichtigen Konkretisierungen dieses Projekts vereinbaren. Seinem Nachfolger als Geschäftsführer, Markus Reder, danke ich für die finale Aufnahme des Buches in das Herbstprogramm 2023. Für formale und inhaltliche Korrekturlesearbeiten danke ich Angelika Walser (Universität Salzburg), Gunter Prüller-Jagenteufel (Universität Wien) und meiner Frau Maria Marschütz. Ausdrücklicher Dank gebührt auch meiner ehemaligen Dissertantin Katharina Mairinger-Immisch, die für dieses Buch den mit ihren Initialen (KMI) ausgewiesenen Beitrag zur Intergeschlechtlichkeit verfasst hat. Die Veröffentlichung ihrer Dissertation zu diesem Thema ist für Anfang 2024 vorgesehen.[4] Die ungeplant hohe Anzahl an Fußnoten weist auch viele Internetadressen auf, die zuletzt im Juli 2023 überprüft wurden. Häufig verwendete Literatur wird nur einmalig in den Fußnoten, sodann aber im Text zitiert: in Klammer durch Abkürzung und Angabe der Seitenzahl oder Nummer. Die wichtigsten verwendeten Abkürzungen sind, sofern nicht selbstverständlich, am Schluss des Buches zusammengestellt.

Noch ein Wort zum Umschlagbild: Es zeigt ein mit Wasserfarben gefertigtes Bild meiner dreijährigen Enkelin, dem ich kontrastierend einige Striche hinzugefügt habe. Die Reaktionen, die ich hierzu im Vorfeld einholte, waren unterschiedlichste: Manche sahen das rosafarbene Bild als typisch für ein Mädchen an. Doch noch bis vor etwa 100 Jahren wäre das in unseren Breiten anders gesehen worden, da die Farbe Rosa,

4 Vgl. Katharina Mairinger-Immisch, Mehrdeutige Körper. Über die Anerkennung von Intergeschlechtlichkeit in Theologie und Kirche, Bielefeld 2024.

die als das kleine Rot galt (und Rot als Farbe für alles Männliche), ausschließlich Jungen vorbehalten war. Mädchen hingegen wurden in Himmelblau gekleidet. Im Orient, so lässt sich im Internet rasch recherchieren, ist Rosa noch heute die Farbe der Männlichkeit, Blau dagegen steht für alles Weibliche. Eine weitere Reaktionspalette betraf den Kontrast zwischen dem geschwungen ausgeführten, fast ungestüm sich darbietenden Rosa und den schwarz in unterschiedlicher Stärke und Länge eingezogenen Strichen. Die Striche scheinen das so lebendig wirkende Rosa bändigen zu wollen, ihm sogar Verletzungen zuzufügen. Wird der Vielfalt des Lebendigen Gewalt angetan? Andererseits sorgt Geradlinigkeit für Eindeutigkeit und vermag orientierende Ordnung zu stiften. Doch nochmals anders mit dem österreichischen Künstler Friedensreich Hundertwasser (1928–2000) gesagt: „Die gerade Linie ist gottlos und unmoralisch." Was besagt das im Blick auf die katholische Geschlechteranthropologie, die im Plan Gottes so geradlinig eingezeichnet zu sein scheint?

Weitere Interpretationen zum Umschlagbild überlasse ich den Leser:innen des Buches. Apropos Leser:innen: Am Schluss dieser Einleitung ist noch die Gretchenfrage zu stellen, wie es der Autor dieses Buches wohl mit dem Gendern halten werde. Nun: Ich werde, um starke sprachliche Irritationen, die oft nur Opposition provozieren, möglichst hintanhalten zu können, pragmatisch vorgehen, nach dem Motto: So wenig Gendern wie möglich, aber so viel wie nötig.

Dieses pragmatische Motto basiert, erstens, auf der Einsicht, dass man – in Anlehnung an ein bekanntes Wort des Kommunikationswissenschaftlers Paul Watzlawick (1921–2007) – nicht nicht gendern kann. Sprache ist nie geschlechtsneutral. Sie impliziert und formt immer auch ein Verständnis von Geschlecht, weshalb Gender stets auch der katholischen Sprechweise eingeschrieben ist. Die Frage ist nur, wie gendergerecht solche Verständnisweisen sprachlich geformt sind. Dieses Motto berücksichtigt ebenso, zweitens, dass Geschlechtergerechtigkeit nicht allein über sprachliche Repräsentation einzulösen ist. Es wäre naiv zu meinen, durch eine detailliert ausgeklügelte gendergerechte Sprache würde gleichsam automatisch mehr Geschlechtergerechtigkeit entstehen. Nein, dies würde häufig nur enorm komplizierte Satzkonstruktionen generieren, die das Kulturgut einer vertraut gewordenen Sprache durch übertriebenen Reformeifer unangemessen relativiert. „Frauen" und „Männer" wird es in diesem Buch daher ohne Gendersternchen geben, auch „Vater" und „Mutter" darf es im Sprachschatz weiterhin geben – wohl wissend, dass die Begriffe Frauen oder Väter eine komplexe und offenzuhaltende Kategorie anzeigen. Nichtsdestotrotz setzt dieses Motto aber, drittens, voraus, dass Gendern eine unverzichtbare Form des Anstands und der Höflichkeit ist, wenn vermieden werden will, dass sich speziell Frauen und queere Menschen diskriminiert fühlen.

Deshalb wird in diesem Buch so viel wie nötig, aber so wenig wie möglich der Doppelpunkt als Genderzeichen verwendet werden. Sofern zahlreichen psycholinguistischen Studien zufolge das generische Maskulinum primär Bilder von Männern evoziert, wird auf diese Sprachform weitgehend verzichtet. Freilich lässt sich anfragen, ob *„die Lehrer* einer Schule" auch heute noch vor allem männliche Bilder im Kopf erzeugen. Personenbezeichnungen *unbestimmten* Geschlechts wie der Gast, die Person oder der Laie sind nicht zu gendern als die Gästin, der Personer oder die Laiin. Sollte in der katholischen Kirche jemals eine Frau als Priesterin ordiniert werden, dann würde sie fortan aus Klerus:innen und Lai:innen bestehen. Vor diesem sprachlichen Szenario bewahrt uns bis auf Weiteres ohnehin die katholische Kirchenpolitik, aber auch Klerus und Lai:innen wäre nicht sinnvoll, da Laie (wie auch Gast und Person) einen Status unbestimmten Geschlechts bezeichnet. Klar sollte sein, dass es keine Mitglieder:innen gibt, weil *das* Mitglied grammatisch sächlich und somit nicht zu gendern ist.

Schließlich: Wäre nicht auch Gott zu gendern, sofern Gott weiterhin vorwiegend mit dem männlichen Geschlecht assoziiert wird? Sofern sich Gott jeder menschlichen Kategorisierung entzieht und somit weder als männlich noch als weiblich beschreibbar ist, ist Gott nicht zu gendern. Was jedoch sinnvoll ist, ist, die jüdische Tradition aufzugreifen, wonach das für den Namen Gottes stehende Tetragramm JHWH nicht ausgesprochen werden darf, da es sich jeder menschlichen Zuschreibung und Begreifung entzieht. Diesen unvokalisierten Namen werde ich im dritten Kapitel konsequent als G|tt einbringen, im Sinne einer kreativen Irritation, die darauf hinweisen kann und soll, dass von G|tt nicht wie ein begreifbarer Gegenstand, sondern nur als Geheimnis die Rede sein kann. Ausgenommen von dieser kreativen Irritation sind Zitate, die grundsätzlich – sofern nicht ausdrücklich anders vermerkt – stets den Originaltext (auch hinsichtlich Zitierungen, Kursivsetzungen usw.) wiedergeben.

Allen Leser:innen dieses Buches wünsche ich diese kreative Irritation auch in Bezug auf den Begriff Gender.

Gerhard Marschütz, Wien im August 2023

Kapitel 1

Gender-Ideologie!

Dieses Kapitel will zeigen, wie und warum die katholische Kirche das Thema Gender als eine inakzeptable „Ideologie" zurückweist. Die Abschnitte sind entlang der diesbezüglich relevanten Päpste Johannes Paul II., Benedikt XVI. und Franziskus gegliedert. Darüber hinaus ist ein eigener Abschnitt der Anti-Gender-Literatur gewidmet. Die Kernaussage der katholischen Gender-Kritik wird lauten, dass mit Gender das Geschlecht ausschließlich als soziale Konstruktion begriffen werde, also völlig losgelöst von der biologischen Zweigeschlechtlichkeit.

Johannes Paul II.

Wäre Johannes Paul II. in den letzten Lebensjahren seines Pontifikats durch seinen schlechten Gesundheitszustand nicht massiv beeinträchtigt gewesen, hätte er sich wohl mehrfach auch selbst gegen die „Gender-Ideologie" geäußert. So blieb es im Wesentlichen bei zwei gegen Ende seiner Amtsführung veröffentlichten Schreiben der römischen Kurie – das eine stammt vom Päpstlichen Rat für die Familie (2000), das andere von der Kongregation für die Glaubenslehre (2004) –, wo erstmals das Thema Gender ausdrücklich aufgegriffen und als abzulehnende Ideologie markiert worden ist. Beide Schreiben sehen in der „Gender-Ideologie" die Grundwahrheiten einer christlichen Anthropologie der Geschlechter infrage gestellt. Diese sind bedeutsam von Johannes Paul II. dargelegt worden und vorweg in gebotener Kürze zu erläutern.

Grundwahrheiten christlicher Geschlechteranthropologie

Bereits als Dozent für Moraltheologie und philosophische Ethik in Krakau und Lublin, sodann ab 1964 als Erzbischof und seit 1967 als Kardinal von Krakau stellte Karol Wojtyła (1920–2005) wiederholt die anthropologischen Grundlagen der katholischen Sexual-, Ehe- und Familienmoral ins Zentrum seiner Überlegungen. Zu nennen sind hier die 1960 in polnischer Sprache erstveröffentlichte ethische Studie *Liebe und Verantwortung* (LV)[5] und das *Krakauer Memorandum*[6], das 1968 wesentlichen Einfluss auf die Abfassung der von Papst Paul VI. veröffentlichten Enzyklika *Humanae vitae* (HV)[7] hatte, in der das kirchliche Verbot jeglicher sog. künstlicher Empfängnisverhütung ausgesagt wurde.

Sodann als Papst (1978–2005) hat Johannes Paul II. diese Geschlechteranthropologie lehramtlich implementiert im Apostolischen Schreiben *Familiaris consortio* (1981; FC)[8] und breit vertieft in den zwischen 1979 und 1984 gehaltenen (insgesamt 133) Mittwochskatechesen, die später als *Theologie des Leibes* (TL)[9] bekannt wurden. Speziell im Blick auf Frauen veranschaulicht er diese Anthropologie im Apostolischen Schreiben *Mulieris dignitatem* (MD)[10], das anlässlich des marianischen Jahres 1988 über die Würde und Berufung der Frau

5 In deutscher Übersetzung: Karol Wojtyła, Liebe und Verantwortung. Eine ethische Studie, München ²1981.

6 URL (in deutscher Übersetzung): https://www.stjosef.at/dokumente/krakauer_memorandum.htm

7 URL: https://www.vatican.va/content/paul-vi/de/encyclicals/documents/hf_p-vi_enc_25071968_humanae-vitae.html

8 URL: https://www.vatican.va/content/john-paul-ii/de/apost_exhortations/documents/hf_jp-ii_exh_19811122_familiaris-consortio.html

9 Johannes Paul II., Die menschliche Liebe im göttlichen Heilsplan. Eine Theologie des Leibes. Hg. v. Norbert und Renate Martin, Kisslegg ²2008.

10 URL: https://www.vatican.va/content/john-paul-ii/de/apost_letters/1988/documents/hf_jp-ii_apl_19880815_mulieris-dignitatem.html

reflektiert, ebenso im *Brief an die Frauen* (1995; BF)[11] und nicht zuletzt auch im Apostolischen Schreiben *Ordinatio sacerdotalis* (1994; OS)[12], das an die fehlende Vollmacht der Kirche erinnert, Frauen die Priesterweihe zu spenden.

In diesen Veröffentlichungen entfaltet Karol Wojtyła/Johannes Paul II. stets die „anthropologischen Grundwahrheiten" (MD 6)[13] in christlicher Perspektive, den damit verbundenen „Plan Gottes für Ehe und Familie" (FC 10) und die darin implizierte „ewige Wahrheit über den Menschen als Mann und Frau" (MD 2). Den primären Zugang hierzu erörtert er über „Schlüsseltexte der Bibel" (TL 59:3), vor allem entlang der ersten drei Genesis-Kapitel (um eine „Theologie ‚vom Anfang her' aufbauen" [TL 18:4] zu können) und des Epheserbriefes, der im 5. Kapitel (V 21–32) die sakramentale Struktur der Ehe andeutet. Dabei verfolgt er fortwährend das schon im Vorwort von *Liebe und Verantwortung* benannte Ziel, „die Normen der katholischen Sexualethik zu begründen – und zwar in einer Form, die möglichst endgültig ist" (LV 10).

Diese Normen weisen traditionell eine naturrechtliche Begründung auf. Das besagt, dass z. B. der geschlechtliche Verkehr „seiner Natur nach zur Weckung neuen Lebens bestimmt ist", wie Papst Pius XI. 1930 in der Enzyklika *Casti connubii* (CC 55)[14] festhält. Demnach ist jede sog. künstliche Empfängnisverhütung gegen die Natur (lat. *contra naturam*).

---

11 URL: https://www.vatican.va/content/john-paul-ii/de/letters/1995/documents/hf_jp-ii_let_29061995_women.html

12 URL: https://www.vatican.va/content/john-paul-ii/de/apost_letters/1994/documents/hf_jp-ii_apl_19940522_ordinatio-sacerdotalis.html

13 Es heißt hier: „Wir müssen uns in den Bereich jenes biblischen „Anfangs" begeben, wo die über den Menschen als „Abbild und Gleichnis Gottes" offenbarte Wahrheit die unveränderliche Grundlage der gesamten christlichen Anthropologie darstellt. „Gott schuf also den Menschen als sein Abbild; als Abbild Gottes schuf er ihn. Als Mann und Frau schuf er sie" (Gen 1, 27). Dieser knappe Text enthält die anthropologischen Grundwahrheiten."

14 URL: https://www.vatican.va/content/pius-xi/en/encyclicals/documents/hf_p-xi_enc_19301231_casti-connubii.html

Das trifft ebenso auf eine homosexuelle Praxis zu, die gemäß dem Katechismus der Katholischen Kirche „gegen das natürliche Gesetz" (KKK 2357) verstoße und daher gleichermaßen moralisch unerlaubt ist.

Diese Form einer naturrechtlichen Begründung möchte jedoch Karol Wojtyła/Johannes Paul II. durch eine – von ihm speziell kreierte[15] – personalistische Konzeption des Menschen überwinden. Bei genauem Hinsehen zeigt sich, dass er hiermit die naturrechtliche Begründung – und so zugleich die vom kirchlichen Lehramt dargelegte Lehre – mittels personalistischer Begriffe zwar erweitert und vertieft, dabei aber weiterhin den traditionellen normativen Inhalten verpflichtet bleibt. In diesem Sinne ist in *Liebe und Verantwortung* von zwei untrennbaren Ordnungen die Rede, die einander im ehelichen Verkehr zwischen Mann und Frau begegnen: Die

> „Ordnung der Natur, deren Ziel die Fortpflanzung ist, und die Ordnung der Personen, die in ihrer Liebe zum Ausdruck kommt und nach ihrer vollen Verwirklichung strebt. Man kann diese beiden Ordnungen nicht voneinander trennen, denn die eine hängt von der anderen ab" (LV 195).

Dieses Untrennbarkeitsprinzip besagt also: „In der Ordnung der Liebe kann der Mensch nur soweit der Person treu bleiben, als er der Natur treu bleibt" (LV 198). Darum widerspräche ein „positiver Ausschluß der Zeugungsmöglichkeit nicht nur der Naturordnung, sondern der Liebe selbst" (LV 203). In der *Theologie des Leibes* heißt es, dass die Wahrheit der Sprache des Leibes „nicht nur die Liebe, sondern auch die po-

15 Er schreibt, dass er zur Vertiefung der vom kirchlichen Lehramt dargelegte Lehre eine „eigene Auffassung vom Menschen als Person [...] erarbeiten und vertiefen musste". Karol Wojtyła, Die menschliche Person im Kontext der ehelichen Hingabe und Elternschaft, in: Joachim Piegsa/Hans Zeimentz (Hg.), Person im Kontext des Sittlichen. Beiträge zur Moraltheologie, Düsseldorf 1979, S. 160–174, hier: 160.

tentielle Fruchtbarkeit" (TL 123:6) umfasst. Somit impliziert diese Wahrheit bei Frauen auch den biologischen Rhythmus von fruchtbaren und unfruchtbaren Tagen, der „nicht durch künstliche Eingriffe um seine volle Bedeutung gebracht werden" (TL 123:6) darf.

Inspiriert vom *Krakauer Memorandum* spricht sodann Papst Paul VI. in der Enzyklika *Humanae vitae* von „einer von Gott bestimmten unlösbaren Verknüpfung der beiden Sinngehalte – liebende Vereinigung und Fortpflanzung –, die beide dem ehelichen Akt innewohnen" (HV 12). Ehepaare dürfen diese gottgewollte Verknüpfung „nicht eigenmächtig auflösen" (HV 12). Folglich kann diese „von Gott gesetzte Ordnung" den Ehegatten nur erlauben, die Empfängnis zu *regeln*, also „dem natürlichen Zyklus der Zeugungsfunktion zu folgen, dabei den ehelichen Verkehr auf die empfängnisfreien Zeiten zu beschränken und so die Kinderzahl zu planen" (HV 16). Dagegen würden, so Johannes Paul II. in *Familiaris consortio*, die Ehegatten durch Antikonzeptiva, also durch Empfängnis*verhütung*, die „beiden Sinngehalte, die der Schöpfergott dem Wesen von Mann und Frau und der Dynamik ihrer sexuellen Vereinigung eingeschrieben hat, auseinanderreißen", derart „den Plan Gottes ihrer Willkür" ausliefern und der sexuellen Vereinigung „den Charakter der *Ganz*hingabe nehmen" (FC 32).

Das Thema der Antikonzeption ist für Johannes Paul II. deshalb so zentral, weil es eindrücklich auf die anthropologische Wahrheit der Zusammengehörigkeit der beiden Ordnungen der Liebe und der Natur verweist. Seine Reflexionen zur *Theologie des Leibes* versteht er darum auch als „umfassenden Kommentar zu der in der Enzyklika Humanae vitae enthaltenen Lehre" (TL 133:2). Zum 20-Jahr-Jubiläum von *Humanae vitae* hält er sodann fest, dass es sich hierbei „nicht um eine Lehre handelt, die von Menschen erfunden wurde: sie ist von der Schöpferhand Gottes in die Natur des Menschen eingeschrieben und von Gott in der Offenbarung bestätigt worden". Eine Infragestellung von *Humanae vitae* sei daher nicht möglich, denn sie würde besagen, dass „keine Wahrheit über den Menschen existiert, die dem Strom geschichtlichen Werdens entzogen ist".[16]

Zu beachten ist der von Wojtyła in *Liebe und Verantwortung* betonte Unterschied zwischen Naturordnung und biologischer Ordnung, wobei ihm Erstere eine Daseinsordnung im Sinne einer göttlichen Ordnung darstellt. Diese sei zwar „als solche nicht übernatürlich" (LV 51) und darum (wie die biologische Ordnung) auch empirisch analysierbar, sie stehe aber zugleich „mit dem Schöpfergott in Verbindung" (LV 51). Zur Gerechtigkeit gegenüber dem Schöpfer gehören daher neben der personalistischen Norm, die im Liebesgebot zum Ausdruck gelangt, auch der „Gehorsam gegenüber der Naturordnung" (LV 214). Nur so nimmt der Mensch „am Denken Gottes teil und am Gesetz, das Gott der Welt gegeben hat" (LV 214). Am Denken Gottes teilzunehmen besagt also, die von Gott seiner Schöpfung eingestiftete Naturordnung mittels der Vernunft zu erschließen, um so der „Schöpfung Gottes in ihrer intimsten Verflechtung von Natur und Person" (FC 32) entsprechen zu können. Nur so werde die Wahrheit über den Menschen als Person erkennbar.

Zur Erkenntnis dieser Wahrheit müssen man sich *Mulieris dignitatem* zufolge stets „in den Bereich jenes biblischen ‚Anfangs' begeben, wo die über den Menschen als ‚Abbild und Gleichnis Gottes' offenbarte Wahrheit die unveränderliche Grundlage der gesamten christlichen Anthropologie darstellt" (MD 6). Der im „Geheimnis des biblischen ‚Anfangs'" (MD 2)[17] ursprünglich zugängliche göttliche Heilsplan lässt die „ewige Wahrheit über den Menschen als Mann und Frau" (MD 2) entdecken. Hierzu gehören „die wesentliche Gleichheit von Mann und Frau im Menschsein" (MD 6), die „Einsetzung der Ehe durch Gott als unerläßlicher Voraussetzung für die Weitergabe des Lebens" (MD 6), ebenso die Berufung,

---

16 In deutscher Übersetzung ist diese Ansprache verfügbar unter URL: http://www.kath-info.de/ansprache.html

17 Verwiesen wird auf Gen 1, 27: „Gott schuf den Menschen als sein Abbild; als Abbild Gottes schuf er ihn. Als Mann und Frau schuf er sie."

„gegenseitig ‚füreinander' dazusein" (MD 7), eine Berufung, die „von der Ordnung der Liebe bestimmt" (MD 29) ist, welche Mann und Frau aber „in ihrer je besonderen Eigenart" (MD 7) verwirklichen und so die „Integration dessen, was ‚männlich' und was ‚weiblich' ist, in das von Gott gewollte Menschsein" (MD 7) entwickeln.

Das hier erstmals so deutlich benannte *komplementäre* Geschlechterverhältnis erfährt im Blick auf die Frau eine theologische Vertiefung durch die Rückbindung der wahren Würde der Frau an die Gottesmutter. Maria ist „‚der neue Anfang' der Würde und Berufung der Frau" (MD 11), da sie als Bild der Kirche „das Urbild sowohl der Jungfrau wie der Mutter darstellt" (MD 22) und so die zwei Dimensionen der Berufung der Frau – Mutterschaft und Jungfräulichkeit um des Himmelreiches willen – anzeigt.

Eine weitere Dimension der wahren Würde der Frau zeigt sich im Blick auf die Kirche als Braut Christi. Entlang des im Epheserbrief genannten Vergleichs der Liebe zwischen Mann und Frau mit dem Geheimnis Christi und der Kirche (vgl. Eph 5,21–32) hält der Papst fest: „Christus ist der Bräutigam der Kirche, die Kirche ist die Braut Christi" (MD 23). Indirekt erschließt sich hierin *„die Wahrheit über die Frau als Braut.* Der Bräutigam ist der Liebende. Die Braut wird geliebt: *Sie empfängt die Liebe, um ihrerseits zu lieben*" (MD 29). Die Würde und Berufung der Frau zeugt somit „von der Liebe, die sie empfängt, um ihrerseits zu lieben" (MD 30). Im Epheserbrief ist aber die Kirche als Braut auch „kollektives Subjekt" (MD 25), ein aus Frauen wie Männern zusammengesetztes Volk Gottes. Somit sind „als Glieder der Kirche auch die Männer in den Begriff der ‚Braut' einbezogen" (MD 25).

Zu beachten sei jedoch, dass das „Symbol des Bräutigams männlichen Geschlechts" (MD 25) ist und „Christus nur Männer zu seinen Aposteln berief" (MD 26). Darum werde das im Epheserbrief genannte tiefe Geheimnis in Bezug auf Christus und die Kirche nur „dann durchsichtig und ganz deutlich, wenn der sakramentale Dienst der Eucharistie, wo der Priester ‚in persona Christi' handelt, vom Mann vollzogen wird“ (MD 26). Im Apostolischen Schreiben *Ordinatio sacerdotalis* will Johannes Paul II. daher den Ausschluss von Frauen vom Priesteramt als endgültige Entscheidung festhalten, weil der Blick auf Maria vermeintlich zeige, dass die Würde und Berufung von Frauen im Plan Gottes das Weihesakrament nicht impliziere. Im Wortlaut heißt es:

> „Im übrigen zeigt die Tatsache, daß Maria, die Mutter Gottes und Mutter der Kirche, nicht den eigentlichen Sendungsauftrag der Apostel und auch nicht das Amtspriestertum erhalten hat, mit aller Klarheit, daß die Nichtzulassung der Frau zur Priesterweihe keine Minderung ihrer Würde und keine Diskriminierung ihr gegenüber bedeuten kann, sondern die treue Beachtung eines Ratschlusses, der der Weisheit des Herrn des Universums zuzuschreiben ist“ (OS 3).

Der im Vorfeld der UN-Weltfrauenkonferenz in Peking 1995 verfasste *Brief an die Frauen* spricht im Sinne des bislang Dargelegten mehrfach vom „Genius der Frau“ (BF 9; 10; 11; 12), davon, dass die Weltfrauenkonferenz diesen „Genius“ „gebührend hervorheben“ (BF 12) muss, damit „die volle Wahrheit über die Frau zutage treten“ (BF 12)[18] kann. Diese Wahrheit sei „mit aller Klarheit“ (BF 6) dem Plan Gottes entnehmbar und zeige entlang der ersten drei Genesis-Kapitel die seinsmäßige (gr. *ontische, ontologische*) Komplementarität der Geschlechter:

> „Weiblichkeit und Männlichkeit ergänzen einander nicht nur unter physischem und psychischem, sondern unter ontologischem Gesichtspunkt. Nur dank der Dualität von ‚männlich‘ und ‚weiblich‘ verwirklicht sich das ‚Menschliche‘ voll“ (BF 7).

Das Weibliche verwirklicht „das ‚Menschliche‘ […] aber mit einer andersgearteten und ergänzenden Ausgestaltung“

---

18 In diesem Zusammenhang der Wahrheit über die Frau heißt es: „Denn besonders in ihrer Hingabe an die anderen im tagtäglichen Leben begreift die Frau die tiefe Berufung ihres Lebens, sie, die vielleicht noch mehr als der Mann den Menschen sieht, weil sie ihn mit dem Herzen sieht.“ (BF 12)

(BF 7). Der Unterschied zum Männlichen wird wieder über Maria, „den erhabensten Ausdruck des ‚Genius der Frau'" (BF 10), verdeutlicht und im Liebesdienst konkretisiert. Im Horizont dieses Dienstes sei es wichtig, dass „das Dasein als Frau und Mutter keine Diskriminierung beinhaltet" (BF 4). Erneut wird entlang „der besonderen Eigenart des Mann- und Frauseins" (BF 11) der nur Männern vorbehaltene Zugang zum Amtspriestertum eingeschärft, zumal in „dieser Sicht ‚abbildhafter' gegenseitiger Ergänzung der Rollen des Mannes und der Frau zwei unumgängliche Dimensionen der Kirche besser herausgestellt werden: das ‚marianische' und das ‚apostolisch-petrinische' Prinzip" (BF 11).

Soziokultureller Kontext

Obzwar Karol Wojtyła/Johannes Paul II. die von ihm entwickelte Geschlechteranthropologie als im Plan Gottes gründend und somit als überzeitlich gültige Wahrheit begreift, so ist sie dennoch nicht jenseits eines spezifischen soziokulturellen Kontextes zu sehen, auf den lehramtlich (zumindest indirekt) reagiert wird. Ohne Anspruch auf Vollständigkeit sind hierzu vor allem drei Punkte zu nennen.

Erstens: Die seit den 1960er Jahren zunehmende Verbreitung der sog. Antibabypille generierte eine Entkoppelung von Sexualität und Fruchtbarkeit, die für Frauen – zusammengesehen mit der in den 1970er Jahren erwirkten straffreien Möglichkeit des Schwangerschaftsabbruchs – eine neue Form sexueller Selbstbestimmung eröffnet hat. Zudem ist seit Mitte der 1960er Jahre vermehrt von der Krise der Ehe und Familie die Rede, die zuvorderst festgemacht wird an demographischen Trends wie (1) einer sinkenden und biografisch verzögerten Heiratsneigung sowie (2) stark steigenden Scheidungszahlen und (3) sinkenden Geburtenzahlen. Diese Trends besagen: Zum einen verliert die sog. „Normalfamilie" an ehemals biografischer Verbindlichkeit, speziell im Blick auf Frauen, die sich kaum mehr nur auf eine Familienbiografie festlegen lassen, sondern zugleich oder mitunter auch stattdessen eine Berufsbiografie realisieren wollen. Dadurch entsteht zum anderen eine Pluralisierung von Lebensformen, eine Vervielfältigung von familialen (wie etwa alleinerziehende Familien, Patchworkfamilien, Regenbogenfamilien) und nichtfamilialen (wie etwa kinderlose Paare, gleichgeschlechtliche Lebensgemeinschaften, Singles) Lebensformen.

Sodann etablierten sich, zweiter Punkt, im Zuge der zweiten Frauenbewegung ab den 1970er Jahren feministische Theorien, die als kritische Theorien zum Ziel hatten, die weiter bestehende soziale Ungleichheit von Frauen zu analysieren und zu verändern. Die Kritik an Androzentrismus und Patriarchat war hierbei ein wichtiger Aspekt. Die australische Soziologin Raewyn Connell prägt diesbezüglich den Begriff „Hegemoniale Männlichkeit" und versteht darunter „jene Form von Männlichkeit, die in einer gegebenen Struktur des Geschlechterverhältnisses die bestimmende Position einnimmt", also „jene Konfiguration geschlechtsbezogener Praxis", welche „die Dominanz der Männer sowie die Unterordnung der Frauen gewährleistet (oder gewährleisten soll)"[19].

Ein weiterer wichtiger Aspekt feministischer Theoriebildung war die Sex/Gender-Unterscheidung, die bereits in den 1960er Jahren im medizinischen Kontext der Behandlung von trans- und intersexuellen Menschen gebräuchlich war. Innerhalb der Frauen- oder Geschlechterforschung geht sie auf den berühmten Satz Simone de Beauvoirs (1908–1986) zurück: „Man kommt nicht als Frau zur Welt, man wird es."[20] Damit verbindet sich die Ansicht, dass Geschlecht nicht nur eine der Biologie entspringende Kategorie ist, sondern in bedeutsamer Weise sozial konstruiert wird. Somit folgt aus einem bestimmten biologischen Geschlecht (Sex) kausal-logisch kein bestimmtes soziales Verständnis von Geschlecht (Gender). Die Frage ist dann nicht mehr: Wer *sind* Frauen und Männer?, sondern: Wie *werden* Frauen und Männer? Darum

19 Raewyn Connell, Der gemachte Mann. Konstruktion und Kritik von Männlichkeiten, Wiesbaden [4]2015, S. 130.

20 Simone de Beauvoir, Das andere Geschlecht. Sitte und Sexus der Frau, Reinbek [3]1992, S. 334. (Erstausgabe 1949)

sind es auch nicht biologische Unterschiede, die primär eine Ungleichheit der Geschlechter bewirken oder begründen, vielmehr wird eine solche sozial hergestellt. Als politische Strategie etabliert sich demnach eine in allen gesellschaftlichen Bereichen einzulösende *Gleichheits*perspektive. Allerdings entsteht parallel dazu auch eine *Differenz*perspektive, die davor warnt, das „Anderssein von Frauen" zu marginalisieren. Dadurch würden Frauen mit der Forderung nach Gleichheit lediglich den Männern und männlichen Strukturen angepasst, das typisch Weibliche dagegen werde ausgeblendet und darum auch nicht in soziale Strukturen implementiert.

Die hier nur anzudeutende, damals aber äußerst differenziert geführte Debatte um Gleichheits- oder Differenzfeminismus kreist zuletzt um die Frage, wie das Verhältnis von Sex und Gender angemessen zu bestimmen sei. Vereinfacht gesagt: Dem Gleichheitsfeminismus geht es zentral um den Begriff Gender, darum, eine sozial bewirkte Ungleichheit der Geschlechter aufzubrechen und zu überwinden. Dagegen geht es dem Differenzfeminismus primär um den (im Gleichheitsfeminismus als vernachlässigt monierten) Begriff Sex, darum, dass die Verschiedenheit der Geschlechter ernst zu nehmen und darum Bedürfnisse von Frauen gesellschaftlich aufzuwerten und anzuerkennen sind. Wie strittig die Frage des Verhältnisses von Sex und Gender im Einzelnen auch geführt worden ist: Die (biologisch vorgegebene) Dualität der Geschlechterdifferenz war unstrittig[21] und bildete daher die Basis der relevanten feministischen Theorien zu jener Zeit.

Das sollte sich, dritter Punkt, mit den Gender/Queer Studies ab den 1990er Jahren ändern. Hier wird die Sex/Gender-Unterscheidung radikalisiert, indem argumentiert wird, dass auch das biologische Geschlecht sozial konstru-

---

21 Ausgenommen davon war nur die Intersexualität, die aber im Unterschied zur „Normalität" einer binären Geschlechterdifferenz damals noch als Krankheit, also außerhalb der „Normalität" liegend, verstanden war. Vgl. dazu die Ausführungen zum Thema Intergeschlechtlichkeit im 2. Kapitel des Buches.

iert sei und daher als vorgegebene Identität nicht existiert. Eine Theorie von Geschlecht als Konstruktion begreift also das biologisch Vorgegebene nicht mehr als Basis, sondern als Resultat sozialer Prozesse. Bereits in den späten 1980er Jahren entstand im anglo-amerikanischen Sprachraum das Konzept des „doing gender", wonach Geschlecht erst in sozialen Interaktionen hergestellt wird – und zwar als vermeintlich naturgegebene Zweigeschlechtlichkeit. Wirkmächtig sollte sodann Judith Butler in ihrem Buch *Gender Trouble* (1990) die auf einem linguistisch-philosophischen Ansatz basierende These vertreten, dass Sex immer schon Gender gewesen sei und darum die Unterscheidung von Sex und Gender „letztlich gar keine Unterscheidung ist"[22]. Geschlecht, auch das biologische, ist demnach nichts Natürliches, sondern wird in Diskursen performativ hergestellt, also durch eine „ständig wiederholende und zitierende Praxis"[23] von Geschlechternormen. Das erscheint erstmal kompliziert und ist es auch. Im zweiten Kapitel des Buches ist darauf noch ausführlich zurückzukommen.

Bereits diese drei Punkte lassen die Unvereinbarkeit mit dem zuvor Dargelegten erkennen. Vor allem die Sex/Gender-Unterscheidung stellt die zentrale Grundlage der katholischen Geschlechteranthropologie infrage: dass es ein in der (von Gott geschaffenen) *Natur* gründendes *Wesen* von Mann und Frau gäbe. Stattdessen wird betont, dass Geschlecht eine *soziale Konstruktion* sei, eine durch diskursive Praktiken hergestellte Realität, die in den Gender/Queer Studies offenbar völlig unabhängig von biologischen Vorgaben verstanden wird. Zwei kontradiktorische Denkformate scheinen hier aufeinanderzutreffen, die im Fachdiskurs als Essentialismus (lat. *essentia* = Wesen) einerseits und als Konstruktivismus andererseits benannt sind.

---

22 Judith Butler, Das Unbehagen der Geschlechter. Frankfurt a. M. 1991, S. 24.

23 Judith Butler, Körper von Gewicht. Die diskursiven Grenzen des Geschlechts, Frankfurt a. M. 1997, S. 22.

Schließlich sei noch erwähnt, dass die UN-Weltfrauenkonferenz 1995 die Agenda des Gender Mainstreaming allen Staaten zur Umsetzung vorgelegt hat. In der Europäischen Union wurde diese Agenda 1998 im Vertrag von Amsterdam beschlossen. Im Wege der Ratifizierung durch die Mitgliedsstaaten war damit ein strategischer Ansatz von Geschlechterpolitik verpflichtend geworden, der auf die tatsächliche Gleichstellung von Frauen und Männern in allen Lebensbereichen zielt und demnach auf eine Veränderung von Strukturen und Vorstellungen, welche geschlechtsspezifische Ungleichheiten bewirken. Der von Johannes Paul II. im *Brief an die Frauen* beschworene „Genius der Frau" ist somit nicht im Zentrum der Konferenzdebatten gestanden, denn dieser hätte besagt, „ohne nachteilige Folgen für die Frau *auch einen gewissen Rollenunterschied* anzunehmen, insofern dieser Unterschied nicht das Ergebnis willkürlicher Auflagen ist, sondern sich aus der besonderen Eigenart des Mann- und Frauseins ergibt" (BF 11). Obwohl auf dieser Konferenz explizit festgehalten wurde, dass Gender im allgemein üblichen Sinnverständnis von Mann und Frau zu begreifen sei, ist die Agenda des Gender Mainstreaming seitens des Vatikans alsbald heftig kritisiert worden, weil der Begriff Gender offensichtlich – siehe Judith Butler – auch in einem ganz anderen Sinnverständnis gebraucht werden kann, das die Anbindung an das biologische Geschlecht zu negieren scheint.

Erste lehramtliche Zurückweisungen der „Gender-Ideologie"

Fünf Jahre nach der UN-Weltfrauenkonferenz wird Gender erstmals in einem lehramtlichen Dokument als Ideologie bezeichnet. Im Schreiben *Ehe, Familie und „Faktische Lebensgemeinschaften"*[24] (EFFL), das am 26. Juli 2000 vom Päpst-

24 URL: https://www.vatican.va/roman_curia/pontifical_councils/family/documents/rc_pc_family_doc_20001109_de-facto-unions_ge.html

lichen Rat für die Familie, einem von Johannes Paul II. am 9. Mai 1981 errichteten Institut, veröffentlicht wurde[25], wird in Nummer 8 gleich zu Beginn betont, dass „man die Auswirkung einer gewissen ‚Gender-Ideologie' nicht unterschätzen" dürfe, da dieser zufolge das „Mann- oder Frausein grundsätzlich nicht geschlechts-, sondern kulturbedingt" sei und auf diese Weise „die Fundamente der Familie und der zwischenmenschlichen Beziehung" ausgehöhlt würden.

Verwiesen wird auf eine als „konstruktivistisch" bezeichnete Theorie, der zufolge „die in der Gesellschaft vorgenommene Unterscheidung der Geschlechter in männlich und weiblich *ausschließlich* (Hervorhebung: GM) Produkt sozialer Faktoren" sei und somit „in *keinerlei* (Hervorhebung: GM) Beziehung zur sexuellen Dimension der Person [stünde]. Jede sexuelle Einstellung, und damit auch die Homosexualität, sei so zu rechtfertigen."

Als zweites Dokument ist das von der Kongregation für die Glaubenslehre (heute: Dikasterium für die Glaubenslehre) am 31. Mai 2004 herausgegebene *Schreiben an die Bischöfe der Katholischen Kirche über die Zusammenarbeit von Mann und Frau in der Kirche und in der Welt* (ZMF)[26] zu nennen. Zunächst wird hier das Problem neuer Tendenzen in der Auseinandersetzung mit der Frauenfrage erörtert. Eine erste Tendenz kennzeichne die „Haltung des Protestes" infolge des Zustandes der „Unterordnung der Frau" (ZMF 2). In dieser Haltung macht

> „sich die Frau, um wirklich Frau zu sein, zum Gegner des Mannes. Auf die Missbräuche der Macht antwortet sie mit einer Strategie des Strebens nach Macht. Dieser Prozess führt zu einer Rivalität der Geschlechter." (ZMF 2)

---

25 Mit September 2016 ist dieses Institut aufgelöst und deren Agenden in das neue Dikasterium für Laien, Familie und Leben übergeführt worden.

26 URL: https://www.vatican.va/roman_curia/congregations/cfaith/documents/rc_con_cfaith_doc_20040731_collaboration_ge.html

Im Sog dieser Tendenz entsteht eine zweite:

> „Um jegliche Überlegenheit des einen oder des anderen Geschlechts zu vermeiden, neigt man dazu, ihre Unterschiede zu beseitigen und als bloße Auswirkungen einer historisch-kulturellen Gegebenheit zu betrachten. Bei dieser Einebnung wird die leibliche Verschiedenheit, Geschlecht genannt, auf ein Minimum reduziert, während die streng kulturelle Dimension, Gender genannt, in höchstem Maß herausgestrichen und für vorrangig gehalten wird.“ (ZMF 2)

Doch die hier zugrunde liegende Anthropologie, die

> Perspektiven für eine Gleichberechtigung der Frau fördern und sie von jedem biologischen Determinismus befreien wollte, inspiriert in Wirklichkeit Ideologien, die zum Beispiel die Infragestellung der Familie, zu der naturgemäß Eltern, also Vater und Mutter, gehören, die Gleichstellung der Homosexualität mit der Heterosexualität sowie ein neues Modell polymorpher Sexualität fördern (ZMF 2).

Gemäß dieser Anthropologie „hätte die menschliche Natur keine Merkmale an sich“, die sich der Person „in absoluter Weise auferlegen: Jede Person könnte und müsste sich nach eigenem Gutdünken formen, weil sie von jeder Vorausbestimmung auf Grund ihrer Wesenskonstitution frei wäre.“ (ZMF 3)

Angesichts dessen erinnert das Schreiben an Grundaussagen der biblischen Anthropologie. In Nummer 8 wird betont, dass Mann und Frau gleichermaßen Geschöpf Gottes sind. Die darin gründende „gleiche Würde der Personen“ verwirklicht sich als „physische, psychologische und ontologische Komplementarität, die einerseits eine auf Beziehung angelegte harmonische ‚Einheit in der Zweiheit‘ schafft“, andererseits aber nie auf den nur „biologischen Aspekt reduziert“ werden kann, da sie mehrere Ebenen umfasst. Im Unterschied zu den am Beginn des Schreibens als Problem markierten Tendenzen würde in einer biblischen Anthropologie die Verschiedenheit der Geschlechter „von der gegenseitigen Beziehung und nicht von Konkurrenz oder Rache“ inspiriert sein. Am Schluss der Ausführungen zur biblischen Anthropologie wird prägnant festgehalten:

> „Mann und Frau sind von Beginn der Schöpfung an unterschieden und bleiben es in alle Ewigkeit.“ (ZMF 12)

Entlang dieser Unterschiedenheit thematisiert das Schreiben in weiteren Abschnitten vor allem die Aktualität der fraulichen Werte im Leben der Gesellschaft und der Kirche. Besonders verbunden mit dem auch hier genannten „Genius der Frau“ ist die „Fähigkeit für den anderen“ (ZMF 13). Diese Fähigkeit wäre aber „mehr als ein bloßes Attribut des weiblichen Geschlechts“, da letztlich „jeder Mensch, ob Mann oder Frau, dazu bestimmt ist, ‚für den anderen‘ da zu sein“ (ZMF 14). Darum sei die Perspektive zu „korrigieren, in der die Männer als Feinde betrachtet werden, die zu besiegen wären“ (ZMF 14).

Im Blick auf Maria wird schließlich deutlich, dass deren „Haltungen des Hörens, des Aufnehmens, der Demut, der Treue, des Lobpreises und der Erwartung“ ein „Modell der Weiblichkeit“ bilden, weshalb es die Frau auch auszeichnet, dass sie diese Haltungen, obzwar sie alle getauften Menschen prägen sollten, „mit besonderer Intensität und Natürlichkeit lebt“ (ZMF 16). Erneut wird betont, dass „die Priesterweihe ausschließlich Männern vorbehalten ist“ (ZMF 16), denn „Frauen sind berufen, unersetzliche Vorbilder und Zeugen dafür zu sein, wie die Kirche mit Liebe auf die Liebe des Bräutigams antworten muss“ (ZMF 16).

Papst Johannes Paul II. hat dieses Schreiben, so ist an dessen Ende zu lesen, „approbiert und seine Veröffentlichung angeordnet“. Insofern damals Joseph Kardinal Ratzinger als Präfekt der Kongregation für die Glaubenslehre vorstand, war zu erwarten, dass dieser nach seiner Wahl am 19. April 2005 als Papst Benedikt XVI. im Blick auf das Thema Gender eine ungebrochene Kontinuität der Ablehnung bezeugen würde.

Benedikt XVI.

Für die Amtszeit von Papst Benedikt XVI. (2005–2013) ist bezüglich des Genderthemas vor allem seine nur wenige Wochen vor seinem Amtsverzicht (28. Februar 2013) am 21. Dezember 2012 gehaltene *Ansprache zum Weihnachtsempfang für das Kardinalskollegium, die Mitglieder der Römischen Kurie und der Päpstlichen Familie*[27] hervorzuheben. Bevor diese vorgestellt wird, ist noch auf einige andere genderrelevante Texte und Aussagen im Vorfeld dieser Rede einzugehen.

Lexikon Familie

Zunächst ist das vom Päpstlichen Rat für die Familie im Jahr 2007 herausgegebene *Lexikon Familie* zu nennen, das den Untertitel *Mehrdeutige und umstrittene Begriffe zu Familie, Leben und ethischen Fragen* trägt.[28] Derartige Begriffe werden hier kritisch erörtert, so auch der Begriff Gender, der in drei aufeinanderfolgenden Artikeln Thema ist. Zuerst im Artikel *Gender* von Jutta Burggraf (S. 289–296), sodann im Artikel *Neue Definition des Begriffs „Gender"* von Beatriz Vollmer de Colles (S. 297–309) und schließlich im Artikel *Ideologie des Begriffs „Gender": Gefahr und Tragweite* von Oscar Alzamora Revoredo (S. 310–322).

In allen drei Artikeln steht außer Streit, dass Gender als eine „Ideologie" zu sehen ist. Hinter dem Begriff Gender verbirgt sich für Alzamora Revoredo „eine ganze Ideologie, die gerade das Ziel verfolgt, die binäre Struktur des menschlichen Denkens zu zerstören" (311). Burggraf betitelt den ersten Abschnitt ihres Artikels sogleich mit „Gender-Ideologie", die besage,

---

27 URL: https://www.vatican.va/content/benedict-xvi/de/speeches/2012/december/documents/hf_ben-xvi_spe_20121221_auguri-curia.html

28 Päpstlicher Rat für die Familie (Hg.), Lexikon Familie. Mehrdeutige und umstrittene Begriffe zu Familie, Leben und ethischen Fragen, Paderborn 2007.

> „dass Männlichkeit und Weiblichkeit grundsätzlich nicht von der Sexualität (vom biologischen Geschlecht), sondern von der Kultur bestimmt seien. [...] Gemäß Gender-Ideologie beziehen sich die Unterschiede zwischen Mann und Frau – abgesehen von offensichtlichen biologischen Fakten – nicht auf eine ‚vorgegebene' Natur, sondern sie seien lediglich Kulturerzeugnisse, ‚hervorgebracht' gemäß den Rollen und Stereotypen, die jede Gesellschaft dem jeweiligen Geschlecht zuordnet (‚sozial konstruierte Rollen')." (289)

Vollmer de Colles meidet zwar den Begriff „Gender-Ideologie", betont aber gleichermaßen, dass Feministinnen die Begriffe des biologischen und sozialen Geschlechts

> „derartig radikal trennten, dass sie voneinander unabhängig wurden. [...] Sie behaupten, dass die Unterschiede zwischen männlich und weiblich in keiner Beziehung zu natürlichen und biologischen Ursachen stünden, sondern einzig und allein gesellschaftliche Zwänge spiegelten." (297f.)

Im Unterschied zu den lehramtlichen Dokumenten werden in diesen Artikeln aber Namen genannt, an die der Vorwurf einer „Gender-Ideologie" zu adressieren ist. Primär wird hier auf das Buch *Gender Trouble* der US-amerikanischen Philosophin Judith Butler verwiesen, das Burggraf zufolge „als eines der Hauptwerke über die *Gender*-Ideologie betrachtet werden" (289, Fn.3) kann. Alzamora Revoredo bezieht sich ebenso darauf, zitiert daraus eine Stelle, wonach sich Geschlecht auch „radikal unabhängig vom biologischen Geschlecht" denken ließe, und folgert daraus, dass diese Worte den „endgültigen Verlust des gesunden Menschenverstands" (311) bedeuten.

Verwiesen wird von Burggraf auch auf den Einfluss „des atheistischen Existentialismus von *Simone de Beauvoir*" und der „Postulate einiger Repräsentanten der ‚sexuellen Revolution' wie Wilhelm Reich (1897–1957) und Herbert Marcuse (1898–1979)" (290). Verdeutlicht wird die Verbindung des Genderfeminismus mit marxistischer Denklogik, etwa im Blick auf den Kampf der Frauen gegen männliche Unterdrückung, der auf die „totale Gleichheit von Mann und Frau, [...] ohne Berücksichtigung der Geschlechtsunterschiede" (Alzamora Revoredo 314) ziele und derart die Befreiung von Frauen aus ihren die Gleichheit störenden Naturgegebenheiten impliziere. Ferner wird erwähnt, dass die „Philosophen im Hintergrund heutiger Genderfeministen Strukturalisten mit marxistischem Einschlag sind wie *Derrida*, *Lacan* und *Foucault*" (Vollmer de Colles 298). So sei etwa Derridas Definition der Dekonstruktion von der Philosophie in die Geschlechterforschung übertragen worden.

Eine kirchlich akzeptierbare Auffassung von Gender müsste dagegen lauten, dass aufgrund „innerer und äußerer Einflüsse auf die Person das soziale Geschlecht zwar formbar ist, aber es muss bereits der durch den Körper gegebenen natürlichen Ordnung folgen" (Vollmer de Colles 300f.). Ähnlich hält Burggraf fest, dass der

> „Begriff Gender dann akzeptiert werden kann, wenn kulturelle Prägungen von Mann und Frau und deren Funktionen im sozialen Kontext damit umschrieben werden, ohne dass geleugnet werden dürfte, dass es eine biologisch fundierte Geschlechterdifferenz gibt. Denn viele dieser Funktionen von Mann und Frau im sozialen Kontext sind nicht beliebig konstruierbar, weil biologisch verwurzelt." (295)

Genderrelevante Aussagen von Joseph Ratzinger

Entlang zweier Bücher soll nachfolgend die Denklogik Joseph Ratzingers zum vorliegenden Thema erhellt werden. Beide Bücher wurden während seiner von 1981 bis zur Papstwahl 2005 dauernden Amtszeit als Präfekt der Glaubenskongregation veröffentlicht und stellen ausführliche Interviews dar.

Gleichlautend mit Karol Wojtyła/Johannes Paul II. hält Joseph Ratzinger 1985 in dem Buch *Zur Lage des Glaubens*[29],

29 Joseph Kardinal Ratzinger, Zur Lage des Glaubens. Ein Gespräch mit Vittorio Messori, München/Zürich/Wien 1985.

das ein Gespräch mit Vittorio Messori wiedergibt, bezüglich der Natur fest:

> „Für die Kirche ist die Sprache der Natur (in unserem Fall die einander ergänzenden und gleichzeitig sehr wohl unterschiedenen Geschlechter) auch die Sprache der Moral (Mann und Frau sind zu gleichermaßen erhabenen und gleichermaßen ewigen, aber gleichzeitig unterschiedlichen Schicksalen berufen). [...] Das Biologische zu achten bedeutet, Gott selbst zu achten und folglich seine Geschöpfe zu schätzen." (98)

Dagegen erscheint dem radikalen Feminismus „das Geschlecht nicht mehr als ein festgelegtes Merkmal, als ein radikales und ursprüngliches Ausgerichtetsein der Person", d.h., man geht „nicht mehr von einem Verwurzeltsein der Geschlechtlichkeit in der Anthropologie aus", sodass „Geschlecht nur noch als beliebig austauschbare Rolle gesehen wird" (95). Wenn aber, so Ratzinger weiter,

> „alles nur kulturell und geschichtlich bedingte ‚Rolle' ist, und nicht natürliche, in der Tiefe der Person eingeprägte Besonderheit, ist auch die Mutterschaft eine bloß zufällige Funktion: Und de facto empfinden einige feministische Kreise es als ‚ungerecht', daß allein die Frau gezwungen ist, zu gebären und zu stillen. [...] Folglich kämpft man auch gegen die ‚Ungleichheit' der Natur. Aber gegen die Natur kann man nicht kämpfen, ohne dabei verheerendste Folgen in Kauf zu nehmen. Die unantastbare Gleichheit zwischen Mann und Frau schließt die Verschiedenheit nicht aus, im Gegenteil, sie fordert sie." (96)

Selbst innerhalb der katholischen Moraltheologie profilierte sich nach dem Zweiten Vatikanischen Konzil (1962–1965) eine Tendenz,

> „‚Personalismus' als Gegensatz von ‚Naturalismus' hinzustellen (so als ob die menschliche Person und ihre Bedürfnisse in Widerspruch zur Natur treten könnten). So hat ein übertriebener Personalismus einzelne Theologen dazu gebracht, die innere Ordnung, die Sprache der Natur abzulehnen (die hin-

gegen nach der beständigen Lehre der katholischen Kirche von sich aus moralisch ist), indem sie der Sexualität, auch der ehelichen, den Willen der Person als alleinigen Bezugspunkt überließen." (89)

Die hier zugrunde liegende Vorstellung, „daß die Moral einzig auf der Grundlage der Vernunft aufzubauen sei und daß diese Autonomie der Vernunft auch für die Gläubigen gültig sei" (89) entspringe letztlich der Versuchung, wie Gott sein zu wollen, also

> „frei vom Gesetz des Schöpfers, frei von den Gesetzen der Natur selbst, absolute Herren des eigenen Schicksals. Der Mensch möchte immer wieder nur sein eigener Schöpfer und sein eigener Herr sein." (92)

Im radikalen Feminismus werde in genau diesem Sinne die geschlechtliche Eigenart banalisiert und „jede Rolle zwischen Mann und Frau austauschbar gemacht" (95).

Im elf Jahre später erschienenen Buch *Salz der Erde*[30], das auf einem Gespräch mit Peter Seewald basiert, referiert Ratzinger zur „feministischen Ideologie" kurz, aber aussagekräftig, dass diese

> „letztlich eine Befreiung von der biologischen Bedingtheit des Menschen anvisiert. Man unterscheidet nun das biologische Phänomen Sexualität von dessen historischen Ausformungen, die man ‚gender' nennt, aber die geforderte Revolution gegen die ganze Geschichtsgestalt von Sexualität läuft doch auf eine Revolution auch gegen die biologischen Vorgaben hinaus: Es darf gar keine Aussage der ‚Natur' mehr geben; der Mensch soll sich beliebig modellieren können, der Mensch soll frei sein von allen Vorgaben seines Wesens: Er macht sich selbst zu dem, was er will, so erst sei er wirklich ‚frei' und befreit. Dahinter steckt ein Aufruhr des Menschen gegen die Grenzen, die

30 Joseph Kardinal Ratzinger, Salz der Erde. Christentum und katholische Kirche an der Jahrtausendwende. Ein Gespräch mit Peter Seewald, Stuttgart 1996.

er als biologisches Wesen in sich selber trägt. Es handelt sich letztlich um einen Aufstand gegen unsere Geschöpflichkeit. Der Mensch soll sein eigener Schöpfer sein – eine moderne Neuauflage des uralten Versuchs, selbst Gott – wie Gott – zu sein." (142)

Weihnachtsansprache am 21.12.2012

Vielleicht wurde die dem Thema Gender gewidmete Weihnachtsansprache auch durch den Umstand motiviert, dass Benedikt XVI. wenige Wochen zuvor, in der Audienz am 31.10.2012, von Gabriele Kuby ihr Buch *Die globale sexuelle Revolution* (GSR) überreicht worden war.[31] Kuby, eine entschlossene Kämpferin gegen die „Gender-Ideologie", hält jedenfalls auf ihrer Homepage fest, dass ihr der Papst bei der Buchübergabe gesagt habe: „Gott sei Dank, daß Sie reden und schreiben."[32] Außerdem habe er sie als „tapfere Kämpferin gegen die Ideologien, die letztlich auf eine Zerstörung des Menschen hinauslaufen", gewürdigt.

Wie auch immer der Sachverhalt vorliegt: Benedikt XVI. ist schon in der Weihnachtsansprache 2008 kurz auf das Thema Gender eingegangen. Er spricht hier von der „Ökologie des Menschen", von „der Natur des Menschen als Mann und Frau", welche „die Sprache der Schöpfung" enthält, und davon, dass das, was „in dem Begriff ‚*Gender*' vielfach gesagt und gemeint wird, letztlich auf die Selbstemanzipation des Menschen von der Schöpfung und vom Schöpfer hinausläuft".[33] Im inhaltlichen Gleichklang mit dieser Ansprache

---

31 Gabriele Kuby, Die globale sexuelle Revolution. Zerstörung der Freiheit im Namen der Freiheit, Kißleg 2012.

32 URL: https://www.gabriele-kuby.de/product-page/die-globale-sexuelle-revolution
Vgl. auch URL: https://www.medrum.de/content/papst-benedikt-zu-gabriele-kuby-gott-sei-dank-dass-sie-reden-und-schreiben

33 Vgl. URL: https://www.vatican.va/content/benedict-xvi/de/speeches/2008/december/documents/hf_ben-xvi_spe_20081222_curia-romana.html

und auch seinen vorhin zitierten Büchern bezieht sich Benedikt XVI. in der Weihnachtsansprache 2012 explizit nicht auf Gabriele Kuby, sondern auf den „sorgfältig dokumentierten und tief bewegenden Traktat“ des Großrabbiners von Frankreich, Gilles Bernheim. Dieser sehe im bereits zitierten Satz von Simone de Beauvoir: „Man wird nicht als Frau geboren, sondern man wird dazu“ den Anfang der Grundlegung dessen, „was man heute unter dem Stichwort ‚gender‘ als neue Philosophie der Geschlechtlichkeit darstellt“. Das Geschlecht, so fährt Benedikt XVI. in seiner Rede fort,

> „ist nach dieser Philosophie nicht mehr eine Vorgabe der Natur, die der Mensch annehmen und persönlich mit Sinn erfüllen muß, sondern es ist eine soziale Rolle, über die man selbst entscheidet, während bisher die Gesellschaft darüber entschieden habe. Die tiefe Unwahrheit dieser Theorie und der in ihr liegenden anthropologischen Revolution ist offenkundig. Der Mensch bestreitet, daß er eine von seiner Leibhaftigkeit vorgegebene Natur hat, die für das Wesen Mensch kennzeichnend ist. Er leugnet seine Natur und entscheidet, daß sie ihm nicht vorgegeben ist, sondern daß er selber sie macht.“

In theologischer Perspektive bedeutet das:

> „Es gilt nicht mehr, was im Schöpfungsbericht steht: ‚Als Mann und Frau schuf ER sie‘ (Gen 1,27). Nein, nun gilt, nicht ER schuf sie als Mann und Frau; die Gesellschaft hat es bisher getan, und nun entscheiden wir selbst darüber. Mann und Frau als Schöpfungswirklichkeiten, als Natur des Menschen gibt es nicht mehr. Der Mensch bestreitet seine Natur. Er ist nur noch Geist und Wille. Die Manipulation der Natur, die wir heute für unsere Umwelt beklagen, wird hier zum Grundentscheid des Menschen im Umgang mit sich selber. Es gibt nur noch den abstrakten Menschen, der sich dann so etwas wie seine Natur selber wählt. Mann und Frau sind in ihrem Schöpfungsanspruch als einander ergänzende Gestalten des Menschseins bestritten. Wenn es aber die von der Schöpfung kommende Dualität von

Mann und Frau nicht gibt, dann gibt es auch Familie als von der Schöpfung vorgegebene Wirklichkeit nicht mehr.“

Wie schon Johannes Paul II. betont auch Benedikt XVI. die in der Schöpfungsordnung gründende moralische Bedeutung der menschlichen Natur, die er in der Gender-Philosophie im Sinne einer „anthropologischen Revolution“ missachtet sieht, da es hier nur noch „den abstrakten Menschen“ gibt, der sich „so etwas wie seine Natur selber wählt“.

Zu erinnern ist auch an die bereits 15 Monate zuvor gehaltene Rede von Benedikt XVI. im Deutschen Bundestag. Er sagte damals am 22. September 2011 in Berlin:

> „Es gibt auch eine Ökologie des Menschen. Auch der Mensch hat eine Natur, die er achten muss und die er nicht beliebig manipulieren kann. Der Mensch ist nicht nur sich selbst machende Freiheit. Der Mensch macht sich nicht selbst. Er ist Geist und Wille, aber er ist auch Natur, und sein Wille ist dann recht, wenn er auf die Natur hört, sie achtet und sich annimmt als der, der er ist und der sich nicht selbst gemacht hat. Gerade so und nur so vollzieht sich wahre menschliche Freiheit.“[34]

Der Papst stellt darum in dieser Rede die Frage: „Wie kann die Natur wieder in ihrer wahren Tiefe, in ihrem Anspruch und mit ihrer Weisung erscheinen?“ Diese Frage hat im Hintergrund, dass das, was sich in der Natur zeigt, eine schöpferische Vernunft erkennen lässt. Im krassen Widerspruch zu dieser Vernunft steht ihm die Gender-Philosophie.

Offensichtlich beflügelt von Benedikts Weihnachtsansprache und erkennbar auch im Gefolge zahlreicher Vorträge von Gabriele Kuby zu ihrem Buch, sind erstmals 2013 auch mehrere bischöfliche Hirtenbriefe und Stellungnahmen zur sog.

---

34 URL: https://www.bundestag.de/parlament/geschichte/gastredner/benedict/rede-250244
Benedikt XVI. formuliert das naturrechtliche Anliegen dieser Rede vor allem im Anschluss an die vom österreichischen Rechtshistoriker Wolfgang Waldstein vorgelegte Verteidigung der Naturrechtslehre. Vgl. Wolfgang Waldstein, Ins Herz geschrieben. Das Naturrecht als Fundament einer menschlichen Gesellschaft, Augsburg 2010.

„Gender-Ideologie" erschienen. Zu nennen sind hier unter anderem Hirtenbriefe der portugiesischen (14.11.2013), slowakischen (1.12.2013)[35], polnischen (28.12.2013) und kroatischen (23.10.2014) Bischofskonferenz sowie Stellungnahmen der oberitalienischen (2.2.2014) und toskanischen (4.2.2014) Bischöfe und des Bischofs von Chur (10.12.2013).[36] Das internationale katholische Hilfswerk Kirche in Not, eine Stiftung päpstlichen Rechts, hat im Mai 2014 eine 16-seitige Broschüre mit dem Titel *Genderideologie* veröffentlicht.

Papst Franziskus

Obzwar Papst Franziskus dem katholischen Naturrechtsdenken keineswegs so nahesteht wie seine beiden Vorgängerpäpste, lehnt er das Thema Gender gleichermaßen als widernatürlich ab. Er sieht darin sogar eine dämonische Ideologie, wie der österreichische Weihbischof Andreas Laun 2014 berichtet.[37] Vorweg sollen einige Gelegenheitsaussagen dieses Papstes zum Thema Gender dargelegt werden. Danach ist auf das Apostolische Schreiben *Amoris laetitia* (2016; AL)[38] und auf das von der Kongregation für das Katholische Bildungswesen (heute: Dikasterium für die Kultur und die Bildung) herausgegebene Schreiben *Als Mann und Frau schuf er sie* (2019; MF)[39] einzugehen.

---

35 Dieser Hirtenbrief wurde am gleichen 1. Adventsonntag auch in den Kirchen Ungarns verlesen.

36 Teilweise übersetzt sind diese Dokumente auffindbar in: http://www.freundeskreis-maria-goretti.de/fmg/menu4/42.111BI.html

37 Andreas Laun, Papst Franziskus: Die Genderideologie ist dämonisch! URL: https://www.kath.net/news/45221

38 URL: https://www.vatican.va/content/francesco/de/apost_exhortations/documents/papa-francesco_esortazione-ap_20160319_amoris-laetitia.html

39 URL: https://www.vatican.va/roman_curia/congregations/cfaith/documents/rc_con_cfaith_doc_20040731_collaboration_ge.html

Gelegenheitsaussagen

In der Pressekonferenz auf dem Flug von Manila nach Rom am 19.01.2015[40] erläutert Franziskus auf Anfrage den von ihm oft gebrauchten Begriff „ideologische Kolonisierung“ mit einem von ihm selbst erlebten (und somit wohl in Südamerika zu verortenden) Beispiel eines bereits 1995 existierenden Schulbuches, „in dem die *Gender*-Theorie gelehrt wurde“. Damit dringe man „in ein Volk ein mit einer Idee, die mit diesem Volk nichts zu tun hat“ – das sei ideologische Kolonisierung.

In der Ansprache bei der Generalaudienz vom 15.04.2015[41] fragt der Papst, ob „die sogenannte Gender-Theorie nicht auch Ausdruck von Frustration und Resignation ist, die darauf abzielt, den Unterschied zwischen den Geschlechtern auszulöschen, weil sie sich nicht mehr damit auseinanderzusetzen versteht“.

In der Begegnung mit den polnischen Bischöfen am 27.07.2016[42] verweist er im Zusammenhang mit dem ideologischen Kolonialismus erneut auf

> „die Gender-Theorie! Heute wird den Kindern – den Kindern! – in der Schule beigebracht, dass jeder sein Geschlecht selber wählen kann. Und warum wird das gelehrt? Weil die Lehrbücher von den Personen und den Institutionen kommen, die dir das Geld geben. Das sind die Formen von ideologischem Kolonialismus, die auch von sehr einflussreichen Ländern unterstützt werden. Und das ist schrecklich.“

Größere mediale Verbreitung haben Franziskus‘ Worte anlässlich seiner Pastoralreise nach Georgien und Aserbaidschan (30.09.–2.10.2016) gefunden, weil er hier den

40 URL: https://www.vatican.va/content/francesco/de/speeches/2015/january/documents/papa-francesco_20150119_srilanka-filippine-conferenza-stampa.html

41 URL: https://www.vatican.va/content/francesco/de/audiences/2015/documents/papa-francesco_20150415_udienza-generale.html

42 URL: https://www.vatican.va/content/francesco/de/speeches/2016/july/documents/papa-francesco_20160727_polonia-vescovi.html

„großen Feind der Ehe erwähnt: die Gender-Theorie. Es gibt heute einen weltweiten Krieg, um die Ehe zu zerstören. Heute gibt es ideologische Kolonialismen, die zerstörerisch sind: Man zerstört nicht mit Waffen, sondern mit Ideen."[43]

Tags darauf kommt er in der Pressekonferenz auf dem Rückflug von Baku nach Rom nochmals auf diesen „großen Feind der Ehe" zurück und spricht von einer

„Gemeinheit, die man heute mit der Indoktrinierung der Gender-Theorie begeht. Mir erzählte ein französischer Familienvater, dass bei Tisch mit den Kindern gesprochen wurde – er katholisch, die Frau katholisch, die Kinder katholisch, allerdings oberflächlich katholisch, aber katholisch – und er seinen zehnjährigen Sohn fragte: ‚Und du, was willst du werden, wenn du groß bist?' – ‚Ein Mädchen!' Und der Vater entdeckte, dass in den Schulbüchern die Gender-Theorie gelehrt wurde. Und das ist gegen die Natur."[44]

Erneut verweist Franziskus dabei auf die ideologische Kolonialisierung, wenn in Schulen „in dieser Richtung gelehrt wird, um die Mentalität zu verändern".

Erwähnenswert ist auch die am 5.10.2017 gehaltene Ansprache vor der Päpstlichen Akademie für das Leben.[45] Dieser Einrichtung hat Franziskus im November 2016 ein neues Statut gegeben, wonach deren Ziele über die bisherige Förderung und den Schutz des menschlichen Lebens hinaus nunmehr auch ökologische Herausforderungen sowie die Geschlechter- und Generationenforschung umfassen. Bezüglich der letztgenannten Thematik hält er – ohne die Gender-Theorie explizit zu nennen – fest, dass „jüngste Vorschläge",

43 URL: https://www.vatican.va/content/francesco/de/speeches/2016/october/documents/papa-francesco_20161001_georgia-sacerdoti-religiosi.html

44 URL: https://www.vatican.va/content/francesco/de/speeches/2016/october/documents/papa-francesco_20161002_georgia-azerbaijan-conferenza-stampa.html

45 URL: https://www.academyforlife.va/content/dam/pav/documents/papi/papa-francesco/address_PAV_GA_2017_en_.pdf

die Personwürde durch Beseitigung der sexuellen Differenz fördern zu wollen, falsch seien. „Anstatt falsche Interpretationen des Geschlechtsunterschieds zu bekämpfen", werden diese Unterschiede „einfach eliminiert".

Schließlich im Jahr 2023: In einem Interview mit der argentinischen Tageszeitung *La Nacion* (Onlineausgabe 10.03.2023)[46] warnt Franziskus erneut vor der „Gender-Ideologie" („ideología de género"), weil der Respekt vor sexueller Vielfalt nicht ideologisiert werden dürfe. Die Anthropologie des Gender annulliere („anula") die menschlichen Unterschiede und müsse daher unterschieden werden von einer Pastoral mit Menschen unterschiedlicher sexueller Orientierung. Abermals bezeichnet er die „Gender-Ideologie" als „derzeit eine der gefährlichsten ideologischen Kolonisierungen", mittels derer jene Unterschiede verwässert werden, die doch den „Reichtum von Männern und Frauen und der ganzen Menschheit" bilden. Er plane zwar nicht, ein Dokument über die Geschlechterfrage zu schreiben, müsse aber über die „Gender-Ideologie" reden, „weil es etwas naive Menschen gibt, die glauben, dass dies der Weg des Fortschritts ist, und nicht unterscheiden, was Respekt vor sexueller Vielfalt oder verschiedenen sexuellen Optionen ist, und was bereits eine Anthropologie des Geschlechts ist".

Anlässlich der Apostolischen Reise nach Ungarn verweist Franziskus in der Europarede (28.04.2023)[47] neuerlich auf den „unheilvollen Weg der ‚ideologischen Kolonisierung', die Unterschiede auslöscht, wie dies bei der sogenannten Gender-Kultur der Fall ist". Zugleich lobt er Ungarn, da es stattdessen „wirksame politische Ansätze für eine bessere demografische Entwicklung und zugunsten der Familie […] aufmerksam verfolgt".

---

46 URL: https://www.lanacion.com.ar/el-mundo/entrevista-de-la-nacion-con-el-papa-francisco-la-ideologia-del-genero-es-de-las-colonizaciones-nid10032023/

47 URL: https://www.vatican.va/content/francesco/de/speeches/2023/april/documents/20230428-ungheria-autorita.html

Amoris laetitia

Das Apostolische Schreiben *Amoris laetitia* benennt im zweiten Kapitel einige Herausforderungen der Familie. Die in Nummer 56 erörterte Herausforderung besteht

> „aus verschiedenen Formen einer Ideologie, die gemeinhin ‚Gender' genannt wird und die den Unterschied und die natürliche Aufeinander-Verwiesenheit von Mann und Frau leugnet. Sie stellt eine Gesellschaft ohne Geschlechterdifferenz in Aussicht und höhlt die anthropologische Grundlage der Familie aus. Diese Ideologie fördert Erziehungspläne und eine Ausrichtung der Gesetzgebung, welche eine persönliche Identität und affektive Intimität fördern, die von der biologischen Verschiedenheit zwischen Mann und Frau radikal abgekoppelt sind. Die menschliche Identität wird einer individualistischen Wahlfreiheit ausgeliefert, die sich im Laufe der Zeit auch ändern kann."

Als beunruhigend wird angesehen, dass diese Formen einer Ideologie „sich als einzige Denkweise durchzusetzen und sogar die Erziehung der Kinder zu bestimmen" versuchen. Ferner heißt es:

> „Man darf nicht ignorieren, dass das biologische Geschlecht (sex) und die soziokulturelle Rolle des Geschlechts (gender) unterschieden, aber nicht getrennt werden können."

Gemäß dem Schlusssatz in Nummer 56 „sind wir berufen, unser Menschsein [...] so zu akzeptieren und zu respektieren, wie es erschaffen worden ist". Demgemäß müsse die (im siebenten Kapitel thematisierte) Sexualerziehung dazu verhelfen,

> „den eigenen Körper so zu akzeptieren, dass man nicht darauf abzielt, den Unterschied zwischen den Geschlechtern auszulöschen, weil man sich nicht mehr damit auseinanderzusetzen versteht" (AL 285).

Interessant ist der Hinweis in der Folgenummer, dass nicht übersehen werden dürfe,

„dass in der Ausgestaltung der eigenen weiblichen oder männlichen Seinsweise nicht nur biologische oder genetische Faktoren zusammenfließen, sondern vielfältige Elemente, die mit dem Temperament, der Familiengeschichte, der Kultur, den durchlebten Erfahrungen, der empfangenen Bildung, den Einflüssen von Freunden, Angehörigen und verehrten Personen sowie mit anderen konkreten Umständen zu tun haben, welche die Mühe der Anpassung erfordern. Es ist wahr, dass man das, was männlich und weiblich ist, nicht von dem Schöpfungswerk Gottes trennen kann, das vor allen unseren Entscheidungen und Erfahrungen besteht und wo es biologische Elemente gibt, die man unmöglich ignorieren kann. Doch es ist auch wahr, dass das Männliche und das Weibliche nicht etwas starr Umgrenztes ist." (AL 286)

Hier werden also Sex und Gender in Wechselbeziehung gesehen, freilich in klarer Abgrenzung zur „Gender-Ideologie", die die biologischen Elemente vermeintlich ignoriert.

Als Mann und Frau schuf er sie

Das 2019 publizierte Schreiben *Als Mann und Frau schuf er sie*[48] wiederholt über weite Strecken die bisherigen Aussagen zur „Gender-Ideologie" und fokussiert diese auf Bildungsprozesse, in denen oft eine „anthropologische Desorientierung" vorzufinden ist, da die Geschlechtsunterschiede in der Tendenz nur noch „als schlichte Ergebnisse einer geschichtlich-kulturellen Konditionierung betrachtet werden" (MF 1). Das gründe in Gender-Theorien, die eine „radikale Trennung" (MF 10) zwischen Gender und Sex vollziehen, wobei „das soziale Geschlecht (*Gender*) letztlich wichtiger ist als das biologische Geschlecht (*Sex*)" (MF 20). Damit werde aber die menschliche Identität „völlig losgelöst von der *biologischen Differenz* zwischen Mann und Frau" und diese damit einer „individualistischen – über die Zeit auch veränderlichen –

48 URL: https://www.vatican.va/roman_curia/congregations/ccatheduc/documents/rc_con_ccatheduc_doc_20190202_maschio-e-femmina_ge.pdf

Wahlfreiheit übergeben" (MF 22). Eine solche „Entfernung von der *Natur* hin zu einer totalen Option für die Entscheidung des emotionalen Subjekts" bezeuge „eine falsch verstandene Freiheit des Fühlens und des Wollens" (MF 19). Zugleich zeige sich hierin die Unvereinbarkeit mit einer christlichen Anthropologie, in deren Kontext eine Sexualerziehung „die eigentliche Bedeutung des Körpers" zu sensibilisieren hat, „in der ganzen ursprünglichen Wahrheit der Männlichkeit und der Weiblichkeit" (MF 35), die es zu respektieren gilt.

Diesem Schreiben geht es dem Untertitel zufolge um „einen Weg des Dialogs zur Gender-Frage im Bildungswesen", der die Schritte „*Hinhören, Nachdenken, Vorschläge machen*" (MF 5) umfassen soll. Dieser Weg müsse aber vorweg den Unterschied „zwischen der *Gender-Ideologie* und den verschiedenen *Studien* zum Thema Gender, die von den Humanwissenschaften vorgelegt werden" (MF 6), beachten. Ein Dialog sei nur hinsichtlich dieser Studien, „die angemessen zu vertiefen versuchen, wie in den verschiedenen Kulturen der sexuelle Unterschied zwischen Mann und Frau gelebt wird" (MF 6), möglich, doch nicht mit der den sexuellen Unterschied negierenden „Gender-Ideologie".

Anti-Gender-Literatur

Seit den 2010er Jahren, vereinzelt schon davor, hat die lehramtliche Kritik an der „Gender-Ideologie" zunehmend Unterstützung und Verbreitung im neu entstandenen Genre einer Anti-Gender-Literatur gefunden. Auf ausgewählte Publikationen hierzu aus dem vorwiegend deutschsprachigen Raum ist nachfolgend kurz einzugehen: Zunächst auf zwei Beiträge von Dale O'Leary und Hanna-Barbara Gerl-Falkovitz, die über das Deutsche Institut für Jugend und Gesellschaft (DIJG) zugänglich sind, einem Institut, das in Verteidigung des „traditionellen" Familienmodells dem Thema Anti-Gender großes Gewicht beimisst. Sodann auf die beiden Bücher *Die globale sexuelle Revolution* von Gabriele Kuby und *Gendergaga* von Birgit Kelle, schließlich noch auf die *Salzburger Erklärung* und auf den für seine pointierte Gender-Kritik bekannten Salzburger Weihbischof Andreas Laun.

Dale O'Leary

Die katholische Publizistin Dale O'Leary verfasste im Anschluss an die Weltfrauenkonferenz in Peking, an der sie als Delegierte einer US-amerikanischen NGO teilgenommen hatte, das Buch *The Gender Agenda*, welches Christl R. Vonholdt, die ehemals langjährige Leiterin des DIJG, als ausführliche deutschsprachige Zusammenfassung präsentiert.[49] Die Pekinger Konferenz war O'Leary zufolge von heftiger Kritik der „Familienbefürworter" gegenüber den „Befürwortern des Gender Mainstreaming" geprägt. Diese vom Vatikan massiv unterstützte Kritik habe ein der radikalfeministischen Ideologie entspringendes Verständnis von Gender zurückgewiesen, wonach Gender frei von biologischen Vorgaben nur sozial konstruiert und darum jederzeit frei wählbar und veränderbar sei. Dagegen hätten Familienbefürworter auf einem in der Biologie gründenden Verständnis bestanden, das nur zwei Geschlechter, Mann und Frau, kenne.

Obwohl auf der Konferenz explizit festgehalten wurde, dass der Begriff Gender kein „new meaning" aussagt, das über die „ordinary, generally accepted usage" hinausgeht, vermochte O'Leary mit ihrem alternativen Narrativ von Familienbefürwortern einerseits und Genderbefürwortern andererseits die Grundlage für eine Anti-Gender-Bewegung zu schaffen. Dies auch deshalb, weil sie

> „‚Gender' im Herzen einer monströsen Bedrohungskulisse [situiert] – ‚Angriff auf die Familie', die ‚Würde des Menschen', ‚Kampfansage an die Wirklichkeit' ‚Lüge', ja, ‚Krieg gegen die

49 Vgl. Dale O'Leary, The Gender Agenda. Redefining Equality, Lafayette 1997. Die von Vonholdt in zwei Teilen besorgte deutschsprachige Zusammenfassung ist verfügbar unter URL: https://www.dijg.de/gender-mainstreaming/

menschliche Natur' –, die wiederum durch ein Verschwörungsszenario ‚von oben' flankiert wird. Es ist diese auf Alarmierung und Mobilisierung abzielende Rahmengrammatik, die bis heute durchträgt."[50]

Diese Rahmengrammatik bestätigt auch Vonholdt selbst, wenn sie 2010 in einem Interview[51] klarzumachen versucht, dass „Anti-Gender" als eigenständiges Dispositiv notwendig sei. Gender-Theorien würden nämlich Sex und Gender trennen und „behaupten, sämtliche psychischen und Verhaltens-Unterschiede zwischen Mann und Frau und damit auch alle Geschlechtsrollenunterschiede seien nur soziale und kulturelle Konstruktionen". Wenn aber Geschlecht nur „etwas Gemachtes, Konstruiertes" ist und deshalb „willkürlich verändert werden" kann, dann hätte

> „die soziale Gestalt von Frausein beispielsweise nichts mit der Biologie zu tun. [...] Das ist aber nicht möglich. Es ist, als wolle man einem Fisch sagen, er sei frei, sich im Wasser oder auf der Erde oder in der Luft zu entfalten. Diese Freiheit hat der Mensch nicht. Er kann sich nicht selbst nach Belieben neu erfinden. Er kann sein Potential nur entfalten, wenn er das ihm Gegebene, seine Verwurzelung in seiner Leiblichkeit, annimmt."

Hanna-Barbara Gerl-Falkovitz

Als zweiter Beitrag auf der Homepage des DIJG ist der von der Religionsphilosophin Hanna-Barbara Gerl-Falkovitz verfasste Artikel *Fließende Identität?*[52] zu nennen. Obwohl Gerl-

---

50 Ruth Heß, Anti_Gender_ismus? Hintergründe und Konturen der aktuellen Front gegen „Gender", in: epd-Dokumentation 42/2017, S. 4–24, hier: 10.

51 URL: https://www.dijg.de/gender-mainstreaming/begriff-definition/

52 Hanna-Barbara Gerl-Falkovitz, Fließende Identität? Ein Blick auf Gender. URL: https://www.dijg.de/gender-mainstreaming/fliessende-identitaet-gender/

Falkovitz diese Rahmengrammatik deutlich anspruchsvoller einbringt, argumentiert auch sie gleichermaßen eindeutig, dass es in der Gender-Theorie keine Wesensfragen mehr gebe, mithin

> „gar kein biologisches Geschlecht (sex), nur noch ein sozial und kulturell zugeschriebenes Geschlecht (gender). Diese Theorie ist radikal ‚dekonstruktivistisch', d. h., sie löst alle gewohnten Sichtweisen über Frau und Mann als ideologisch auf und entwirft eher spielerisch und unverbindlich neue Deutungen."

Als „Wortführerin dieser Theorie" gilt ihr Judith Butler, für die es

> „keinen ‚natürlichen' Körper als solchen [gebe], der ‚vor' der Sprache und Deutung der Kulturen liege. Körperliche Geschlechtsunterschiede seien allesamt sprachlich bearbeitet; radikalisiert bedeute es, daß der Unterschied zwischen sex und gender pure Interpretation sei. Schlicht ausgedrückt: Auch ‚Biologie' sei Kultur."

Gerl-Falkovitz betont zwar, dass Butlers Ansatz „erkenntnistheoretisch" sei, sofern – wie im zweiten Kapitel noch näher zu erläutern ist – jede Erkenntnis sprachlich vermittelt ist und somit „Normativität niemals aus der Natur, immer nur aus der Kultur stammen" könne. Zugleich gilt ihr aber der Körper in Butlers Radikal-Konstruktivismus „als leer, als *tabula rasa* je meines Entwurfes; insofern kann (soll?) er mehrfach und immer wieder überschrieben werden". Der Körper ist hier

> „passives Objekt, nicht mehr Subjekt des Diskurses: Er spricht nicht mehr mit, macht selbst keine Aussage mehr über sich. Dieses Verstummen oder Sich-willenlos-Überschreiben-Lassen weist auf ein entschieden dominantes Verhalten zum Körper hin: Keinesfalls ist er mehr ‚Leib' mit eigener ‚Sprachlichkeit'… […] Zum ‚Ding' reduziert, bleibt er gleichgültig gegenüber dem willentlich Verfügten."

So werde der Körper zum „Spielplatz beliebig wechselnder Bedeutungen“. Doch anstelle einer solchermaßen „fließenden Identität“ wäre ein „weitergehendes Nachdenken über ‚Wirklichkeit‘ als ‚gegeben‘ und nicht bloß ‚(selbst)gemacht‘“ angezeigt, denn der „Leib als *datum* muß nicht erst ein *factum* werden, um annehmbar zu sein.“

Gabriele Kuby

Die 1997 zum römisch-katholischen Glauben konvertierte Autorin Gabriele Kuby hat ihr von Benedikt XVI. gewürdigtes Buch *Die globale sexuelle Revolution* im Erscheinungsjahr 2012 gleich tausendfach an Bischöfe und Politiker verschickt. Bislang liegt es bereits in 15 Übersetzungen vor, was auf eine enorme Resonanz in bestimmten katholischen Settings schließen lässt. Speziell in den Kirchen Südosteuropas wird dieses Buch häufig als gleichermaßen katholisch wie wissenschaftlich fundiertes Lehrbuch propagiert – oft verbunden mit einer tiefen Skepsis gegenüber der westlichen Theologie. Aufgrund dieser relativen Bedeutung werde ich es insbesondere im zweiten Kapitel dieses Buches noch mehrfach heranziehen.

Bereits in ihrem Buch *Die Gender Revolution* (2006) stellt Kuby klar, dass die katholische Kirche „die geschworene Feindin der Gender-Revolutionäre und all ihrer führenden Figuren, ihrer Verbündeten und ihrer ganzen Klientel“[53] ist. In *Die globale sexuelle Revolution* sieht sie eine Kulturrevolution am Werk, die mit der sexuellen Revolution in den 1960er Jahren bereits erkennbar geworden, danach im Radikalfeminismus fortgesetzt und sodann durch die Gender-Theorie finalisiert worden ist. Hierdurch wurde der „Maßstab, der im Bereich der Sexualität über Jahrhunderte verbindlich war, zerbrochen und soll zerbrochen werden, wo dies noch nicht geschehen ist“ (GSR 17). Speziell die Gender-Theorie – Kuby

---

53 Gabriele Kuby, Die Gender Revolution. Relativismus in Aktion, Kißlegg 2006, S. 68.

spricht meist von der „Gender-Ideologie“ – „leugnet, dass der Mensch als Mann und Frau existiert, dass diese Polarität seine Identität prägt und Bedingung der Fortpflanzung des Menschengeschlechts ist“ (GSR 25).

„Chefideologin der Gender-Theorie“ (GSR 81) sei die Philosophin Judith Butler, die, da sie lesbisch ist, „die Zweigeschlechtlichkeit als Gefängnis [empfindet], als Einschränkung der Freiheit, als Diskriminierung durch die Natur“ (GSR 81). Mittels einer „komplizierten Theorie“ behauptet sie daher in *Gender Trouble*, dem „Grundlagenwerk der Gender-Ideologie“ (GSR 81): „*Gender* ist nicht an das biologische Geschlecht gebunden, dieses spielt überhaupt keine Rolle, es entsteht nur, weil es durch Sprache erzeugt wird“ (GSR 82). Somit sei das biologische Geschlecht für die Identität als Mann und als Frau bedeutungslos und stelle stattdessen nur noch „eine ‚Diktatur der Natur‘ über die freie Selbstdefinition des Menschen dar, aus welcher sich der Mensch befreien muss“ (GSR 85).

Für Kuby verdeutlicht diese Ideologie der sozialen Konstruktion des Geschlechts, dass es einer „kleinen Minderheit der Bevölkerung, deren sexuelle Neigungen von denen der großen Mehrheit abweichen, gelungen ist, ihre Interessen zum beherrschenden Thema eines globalen Kulturkampfes zu machen“ (GSR 216). Im „Dienst kleiner radikaler Minderheiten“ sei darum seit Jahrzehnten eine „Familienzerstörungspolitik“ (GSR 366) betrieben worden, die mit Hilfe der Vereinten Nationen und der Europäischen Union als „*Top-down-Revolution*“ (GSR 87) funktioniere. In totalitärer Form werde so ein „gewaltiges gesellschaftliches Umerziehungsprogramm“ (Klappentext) auf den Weg gebracht, das „die absolute, von jeder natürlichen und moralischen Grenze losgelöste Freiheit“ (GSR 22) zum Ziel hat. Mittels „milliardenschwerer Stiftungen und global operierender NGOs“ gehe es stets darum, „die polare Geschlechterordnung zu dekonstruieren, die sexuellen Normen zu deregulieren, die Familie aufzulösen und die Bevölkerung auf dieser Erde zu reduzieren.“ (GSR 398)

Dale O'Learys Rahmengrammatik wird von Kuby detailliert durchbuchstabiert. Zudem soll nicht unerwähnt bleiben, dass Kuby seit der Gründung 2014 mit dem Aktionsbündnis *Demo für Alle* kooperiert, einer Anti-Gender-Bewegung, die unter anderem Symposien organisiert, wo auch Gerl-Falkovitz bereits als Vortragende tätig war. Zudem findet Gerl-Falkovitz als Wissenschaftlerin auch in bischöflichen Kreisen immer wieder Gehör in Bezug auf Aussagen zu Gender.

Birgit Kelle

Für die Publizistin Birgit Kelle hat Gender mit Wissenschaft kaum etwas zu tun, weshalb dieser Ideologie in taktisch adäquater Weise entgegenzutreten sei: durch ein Bloßstellen und Lächerlichmachen von Gender entlang vieler Beispiele. Wie Kuby ist auch Kelle zum römischen Katholizismus konvertiert, äußert sich aber eher als im rechten Meinungsspektrum publizierende Journalistin denn als Teil der katholischen Gender-Kritik.

In ihrem 2015 erschienenen Buch *Gendergaga*[54] macht Kelle gleich im Vorwort deutlich, dass das Gender-Thema nur eine „große Satireshow" (6) sei. Die Wissenschaftlichkeit betreffend wäre es „ein bisschen wie mit Bachblüten" (16), woran man nur glauben könne, jedenfalls ein absurdes „Fachwelt-Kauderwelsch" (16), demzufolge – Männer aufgepasst – selbst der „Penis möglicherweise nur ein soziales Konstrukt" (10) ist. Gender besage nämlich:

> „Alles ist nur Konstruktion! Geschlecht ist heute wählbar, veränderbar. Der moderne Mensch bestimmt es selbst. Free your mind! Sprengen Sie die biologischen Fesseln und öffnen Sie sich der Auswahl von drei, 20, 60 oder gar 4.000 verschiedenen Geschlechtsvarianten, die angeblich heute schon zur Verfügung stehen. Ist das nicht herrlich, diese Freiheit, die-

54 Birgit Kelle, Gendergaga. Wie eine absurde Ideologie unseren Alltag erobern will, Asslar 2015.

se Auswahl. So viel Auswahl haben Sie nicht einmal an der Wursttheke im Supermarkt ihres Vertrauens." (10)

Weitere Aussagen wie „Queer ist Gender für Fortgeschrittene" (60), neue Bildungscurricula befürworten ein „Puff für alle im Lehrplan" (80ff.) oder „Andreas Gabalier for president", da dieser „als echter Widerstandkämpfer" (118) sich weigert, die gendersensible Umdichtung der österreichischen Nationalhymne in einer Zeile als nunmehr Heimat „großer Töchter und Söhne" zu singen – all diese und viele weitere Aussagen wie etwa, dass die Gender Studies wegen ihrer Unwissenschaftlichkeit „den Rechtsstatus einer Kirche beantragen" (128) sollten, verunmöglichen einen sachlichen Zugang zu diesem Buch.

Nichtsdestotrotz ist Birgit Kelle hier zu nennen, da sie in einschlägigen kirchlichen Kreisen öfter zitiert und wiederholt zu Vorträgen eingeladen wird – auch bezüglich ihres Einsatzes für einen abseits des Gendergaga verorteten „femininen" Feminismus, wonach Frauen das mütterliche Prinzip und damit auch ein herkömmliches Familienleben ohne strukturelle Benachteiligung zu gewährleisten sei.[55] Das spiegelt vor allem (aber nicht nur) rechtskatholischen und auch evangelikalen Gruppen eine willkommene Position wider. Der ehemalige Churer Bischof Vitus Huonder ließ sogar sein traditionelles Wort zum Tag der Menschenrechte am 10. Dezember 2017 namentlich ausgewiesen von Birgit Kelle verfassen und zwar zum Thema Gender Mainstreaming.[56]

In satirischer Wendung sucht Kelle immer wieder, Gender als absurde Ideologie abzutun. Zudem erinnert sie in populistischer Manier: „Die Basis, das normale Volk, denkt ja im-

55 Vgl. Birgit Kelle, MUTTERTIER. Eine Ansage, Lüdenscheid 2017.

56 Vgl. Birgit Kelle, Gender Mainstreaming: An ihren Früchten werdet ihr sie erkennen. Wort zum Tag der Menschenrechte (10. Dezember 2017). URL: https://www.kath.net/news/61815. Bereits vier Jahre zuvor widmete Vitus Huonder sein Bischofswort zum Tag der Menschenrechte diesem Thema unter dem an die Weihnachtsansprache von Benedikt XVI. angelehnten Titel *Gender. Die tiefe Unwahrheit einer Theorie*. URL: https://www.kath.net/news/44051

mer noch genau so wie früher."[57] Damit lässt sich punkten, vor allem auch im katholischen Kontext, denn auch das Volk Gottes denkt (hoffentlich) ja immer noch …

Salzburger Erklärung

Bestätigt werden die bisher dargelegten Kerninhalte der Gender-Kritik durch die *Salzburger Erklärung*[58], die im September 2015 von der (aus christlichen Kirchen und Organisationen zusammengesetzten) Internationalen Konferenz Bekennender Gemeinschaften veröffentlicht wurde. „Bei unvoreingenommener realistischer Betrachtung", so heißt es hier in Nummer 3, sei unter anderem eine „schwerwiegende Gefährdung des Menschen" festzustellen, die durch „emanzipatorische Ideologien (Feminismus, Genderismus u. a.)" bewirkt werde und zugleich eine Infragestellung der „von Gott geschaffenen und gewollten Zweigeschlechtlichkeit als grundlegende Voraussetzung von Ehe und Familie" darstelle. Die hier überkonfessionell und somit ohne Bezug auf die Gottesmutter Maria erörterte christliche Anthropologie beinhalte aber „verbindliche Wahrheiten, die für die Kirche Jesu Christi nicht verhandelbar sind" (11).

Daher sei „die Ideologie des Genderismus", welche sich „in einer geradezu totalitären Weise weltweit durchzusetzen sucht" (17), abzulehnen. „Wir verwahren uns entschieden gegen das von der Genderideologie geplante Programm einer Umerziehung des Menschen." (19) Von einer solchen Umerziehung sprachen zuvor bereits Gabriele Kuby und Volker Zastrow in der FAZ.[59] Jedenfalls „liegt der *Schwerpunkt* unse-

---

57 Birgit Kelle, Genese und Ausmaß der Genderideologie, in: Helmut Prader (Hg.), Als Mann und Frau schuf er sie. Die Herausforderung der Gender-Ideologie (Referate der „Internationalen Theologischen Sommerakademie 2014" des Linzer Priesterkreises), Kisslegg-Immenried 2015, S. 165–184, hier: 183.

58 URL: https://www.ikbg.net/pdf/Salzburger-Erklaerung-Original.pdf

59 URL: https://www.faz.net/aktuell/politik/gender-mainstreaming-politische-geschlechtsumwandlung-1327841.html

rer Kritik als Christen darin, dass die Anthropologie der Genderideologie völlig unvereinbar ist mit dem Menschenbild der biblischen Offenbarung“ (20). Insofern der Genderismus zur „*Abschaffung des Menschen* in dem von Gott gewollten und geschaffenen Sinn“ (20) führe und eine „weitgehende Ignoranz gegenüber der offenkundig geschlechtlich strukturierten Leiblichkeit des Menschen“ (23) aufweise, sei „die Christenheit zum entschiedenen Widerstand gerufen“ (24).

Die Erklärung lässt nichts an Deutlichkeit vermissen: Christliche Anthropologie und die Ideologie des Genderismus „schließen einander aus“ (22). Das sieht der emeritierte Salzburger Weihbischof Andreas Laun, der – wie auch Vonholdt, Kuby oder Bischof Huonder – zu den Erstunterzeichnern dieser Erklärung gehört, ganz genauso.[60] Mit der genderistischen Kernthese einer beliebig freien Geschlechtswahl werde Laun zufolge nicht nur „der Schöpfer selbst geleugnet“. Sie sei auch das Ergebnis eines „kranken Vernunft-Produktes“, denn noch

> „nie hat man gehört, dass jemand in den Kreis seiner Bekannten oder Freunde trat und verkündete: Heute früh habe ich versucht, eine Frau sein zu wollen und seht, ich habe es zusammengebracht, jetzt bin ich eine!“

Laun empfiehlt darum „einen Kurs: Hausverstand leicht gemacht, wie lerne ich denken?“, denn bereits mit Hausverstand würde sich die mit diesem Beispiel veranschaulichte genderistische Kernthese widerlegen lassen. Sein Argument lautet:

> „Übrigens widerlegt die operative Verwandlung eines Mannes in eine Frau […] die ganze Gendertheorie: Wozu eine kostspielige und schmerzhafte Operation, wenn jeder Mensch sein Geschlecht selbst bestimmen kann?“

Diese Kernthese verurteilt Laun nochmals ausführlich in einem am 25. März 2017 über das Internetportal *kath.net* ver-

60 Die nachfolgenden Zitate sind aus: Andreas Laun, Papst Franziskus [Anm. 37]

öffentlichten Hirtenbrief. Eine teuflische Lüge, so ist hier zu lesen, stehe hinter der „Gender-Ideologie", wenn Geschlechterdifferenz nur konstruiert sei und darum „sozusagen auch wieder abgerissen (dekonstruiert) werden könnte wie ein illegal gebautes Haus"[61].

Fazit

Am Ende dieses Kapitels können als Fazit drei Kernaussagen festgehalten werden:

1. Die katholische Kritik, dass Gender eine Ideologie sei, gründet primär im Vorwurf einer „anthropologischen Revolution" (Benedikt XVI.). Diese führe zu einer radikalen Trennung zwischen Sex und Gender, die das soziale Geschlecht prioritär gegenüber dem biologischen Geschlecht begreifen lässt, das mitunter sogar völlig ignoriert werde, weshalb dann die Geschlechterdifferenz „ausschließlich Produkt sozialer Faktoren" (EFFL 8) sei.
2. Die mit dieser Trennung beabsichtigte „Entfernung von der *Natur*" (MF 19) soll eine „individualistische Wahlfreiheit" (AL 56) ermöglichen, beispielsweise eine Form von Gleichberechtigung der Frau, die deren natürliche Eigenart leugnet, oder „die Gleichstellung der Homosexualität mit der Heterosexualität sowie ein neues Modell polymorpher Sexualität" (ZMF 2).
3. Eine solche Konstruktion der Trennung widerspreche fundamental der christlichen Anthropologie, denn hier seien „Mann und Frau von Beginn der Schöpfung an unterschieden und bleiben es in alle Ewigkeit" (ZMF 12).

---

61 Andreas Laun, Hinter der Gender-Ideologie steht die Lüge des Teufels. Ein Hirtenbrief an meine Diözese Libertina. URL: http://www.kath.net/news/58970. Vgl. hierzu als Antwort: Gerhard Marschütz, Schafbrief an den Hirten Andreas. Gender ist nicht des Teufels. URL: https://www.feinschwarz.net/schafbrief-an-den-hirten-andreas-gender/

Die in der Schöpfungswirklichkeit gründende moralische Sprache der Natur müsse daher als zentrale Grundlage der personalen Identität von Mann und Frau geachtet werden. Diese bilde zugleich die Grundlage von Ehe und Familie, welche durch die „Gender-Ideologie“ ausgehöhlt werde.

Kapitel 2
Gender-Ideologie?

Eine katholische Kritik der Kritik?

Das erste Kapitel kulminiert im vorhin zitierten Satz aus der *Salzburger Erklärung*, dass „die Anthropologie der Genderideologie völlig unvereinbar ist mit dem Menschenbild der biblischen Offenbarung". Ist damit eine katholische Kritik der dargelegten Gender-Kritik nicht a priori zum Scheitern verurteilt? Jedenfalls riskiert eine solche Kritik der Kritik, sich jenseits des Katholischen zu positionieren und zudem einem unvernünftigen Gendergaga auf den Leim zu gehen. Wenn ich nachfolgend als katholischer Theologe dennoch eine vernunftbasierte Kritik der katholischen Gender-Kritik einbringe, dann deshalb, weil zumindest drei Punkte hierzu ermutigen, ja sogar verpflichten.

Der erste Punkt beruht auf einem persönlichen Erlebnis. Vor einigen Jahren bot ich an der Universität Wien ein Seminar zum Thema *Katholische Kirche – Gender – Fundamentalismus* an. Knapp zwanzig Studierende haben daran teilgenommen, von denen etwa die Hälfte Theologie studierte, die anderen waren im interdisziplinären Masterstudium Gender Studies inskribiert. Das erste von einer theologiestudierenden Person vorbereitete Referat erörterte die lehramtliche Kritik an der „Gender-Ideologie". Nach dem Referat meldete sich eine Studierende des Masterstudiums und sagte, sie habe bislang „nicht gewusst, dass man Gender auch so verstehen könne". Dem stimmten die anderen Kolleg:innen des Masterstudiums zu, die Theolog:innen dagegen waren teilweise irritiert. Doch schlagartig war allen klargeworden: Das von der katholischen Kirche zurückgewiesene Gender-Verständnis kommt im Masterstudium Gender Studies gar nicht vor. Zumindest hatten dessen Student:innen keine Ahnung davon. Was kann die Ursache hierfür sein? Die Vehemenz der Gender-Kritik lässt darauf schließen, dass sich das Lehramt beim Thema Gender mit einer Position konfrontiert sieht, die es nicht in sein eigenes Denken zu integrieren vermag. Wo aber ein Thema das unintegrierbare Andere bildet, es gleichsam einen neuralgischen Nerv trifft, dort dynamisiert dessen Ablehnung alsbald undifferenzierte und hierin auch verzerrte Diskurslagen – im vorliegenden Fall ein Verständnis von Gender, dem dann Student:innen der Gender Studies nur mit Unverständnis begegnen.

Das führt zu einem zweiten Punkt. Die katholische Gender-Kritik hat meist eine Adressatin im Blick, die so nicht existiert, da es *die* Gender-Theorie nicht gibt – ebenso wenig wie z. B. *die* psychologische oder *die* soziologische Theorie. Darum kann es auch nicht *die* „Gender-Ideologie" im Singular geben. Wissenschaftlich ist von Gender Studies die Rede, vermehrt auch von Queer Studies. Solche Geschlechterforschungen und -theorien implizieren aber eine Vielfalt von Ansätzen und Methoden. Zudem untersuchen diese ihren Forschungsgegenstand kaum je als eigene Disziplin, sondern in inter- und transdisziplinärer Weise, also eingebunden in vielfältige wissenschaftstheoretische Formate. Zwar hat sich die Forschungsperspektive Gender zunächst in den Kultur-, Sozial- und Geisteswissenschaften entwickelt, sie ist aber mittlerweile in immer mehr Disziplinen wie etwa Medizin, Rechtswissenschaften, Biologie oder auch Theologie verankert. Insofern Gender Studies an Universitäten fest etabliert sind, müsste der Ideologievorwurf weite Bereiche der Wissenschaft umfassen. Ob das vernünftig sein kann?

Schließlich ein dritter Punkt, der sich im Verlauf des weiteren Vorgehens erst verdeutlichen wird. Er lautet: Der katholischen Gender-Kritik fehlt die wissenschaftliche Redlichkeit. Dieses Fehlen zeigt sich primär darin, dass zumindest auf lehramtlicher Ebene keine Autor:innen genannt werden, auf die hin die ideologisch markierten Inhalte *der* Gender-

Theorie geprüft werden könnten. Das trifft auch auf das Schreiben der Bildungskongregation zu, das gemäß dem Untertitel „einen Weg des Dialogs zur Gender-Frage" beschreiten möchte, doch im Text nirgendwo den Dialog mit Vertreter:innen der Gender/Queer Studies aufnimmt. Darum werden auch in diesem Schreiben,

> „wichtige Aspekte ‚der Gender-Theorie' zu undifferenziert und zu pauschal negativ bewertet. Der angestrebte Dialog und eine seriöse Auseinandersetzung mit Gender-Theorien scheint dadurch mehr verhindert als ermöglicht. Insgesamt bietet das Dokument kein realistisches Bild von Gender-Theorien und dem zugrundeliegenden Konzept ‚Gender' – und lässt deshalb keine ausgewogene Beschäftigung mit diesen Theorien und diesem Konzept erkennen."[62]

Diese Kritik aus einer Stellungnahme der Katholisch-Theologischen Fakultät Tübingen ist weitgehend auch auf die Anti-Gender-Literatur auszudehnen. Hier wird zwar oft die Philosophin Judith Butler als Referenzgröße der „Gender-Ideologie" genannt, doch das, was dann über sie verbreitet wird, ist zumeist – gelinde gesagt – dürftig, nicht selten diffamierend und – deutlicher gesagt – wissenschaftlich jenseitig. Das wird im Abschnitt zu Judith Butler aufzuzeigen sein.

Vorweg sei erwähnt, dass eine ausgewogene Beschäftigung mit den Gender/Queer Studies zumindest basale dazugehörige Begriffe und Differenzierungen aufzunehmen hätte. Doch in der katholischen Gender-Kritik bleibt meist unerwähnt, dass die Sex/Gender-Unterscheidung in den Gender Studies keineswegs primär zur Problematisierung der Kategorie Geschlecht als solcher gebraucht wird, sondern als unverzichtbares *Analyseinstrument*, um Geschlechterverhältnisse (d.h. Frauen- und Männerbilder, damit verbundene Gleichheits- und Ungleichheitsdiskurse usw.) in der sozialen

62 URL: https://uni-tuebingen.de/fileadmin/Uni_Tuebingen/Fakultaeten/Kath-Theol/Documente/Aktuelles/Stellungnahme_Male_and_female_he_created_them.pdf

Wirklichkeit kritisch in den Blick nehmen zu können. Sofern nicht nur die Kategorie Geschlecht ein strukturierende Leitdifferenz der sozialen Realität bildet, werden mit dem Begriff *Intersektionalität* weitere strukturierende Faktoren zueinander in Relation und Abhängigkeit gesetzt, wie vor allem soziale Klassenzugehörigkeit sowie ethnische, nationale und auch religiöse Zugehörigkeit. Ungleichheitsverhältnisse lassen sich demnach nicht allein auf die Kategorie Geschlecht reduzieren.

In der katholischen Gender-Kritik spielen die Begriffe Analyseinstrument und Intersektionalität meist keine Rolle, was gemäß der zitierten Tübinger Stellungnahme besagt, dass dem Ideologievorwurf kein adäquater Dialog mit den Gender Studies zugrunde liegt. Das zeigt sich auch darin, dass dieser Vorwurf wohl eher als „Queer-Ideologie" gefasst werden müsste. Es sind nämlich die Queer Studies, die das vermeintlich stabile Verhältnis zwischen biologischem und sozialem Geschlecht sowie sexuellem Begehren analysieren und problematisieren. Dabei werden geschlechtliche und sexuelle Identität nicht einfach als naturgegeben, sondern als sozial konstruiert verstanden und im Kontext von Machtverhältnissen und hegemonialen Normen analysiert.

Das zeigt sich ebenso im Verweben der Gender Studies (eigentlich: Queer Studies) mit der politischen Agenda des Gender Mainstreaming, wenn entgegen offizieller Definitionen von Gender Mainstreaming behauptet wird, dass es hierbei, so Kuby, „um mehr als Gleichstellung von Frauen und Männern" geht, nämlich „um die Herstellung von *Gleichheit* durch die *‚Dekonstruktion' der bipolaren hierarchischen Geschlechterordnung*, um zu einer *gleichwertigen und gleichberechtigten Geschlechtervielfalt* zu gelangen" (GSR 150). Auch für Kelle bezweckt Gender Mainstreaming nicht, „Gerechtigkeit zwischen Mann und Frau herzustellen, sondern das Endziel ist, die Kategorie Geschlecht komplett aufzulösen"[63]. Diese Be-

63 Birgit Kelle, Genese und Ausmaß der Genderideologie, S. 176. [Anm. 57]

hauptungen erstaunen doch sehr, denn das deutsche Bundesministerium für Familie, Senioren, Frauen und Jugend verbindet mit Gender Mainstreaming ein Leitbild der Geschlechtergerechtigkeit, das im Anschluss an die vierte UN-Weltfrauenkonferenz die Verpflichtung einschließt, „bei allen gesellschaftlichen und politischen Vorhaben die unterschiedlichen Auswirkungen auf die Lebenssituationen und Interessen von Frauen und Männern grundsätzlich und systematisch zu berücksichtigen“[64]. Es geht also, wie übrigens auch in Österreich festgelegt, um die „Gleichstellung von Frauen und Männern“[65] – und nicht „um mehr“, wie Kuby insinuiert, oder um die Auflösung der Geschlechtskategorien, wie Kelle unterstellt.

Wissenschaftliche Redlichkeit wird hier nicht einmal ansatzhaft wahrnehmbar. Solche Aussagen zum Gender Mainstreaming sind darum ein Skandal, denn nach wie vor, so die (wissenschaftlich anerkannte) Sozialethikerin Marianne Heimbach-Steins, haben viele Menschen in Bezug auf das Thema Gender

> „keine genaue Vorstellung, was damit gemeint ist, manche sind aber gerade deshalb empfänglich für irreführende Deutungen. Ohne Zweifel gibt es ideologische Bezugnahmen auf die Gender-Kategorie; nicht alles, was unter diesem ‚Label‘ firmiert, ist wissenschaftlich ernst zu nehmen. Wer aber alles, was mit Gender zu tun hat, pauschal unter Ideologie-Verdacht stellt, schließt eine ernsthafte Auseinandersetzung von vornherein aus.“[66]

---

64 URL: https://www.bmfsfj.de/bmfsfj/themen/gleichstellung/gleichstellung-und-teilhabe/strategie-gender-mainstreaming

65 Vgl. https://www.bundeskanzleramt.gv.at/agenda/frauen-und-gleichstellung/gender-mainstreaming-und-budgeting.html

66 Marianne Heimbach-Steins, Die Gender-Debatte. Herausforderungen für Theologie und Kirche, in: Katholische Sozialwissenschaftliche Zentralstelle (Hg.), Reihe „Kirche und Gesellschaft“ Nr. 422, Köln 2015, S. 3.

Zu ergänzen wäre, dass auch vieles, was unter dem Label „Anti-Gender" publiziert wird, wissenschaftlich nicht ernst zu nehmen ist, da hier meist keine sorgfältige Auseinandersetzung mit den Gender/Queer Studies erkennbar wird. Darum ist mit der Philosophin Herta Nagl-Docekal festzuhalten:

> „Eine kritische Auseinandersetzung – in welchem Themenbereich auch immer – kann sich nur dann als ernsthaft ausweisen, wenn sie die abgelehnte Position in ihren jeweils differenziertesten Ausformulierungen aufgreift. Es entspricht nicht der *best practice* theoretischer Diskurse, die jeweils simpelsten und damit angreifbarsten Artikulationen einer Problemstellung für das Ganze zu nehmen und auf dieser prekären Basis einen Rundumschlag zu vollziehen."[67]

Im folgenden Abschnitt ist zuerst zu klären, inwieweit die im Anti-Gender-Narrativ meist im Zentrum der Kritik stehende Philosophin Judith Butler mit den „jeweils differenziertesten Ausformulierungen" aufgegriffen wird, oder ob eine *worst practice* konstatiert werden muss.

Judith Butler I

Nicht nur Gabriele Kuby klagt über die „hoch philosophische, schwer verständliche Terminologie" (GSR 82), auch Paula-Irene Villa, Professorin für Soziologie und Gender Studies in München, hebt in ihrer Einführung zu Judith Butler[68] (JBE) deren „schwer zugängliche Sprache" (JBE 13) hervor. Dennoch ist Butler seit Anfang der 1990er Jahre „eine der wichtigsten Stimmen der feministischen Theorie bzw. der Geschlechterforschung" (JBE 18). Butler selbst äußert jedenfalls

---

67 Herta Nagl-Docekal, Geschlechtergerechtigkeit: Wie könnte eine philosophische Perspektive für die theologische Debatte von Relevanz sein?, in: Theologische Quartalschrift 195 (2015) S. 75–94, hier: 79.

68 Paula-Irene Villa, Judith Butler. Eine Einführung, Frankfurt a. M. ^{2}2012.

im Vorwort ihres Buches *Körper von Gewicht* (KvG) die Hoffnung, dass ihre oft Missverständnisse hervorrufenden Texte sich „zumindest als produktiv erweisen“ (KvG 17) können.

Diese produktive Option ist nachfolgend aufzugreifen, auch wenn das im Sinne einer *best practice*, die auch Originalzitate aufzunehmen hat, oft nicht in einfacher Sprache möglich sein wird. Zudem kann diese Option nur reduziert mit Fokus auf die im Anti-Gender-Narrativ an Butler adressierte Kritik geschehen. Drei Gedankenschritte sollen hierzu eingebracht werden.

Sex ist immer schon Gender gewesen

Judith Butler (*1956), die auch als Mitbegründerin der Queer Studies gilt, steht in der Tradition des Poststrukturalismus. Diese Ende der 1960er Jahre in Frankreich entstandene Theoriebildung impliziert vielfältige Ansätze und Methoden, die zumindest darin übereinkommen, dass soziale Prozesse durch Sprache strukturiert sind, insofern Sprache die Wirklichkeit nicht nur abbilde, sondern mittels ihrer Kategorien und Differenzierungen auch herstelle bzw. konstruiere. Mit diesem *linguistic turn* verbindet sich eine anti-essentialistische Perspektive, also die Infragestellung von starren, objektiv vorgegeben begriffenen Strukturen zugunsten von Wandlungsfähigkeit und Kontingenz, womit anstelle des Notwendigen die Vielfalt des Möglichen betont wird. Die Kritik am Essentialismus erfolgt vor allem durch diskurstheoretische Dekonstruktion, durch das Aufdecken von Macht- und Herrschaftsformen, durch Identitätskritik oder durch Kritik an der Heteronormativität, die allein eine biologisch fundierte binäre Geschlechterordnung akzeptiert.

Butler hat den *linguistic turn* wirkmächtig in die Geschlechterforschung implementiert. Sie stellt in *Gender Trouble*, das 1991 in deutscher Übersetzung unter dem Titel *Das Unbehagen der Geschlechter* (UdG) erschien, die (nicht nur aus katholischer Sicht, sondern auch für damalige feministische Theorien) herausfordernde Frage, inwieweit „wir noch von einem ‚gegebenen' Geschlecht oder von einer ‚gegebenen' Geschlechtsidentität sprechen" (UdG 23) können. In Anlehnung an den schon zitierten Satz von Simone de Beauvoir, wonach man nicht als Frau zur Welt kommt, sondern dazu wird, hält Butler fest, dass das soziale Geschlecht (Gender) – Butler spricht hierbei stets von Geschlechtsidentität – angesichts der in diesem Satz ausgesagten sozialen „Frauwerdung" kein kausales Ergebnis des „biologischen" Geschlechts (Sex) sein könne. Demnach bestimme das bei der Geburt zugewiesene männliche oder weibliche „biologische" Geschlecht nicht schon die künftige Lebensführung von Männern und Frauen oder das, was „Mannsein" und „Frausein" bedeutet. Diese Kategorien sind kulturell geprägt, somit auch von Kultur zu Kultur unterschiedlich, jedenfalls nicht „biologisch" festgelegt, sondern – wie Butler sagt – durch Diskurse hergestellt.

Zur Erläuterung: Diskurse versteht Butler im Anschluss an den französischen Philosophen Michel Foucault nicht nur als gesprochene Worte, sondern als „Systeme des Denkens und Sprechens, die das, was wir von der Welt wahrnehmen, konstituieren, indem sie die Art und Weise der Wahrnehmung prägen" (JBE 20). Diskurse sind demnach produktiv, sie bringen etwas hervor oder stellen etwas her, sind somit Konstruktionsprinzip von Wirklichkeit.

Diese Wirkmacht von Diskursen verdeutlicht Butler mit dem Begriff Performativität, in Anlehnung an den britischen Sprachphilosophen John Langshaw Austin. Ohne hier ins Detail gehen zu können, ist wenigstens auf die für Butlers Denken bedeutsamen performativen (illokutionären) Sprechakte hinzuweisen, sofern diese im Augenblick der Äußerung das bewirken oder ausführen, was sie benennen. Beispiele hierfür wären der Spruch des Standesbeamten („Hiermit erkläre ich euch zu Mann und Frau"), der zwei Menschen zum Ehepaar macht, oder der Urteilsspruch einer Richterin („Ich verurteile Sie zu drei Jahren Haftstrafe"), welcher eine bislang angeklagte zur verurteilten Person macht. Diese Wirkmacht performativer Sprechakte ist gebunden an Rituale, aber ebenso an soziale Konventionen, weshalb es auch eine performative Dimension des Geschlechts gibt. Beispielhaft verweist

Butler öfters auf den Spruch der Hebamme „Es ist ein Mädchen", der einen mit der Geburt beginnenden Prozess initiiert, „mit dem ein bestimmtes ‚Zum-Mädchen-Werden' erzwungen wird" (KvG 318). Erzwungen deshalb, weil Performativität zu verstehen ist als „die ständig wiederholende und zitierende Praxis, durch die der Diskurs die Wirkungen erzeugt, die er benennt" (KvG 22). Heruntergebrochen besagt das, dass wir entlang des bei der Geburt zugewiesenen Geschlechts so behandelt werden, wie es den Erwartungen an das Leben als das eine oder andere Geschlecht entspricht. Auf diese Weise werden Geschlechternormen, kulturell je unterschiedlich, reproduziert.

Als „die erzwungene unentwegte Wiederholung der Normen", mithin der geschlechtlichen Normen, ist Performativität daher „weder freie Entfaltung noch theatralische Selbstdarstellung" (KvG 139), sondern „notwendig, um sich als ein ‚jemand' zu qualifizieren, um als ein ‚jemand' lebensfähig zu werden" (KvG 319), etwa als Mann oder Frau – schwieriger jedoch als LGBTIQ-Person. Deshalb betont Butler entschieden, dass diskursive Performativität keineswegs (im Sinne einer Blaupause) gleichförmige Wiederholung besagt. Sie adaptiert diesbezüglich das vom französischen Philosophen Jaques Derrida entwickelte Konzept der Iterabilität (lat. *iter* = von neuem, abgeleitet von Sanskrit *itara* = anders), wonach performative Wiederholung (= Reiteration) sich mit Andersheit verbindet und somit auch für Umdeutungen und damit neue Bedeutungen offen ist.

Aufgrund der diskursiven Herstellung von Geschlechtsidentität (Gender) lässt sich für Butler die Sex/Gender-Unterscheidung „bis an ihre logische Grenze" (UdG 23) treiben:

> „Wenn wir jedoch den kulturell bedingten Status der Geschlechtsidentität als radikal unabhängig vom anatomischen Geschlecht denken, wird die Geschlechtsidentität selbst zu einem freischwebenden Artefakt. Die Begriffe Mann und männlich können dann ebenso einfach einen männlichen und einen

> weiblichen Körper bezeichnen wie umgekehrt die Kategorien Frau und weiblich." (UdG 23)

Entlang dieser logischen Grenze – „radikal unabhängig vom anatomischen Geschlecht" – formuliert Butler unter anderem die Frage, ob „die angeblich natürlichen Sachverhalte des Geschlechts nicht in Wirklichkeit diskursiv produziert" (UdG 23) sind. Diese Frage steht in deutlicher Distanz zu der Annahme, dass Sex als naturale Grundlage der Geschlechtsidentität vorauszusetzen sei. Butlers Antwort auf diese Frage zielt jedenfalls auf die These, dass

> „das Geschlecht (sex) immer schon Geschlechtsidentität (gender) gewesen [ist], so daß sich herausstellt, daß die Unterscheidung zwischen Geschlecht und Geschlechtsidentität letztlich gar keine Unterscheidung ist." (UdG 24)

Sex ist immer schon Gender gewesen. Folgt daraus nicht unweigerlich, dass die Kategorie Sex zugunsten von Gender aufgelöst und damit irrelevant wird? So, wie Gabriele Kuby das in ihrem Urteil über Butler aussagt, wonach „*Gender* nicht an das biologische Geschlecht gebunden" ist und somit nur entsteht, „weil es durch Sprache erzeugt wird und die Menschen glauben, was sie ständig hören" (GSR 82)? Diese linguistisch bewirkte Infragestellung, ja vermeintliche Auflösung der biologischen Gegebenheit von Geschlecht markiert jedenfalls den Kern der katholischen Gender-Kritik und scheint ihn unbezweifelbar zu bestätigen.

Allerdings sind noch zwei weitere Gedankenschritte aufzugreifen. Die meisten freilich, die speziell in Bezug auf Butler von „Gender-Ideologie" sprechen, bleiben diesem ersten Schritt verhaftet. Das trifft grosso modo sowohl auf lehramtliche Aussagen als auch auf die Anti-Gender-Literatur zu. Der zweite Gedankenschritt hat die erkenntnistheoretischen Grundlagen dieser These in den Blick zu nehmen. Diesen Blick nimmt bezüglich der im ersten Kapitel erörterten Positionen der Anti-Gender-Literatur nur Hanna-Barbara Gerl-Falkovitz auf, die dann erst den dritten Schritt verweigert, der auf die Bedeutung des Körpers bei Judith Butler einzugehen hat.

„Ich bin ja nicht verrückt"

Auf die Frage, ob es „nicht ganz offensichtlich biologische Unterschiede" gibt, hat Butler im Gespräch mit dem *Philosophie Magazin* wie folgt geantwortet:

> „Wissen Sie, ich bin ja nicht verrückt. Ich bestreite keineswegs, dass es biologische Unterschiede zwischen den Geschlechtern gibt. Doch wenn wir sagen, es gibt sie, müssen wir auch präzisieren, was sie sind, und dabei sind wir in kulturelle Deutungsmuster verstrickt."[69]

Obzwar Butler die Gegebenheit biologischer Unterschiede nicht bestreitet, ist ihr zugleich bewusst, dass ihre konstruktivistische These „geradezu zwangsläufig ein Moment immer wiederkehrenden Unmuts hervorzurufen" (KvG 33) scheint. Dies vor allem deshalb, weil in der katholischen Gender-Kritik meist ausgeblendet wird, dass hiermit keine Negierung des Körpers ausgesagt wird, sondern eine erkenntnistheoretische Prämisse. Für Butler

> „gibt es keinen Rückgriff auf den Körper, der nicht bereits durch kulturelle Bedeutungen interpretiert ist. Daher kann das Geschlecht keine vordiskursive, anatomische Gegebenheit sein." (UdG 26)

Erkenntnistheoretisch hält Butler fest, dass „es niemals einen direkten Zugang zu einer Welt jenseits des Diskursiven geben kann" (JBE 88) und folglich der Zugang zur Welt *an sich* oder zur Natur *an sich* verschlossen ist. Es wird nämlich jeder „Rekurs auf die biologischen und materiellen Bereiche des Lebens [...] ein *linguistischer* Rekurs sein" (KvG 11). Sofern es aber zum „biologischen" Geschlecht „außer auf dem Weg

---

69 Judith Butler, „Heterosexualität ist ein Fantasiebild", in: Philosophie Magazin Nr. 01 (Dezember/Jänner 2012/13), S. 64–69, hier: 66.

seiner Konstruktion keinen Zugang gibt" (KvG 27), wird das Postulieren eines dem Diskurs vorgängigen „biologischen" Geschlechts „zu so etwas wie einer Fiktion, vielleicht auch einer Phantasie, die rückwirkend an einem vorsprachlichen Ort angelegt wird, zu dem es keinen unmittelbaren Zugang gibt" (KvG 27). Der als dem Diskurs „vorgängig gesetzte Körper wird immer als *vorgängig gesetzt*" (KvG 56).

Das „biologische" Geschlecht kann also niemals vordiskursiv sein, weil „es nur über einen stets kulturell geprägten Diskurs verstanden werden kann und sich dadurch im Augenblick der Auseinandersetzung immer schon in *gender* verwandelt hat"[70]. Da es aber nicht nur den einen Diskurs gibt, sondern je nach historischem Zeitpunkt und soziokulturellem Kontext stets plurale Diskurse, gibt es Gender auch nur in vielfältiger Interpretation.

In erkenntnistheoretischer Sicht stellt ebenso die Heterosexualität (auch: Heteronormativität) eine Fiktion bzw. Fantasie dar. Als diskursiv produziertes System von Zweigeschlechtlichkeit dient es aber als „Matrix der Intelligibilität" (UdG 39), da es, wie Butler im Buch *Die Macht der Geschlechternormen* (MdG)[71] schreibt, als „Gitter der Lesbarkeit [...] die Parameter dessen definiert, was innerhalb des Bereichs des Sozialen erscheinen wird und was nicht" (MdG 73). Als produktive Matrix bewirkt dieses System, „als sexuelle Person nicht außerhalb der Begriffe der Heterosexualität lesbar"[72] zu sein, da nur Heterosexualität als das „Normale" und „Natürliche" akzeptiert wird. Derart wird nicht nur auf eine simplifizierte Humanbiologie rekurriert (darauf ist noch zurückzukommen), sondern auch die Grundlage für die Exklusion anderer Begehrensformen und Geschlechtsidentitäten geschaffen.

Judith Butler ist nicht verrückt. Sie betont aber, dass Körper niemals an sich, sondern nur diskursiv gefasst werden können.

---

70 Lars Distelhorst, Judith Butler, Paderborn 2009, S. 27.

71 Judith Butler, Die Macht der Geschlechternormen und die Grenzen des Menschlichen, Frankfurt a. M., [3]2015.

72 Judith Butler, „Heterosexualität ist ein Fantasiebild", S. 66. [Anm. 69]

Diese erkenntnistheoretische Aussage ist aber nicht gleichzusetzen mit der ontologischen Aussage, dass der Körper nur Diskurs ist. Vehement wehrt sich Butler gegen diese ontologische Verrückung ihrer These, wonach etwa Diskurse „allein die Macht hätten, Körper aus ihrer eigenen sprachlichen Substanz heraus zu fertigen“ (KvG 14). Einen solchen linguistischen Idealismus weist Butler als „unannehmbar“ (KvG 11) zurück, denn unbestreitbar sind „nach Geschlecht differenzierte Köperteile, Tätigkeiten und Fähigkeiten und hormonelle sowie in den Chromosomen verankerte Unterschiede vorhanden, die ohne eine Bezugnahme auf eine ‚Konstruktion‘ eingeräumt werden können“ (KvG 33). Sie betont daher mit Nachdruck, dass die Behauptung, der „Diskurs sei formierend, nicht gleichbedeutend ist mit der Behauptung, er erschaffe, verursache oder mache erschöpfend aus, was er einräumt“ (KvG 33).

„Könnte mich nicht einfach jemand beiseite nehmen?“ (KvG 14) Mit dieser lakonischen Bemerkung angesichts der ihr oft unterstellten ontologischen Auffassung ihrer These reagiert Butler auch im Blick auf jene skurrile Interpretation von Performativität, die besagen würde, dass „jemand morgens erwache, den Schrank [...] auf eine Geschlechtsidentität eigener Wahl hin durchsehe, dann diese Geschlechtsidentität für den Tag anlege und die Einkleidung abends wieder an ihren Platz zurücklege“ (KvG 14). Diese Rede einer freien, beliebigen Geschlechtswahl verkennt diametral die Bedeutung von diskursiver Performativität in Butlers Denken, weil diese weniger mit freier Entfaltung als mit Zwang gemein hat, da „die soziale Geschlechtsidentität nichts Artifizielles ist, das je nachdem, wie man gerade will, aufgenommen oder abgelegt werden kann, und demnach nicht die Folge einer Wahl ist“ (KvG 15).

Diese im zweiten Gedankenschritt erörterten Sachverhalte werden in der katholischen Gender-Kritik weitgehend nicht rezipiert. Folglich wird eine Trennung von Gender und Sex unterstellt, obwohl ein diskursiv formierter Körper *keine* Trennung von Gender und Sex zulässt. Mit der Kritik der Trennung wird sodann eine *ontologische Verrückung* verbunden, wodurch Geschlecht zum bloßen, weil biologieenthobenen Diskursresultat erklärt wird, was sodann den Weg für die Behauptung einer freien Geschlechtswahl ebnet. Aus wissenschaftlicher Sicht ist all das als *worst practice* anzusehen. Die jeweils differenziertesten und besten Argumente werden in dieser Kritik nicht herangezogen und angenommen wird ein Verständnis von Gender, das Butler als „unannehmbar" zurückweist.

Zur Bedeutung der Körperlichkeit

Der dritte Gedankenschritt, welcher die Bedeutung des Körpers bei Judith Butler aufzugreifen hat, taucht in der katholischen Gender-Kritik nirgendwo auf. Doch in dem vorhin genannten Gespräch mit dem *Philosophie Magazin* hält Butler auch fest, dass

> „es eine störrische, nicht von Diskursen erzeugte Materialität des Körpers gibt. Ich sage nicht: Es gibt keine materielle Körperlichkeit, es gibt nur Diskurse, und allein Diskurse sind Auslöser und Bedingung für die Erzeugung dessen, was wir Körperlichkeit nennen. Nein! […] Das möchte ich nicht, in dem Sinn bin ich keine diskursive Idealistin. Was ich meine, ist: Wir versuchen immer, den Körper zu beschreiben. Die Biologie versucht den Körper zu beschreiben. Doch es gibt keine Beschreibung, die den Körper erfasst. Jede Beschreibung scheitert, weil sich ihr etwas Eigensinniges widersetzt, eine Art ‚Persistenz'."[73]

Butler weist erneut zurück, eine idealistische Linguistin zu sein, ist sich aber bewusst, dass ihr spezifisch philologischer Zugang ein solches Missverständnis nahelegt. Offen gesteht sie ein:

> „Jedes Mal, wenn ich versuche, über den Körper zu schreiben, endet das damit, dass der Text von der Sprache handelt.

73 Ebd., S. 67.

Aber nicht etwa deswegen, weil ich denke, dass der Körper auf Sprache reduzierbar ist; das ist er nicht. Die Sprache geht aus dem Körper hervor, stellt so etwas wie seine Emission dar." (MdG 318).

Zumindest auf theoretischer Ebene postuliert Butler eine Gleichzeitigkeit bzw. Gleichursprünglichkeit von kultureller *und* körperlicher Bedeutung. Zwar kreist ihr Denken primär um die Darstellung des performativen Charakters von Geschlecht, also um die stets kulturell gedeutete Kategorie Sex. Doch zugleich verweist sie „vehement auf die immer schon gegebene Be-Deutung von allem, was materiell und körperlich ist" (JBE 155). Sie spricht von „Bedeutungsgebungen des Körpers" und betont, „dass der Körper die Sprache veranlasst und dass die Sprache körperliche Ziele transportiert" (MdG 319), weshalb „die Bedeutungsgebungen des Körpers über die Intentionen des Subjekts hinaus[schießen]" (MdG 319). Diese bedeutungsgebenden körperlichen Ziele thematisiert Butler nicht eigens. Das, wie auch anderes[74], ist zwar kritisierbar, sollte aber vom Design ihres komplexen Theorie-Ansatzes her nachvollziehbar sein.

Deutlicher äußert sich diesbezüglich etwa Raewyn Connell im Buch *Gender*, wonach Körper sich „nicht einfach als Objekte sozialer Prozesse verstehen" ließen, sondern „aktiv am gesellschaftlichen Prozess beteiligt sind. Sie nehmen da-

74 Kritisierbar wäre unter anderem auch Butlers Subjektverständnis. Zu Recht betont Butler, dass das Subjekt nicht vorgängig zur Bestimmung durch Macht und Diskurs zu fassen ist. Wird aber das Subjekt diskursiv konstituiert, entsteht die Frage, wie es als eigenständig handlungsfähig, also ethisch verantwortlich, begriffen werden kann. Muss dafür, so die kritische Rückfrage der Theologin Gunda Werner, nicht „etwas im Subjekt angenommen werden, das prädiskursiv ist"? Werner zufolge bestehe hier ein Theoriedefizit bei Butler, da sie zumindest faktisch so etwas wie eine prädiskursive Instanz voraussetzt. Diese Voraussetzung thematisiert Butler noch weniger als die im Text genannten „Bedeutungsgebungen des Körpers". Vgl. dazu: Gunda Werner, Judith Butler und die Theologie der Freiheit, Bielefeld 2021. Das Zitat findet sich auf Seite 156.

ran teil durch ihre Fähigkeiten, ihre Entwicklung und ihre Bedürfnisse", und sind so „beteiligt am Hervorbringen und Formen sozialer Verhaltensweisen"[75]. Darum gilt:

> „Körper handeln und Körper sind sozial konstruiert. Die biologische und die soziale Analyse lassen sich nicht auseinanderreißen. Aber die eine lässt sich auch nicht auf die andere reduzieren."[76]

Auch wenn Butler diese Deutlichkeit vermissen lässt: Ihre Aussagen zur Bedeutung des Körpers widersprechen klar der Annahme von Gerl-Falkovitz, dass in „Butlers Radikal-Konstruktivismus" die „Faktizität des Körpers als leer gilt, als *tabula rasa* je meines Entwurfes". Ihr Linguizismus besagt eben nicht, dass der Körper nur als „passives Objekt, nicht mehr als Subjekt des Diskurses" in den Blick gelangt, dass er also „selbst keine Aussage mehr über sich macht"[77].

Freilich: Butler denkt nicht essentialistisch. Für sie eignet dem Körper keine ontologische Wahrheit, keine Wesenheit, woraus sich ein bestimmtes Verständnis von Geschlecht entfaltet – weitgehend unabhängig von diskursiven Formierungen. Zugleich ist es ein in der katholischen Gender-Kritik weitverbreitetes Missverständnis, der Körper sei bei Butler nur Resultat von Diskursen und damit ein „Spielplatz beliebig wechselnder Bedeutungen", wie Gerl-Falkovitz unterstellt. Butler zufolge werden Sex und Gender entlang komplexer, interagierender Prozesse bestimmt. Sie betont daher in Distanz zum Vatikan, der „die Rede von Gender durch die Rede von biologischem Geschlecht ersetzen möchte" (MdG 298f):

> „Die Geschlechterdifferenz ist weder gänzlich gegeben noch gänzlich konstruiert, sondern beides zu Teilen. Diese Vorstellung eines ‚teilweise' entzieht sich jeder klaren Bestimmung als ‚Teilung'", denn „das, was konstruiert wird, geht notwen-

---

75 Raewyn Connell, Gender, Wiesbaden 2013, S. 86.

76 Ebd., S. 98.

77 Alle Zitate aus: Fließende Identität?, S. 2. [Anm. 52]

> dig der Konstruktion voraus, auch wenn es keinen Zugang zu diesem vorausliegenden Moment gibt als durch die Konstruktion". (MdG 299)

Darum, so heißt es weiter, ist

> „die Geschlechterdifferenz ein Ort, an dem wieder und wieder eine Frage in Bezug auf das Verhältnis des Biologischen zum Kulturellen gestellt wird, an dem sie gestellt werden muss und kann, aber wo sie streng genommen nicht beantwortet werden kann. Wenn wir sie als Grenzvorstellung verstehen, so hat die Geschlechterdifferenz psychische, somatische und soziale Dimensionen, die sich niemals gänzlich ineinander überführen lassen, die aber deshalb nicht endgültig voneinander abgesetzt sind." (MdG 299)

Keine Gegebenheit, sondern eine Frage sei die Geschlechterdifferenz, etwas, „was mehr oder weniger dauerhaft zu befragen bleibt" (MdG 287) und somit nur als vorläufig verfestigte Kategorie im Prozess fortschreitender Differenzierung zu sehen ist. Somit kann „keine einfache Definition von Gender genügen" (MdG 296), was auch ein zu schlicht konzipiertes Verhältnis von Gender und Sex verbietet. Es gibt nicht entweder Sex oder Gender, sondern nur eine unlösbare Verschränkung von Sex *und* Gender, in der „Sex und Gender nicht mehr als Biologisches und Gesellschaftliches voneinander abgegrenzt und gegeneinandergehalten werden, sondern als gleichermaßen wichtige Komponenten geschlechtlicher Entwicklung in unentwegter Wechselwirkung miteinander angesehen werden"[78]. Sex und Gender konstituieren einander wechselseitig.

Innerhalb dieser Wechselwirkung erweist sich die vom Körper veranlasste Sprache aber vielfältiger, als im binären

78 Kerstin Palm, Ist Geschlecht naturgegeben oder konstruiert? Warum diese Frage aus aktueller biologischer Sicht keinen Sinn ergibt, in: Thomas Laubach (Hg.), Gender – Theorie oder Ideologie? Streit um das christliche Menschenbild, Freiburg i. Br. 2017, S. 147–160, hier: 155.

Gendersystem anerkannt, das allein heterosexuelles Begehren als „natürlich" und zugleich normativ gelten lässt. Butlers Frage lautet daher: „Welchen Körpern wird Gewicht beigemessen – und warum?" (KvG 17) Da das binäre Gendersystem „in Wirklichkeit diskursiv produziert ist" (UdG 23), stellt es nur vermeintlich eine naturgegebene Kategorie jenseits kultureller Strukturiertheit dar. Vielmehr illustriert es eine „diskursive Identitätserzeugung"[79], wodurch außerhalb der Heteronormativität stehende sexuelle oder geschlechtliche Identitäten erschwert oder gar verunmöglicht werden. Dabei propagiert Butler keine sensationslüsterne Vermehrung von Geschlechtern. Gender Trouble wird nicht erst von ihr inszeniert, sondern geschieht bereits. „Die Genderformen, an die ich denke, existieren schon lange, sie wurden allerdings nicht zugelassen für den Bereich der Begriffe, welche die Realität regieren." (MdG 55)

Fazit: Butler kann den (explizit oder implizit) an ihre Theorie adressierten Vorwurf der „Gender-Ideologie" nur als ver-rückt begreifen, in dem Sinne, dass diesem Vorwurf ein dem wissenschaftlichen Diskurs entrücktes und sodann auf ihn hin zurechtgerücktes Verständnis von Gender zugrunde gelegt wird. Ein derart körperannullierend verdrehtes Verständnis von Gender bekommen jedenfalls die Studierenden im Masterlehrgang Gender Studies an der Universität Wien nicht vermittelt. Dafür müssen sie schon ein Seminar an der Katholisch-Theologischen Fakultät belegen.

Butlers Kritik der Kritik

In den letzten Jahren hat Judith Butler den Ideologie-Vorwurf seitens der katholischen Kirche (und evangelikaler Gruppierungen) mehrfach explizit aufgegriffen und als ebenso unhaltbar wie diffamierend zurückgewiesen.

---

79 Judith Butler, Psyche der Macht. Das Subjekt der Unterwerfung. Frankfurt a.M. 2001, S. 83.

So etwa in einem Artikel aus dem Jahr 2019[80], der bereits im Titel fordert, dass der Backslash gegen die „Gender-Ideologie" gestoppt werden müsse, da – gemäß dem Untertitel – die Geschlechtertheorie „weder destruktiv noch indoktrinierend" sei, sondern „einfach nach einer Form politischer Freiheit" sucht, die auch Menschen außerhalb der heteronormativen Matrix ein lebenswertes Leben ermöglichen kann. In einer Passage dieses Artikels heißt es:

> „Die Unterstellung, die Gender Studies würden mit ihrem Sozialkonstruktivismus willentlich gottgegebene Realität zerstören, ist diffamierend und missdeutet das Feld der Gender Studies auf schwerwiegende Weise. Bei einer sorgfältigen Auseinandersetzung mit Gendertheorien wird schnell klar, dass diese weder destruktiv noch indoktrinierend sind. Vielmehr engagieren sich ihre Vertreter:innen für eine gerechtere, lebenswertere Welt und politische Freiheit."

Bezüglich Papst Franziskus hält sie fest:

> „Gender zu unterrichten ist keine Indoktrination. Es gibt keine Vorgaben, wie eine Person ihr Leben zu führen hat, aber es eröffnet jungen Menschen die Möglichkeit, ihren eigenen Weg fernab von engen und brutalen sozialen Normen zu gehen. Das Bejahen von Geschlechtervielfalt ist somit auch nicht destruktiv, sondern anerkennt die menschliche Komplexität und schafft Raum für Konfigurationen innerhalb dieser Komplexität."

Bereits in einem 2017 in Brasilien gehaltenen Vortrag[81] verwahrt sich Butler dagegen, imaginäre Gründerin einer absurden „Gender-Ideologie" zu sein, deren theoretische Grundlagen „die biblische Lehre zerstört und wissenschaftliche Fakten bestreitet". Ihr primär kritisiertes Buch *Gender*

---

80 URL: https://www.newstatesman.com/culture/2019/01/judith-butler-backlash-against-gender-ideology-must-stop

81 URL: https://www1.folha.uol.com.br/internacional/en/culture/2017/11/1936921-the-phantom-of-gender-reflections-on-freedom-and-violence.shtml

Trouble habe entlang einer performativen Deutung des Geschlechts nur versucht, die „Komplexität unserer Geschlechtsidentifikationen und -wünsche zu bekräftigen und sich denjenigen innerhalb der zeitgenössischen LGBTQ-Bewegung anzuschließen, die glaubten, dass eine der Grundfreiheiten, die respektiert werden sollten, die Freiheit des Geschlechtsausdrucks ist". Ihre Theorie sei daher „keine ‚Ideologie'".

Schließlich geht ein 2021 in *The Guardian* erschienener Artikel[82] der Frage nach, warum die Idee von Gender weltweit so massive Gegenreaktionen auslöst. Bereits seit Jahren sieht Butler die „Anti-Gender-Ideologiebewegung" grenzüberschreitend agierend durch „Organisationen in Lateinamerika, Europa, Afrika und Ostasien". Als zentralen Träger dieser Bewegung nennt sie den Vatikan:

> „Diese reaktionären Flammen wurden vom Vatikan geschürt, der die ‚Gender-Ideologie' als ‚teuflisch' bezeichnete, sie als eine Form des ‚kolonialisierenden Imperialismus' mit Ursprung im Norden bezeichnete und Befürchtungen schürte, dass die ‚Gender-Ideologie' in den Schulen ‚eingeschleust' würde."

Dabei sei es

> „nicht einfach, die Argumente der Anti-Gender-Ideologiebewegung vollständig zu rekonstruieren, weil sie sich nicht an Standards der Konsistenz oder Kohärenz halten. Sie sammeln und erheben Brandsätze, um das, was sie als ‚Gender-Ideologie' oder ‚Gender-Studien' ansehen, mit allen erforderlichen rhetorischen Mitteln zu widerlegen."

Die Ideologievorwürfe beruhen deshalb „auf dünnen Karikaturen", weil „die meisten dieser Gegner sich weigern, Material zu lesen, das ihren Überzeugungen widersprechen könnte, oder sich etwas aus komplexen Texten herauspicken, um eine Karikatur zu unterstützen".

---

82 URL: https://www.theguardian.com/us-news/commentisfree/2021/oct/23/judith-butler-gender-ideology-backlash

Die Anti-Gender-Ideologiebewegung beurteilt Butler in diesem Artikel (in Anlehnung an die von Umberto Eco vorgelegten 14 Merkmale des Ur-Faschismus) nicht nur als reaktionär, sondern als „faschistische Strömung, die zunehmend autoritäre Regierungen unterstützt“, und so den weltweiten Trend abnehmender Demokratiestandards beschleunigt. Diese Bewegung sei daher „keine konservative Position mit klaren Prinzipien. Nein, als faschistischer Trend mobilisiert er eine Reihe rhetorischer Strategien aus dem gesamten politischen Spektrum.“ Die damit einhergehende „Widersprüchlichkeit ihrer Argumente“ wird dem kulturkämpferischen Ziel untergeordnet, „LGBTIQ-Personen aus öffentlichen Räumen zu verbannen“, während „die traditionelle heteronormative Familie“ als das „letzte Bollwerk gegen soziale Desintegration und anomischen Individualismus“ eingebracht wird. Nicht selten entstehe hierbei eine Einengung der Rationalität auf „hypernationalistische Ziele“.

Natürliche Zweigeschlechtlichkeit?

Trotz der auf dünnen Karikaturen beruhenden, widersprüchlichen Argumentationslogik wird in der Kritik an der „Gender-Ideologie“ durchaus richtig gesehen, was „der *gender turn* impliziert, nämlich in der Tat ein post-naturalistisches beziehungsweise post-essentialistisches Verständnis von Geschlecht“[83]. Dieses Verständnis würde aber, so Kuby, die „eindeutigen Forschungsergebnisse“ (GSR 113) einer naturgegebenen Zweigeschlechtlichkeit ignorieren. Es bestehe sogar, wie die vom Päpstlichen Hilfswerk Kirche in Not herausgegebene Broschüre *Gender-Ideologie* betont, eine „strikte Weigerung der Genderisten, die Erkenntnisse einer naturwis-

83 Sabine Hark/Paula-Irene Villa, „Eine Frage an und für unsere Zeit“. Verstörende Gender Studies und symptomatische Missverständnisse, in: Dies. (Hg.), Anti-Genderismus. Sexualität und Geschlecht als Schauplätze aktueller politischer Auseinandersetzungen, Bielefeld 2015, S. 15–39, hier: 19.

senschaftlich orientierten (und nicht bloß sozial orientieren) Geschlechterforschung anzuerkennen" (12). Der Genderismus sei darum, obwohl er sich „den Anstrich von Wissenschaftlichkeit" (12) gibt, zutiefst unwissenschaftlich. Zudem sei er zu Recht als eine Ideologie zu sehen, wenn deren Vertreter „Naturgesetze infrage stellen, die seit Menschengedenken Gültigkeit haben, wonach die beiden Geschlechter aufeinander bezogen und zudem in der Lage sind, durch die Zeugung von Kindern das Leben weiterzugeben" (4).

Zunächst einmal trifft es sicher zu, dass die Gender/Queer Studies in der Konzeptionalisierung ihrer Forschungsthemen die verbreitete Alltagstheorie einer natürlich gegebenen Zweigeschlechtlichkeit verunsichern und infrage stellen. In knapper Ausdifferenzierung besagt diese Alltagstheorie, dass

- es zwei und nur zwei Geschlechter gibt;
- normalerweise alle Personen lebenslang einem Geschlecht (männlich/weiblich) angehören;
- die Zweigeschlechtlichkeit biologisch (natürlich) (vor-)gegeben ist, wofür speziell die Genitalien als zentraler Beweis gelten;
- beide Geschlechter sich natürlicherweise wechselseitig begehren (→ Heterosexualität)
- die natürliche Zweigeschlechtlichkeit eine wesentliche Vorgabe für soziales Handeln darstellt.

Was jenseits dieser Alltagstheorie steht, gilt traditionell als unnatürlich, anormal oder krankhaft. Das trifft bis heute in vielen Kulturen der Welt relativ ungebrochen zu, dagegen seit wenigen Jahrzehnten nur noch in brüchiger Form in vielen westlichen Demokratien, wo LGBTIQ-Personen mittlerweile in vielfältiger Weise rechtliche Anerkennung erfahren. Darauf ist später noch einzugehen.

Geschlecht als biopsychosoziales Phänomen

An dieser Stelle ist zunächst die von der US-amerikanischen Soziologin Carol Hagemann-White bereits 1988 getätigte Aussage aufzunehmen, dass es „keine zufriedenstellende humanbiologische Definition der Geschlechtszugehörigkeit [gibt], die die Postulate der Alltagstheorie einlösen würde“[84]. Sofern Geschlecht nicht nur humanbiologisch, sondern auch in psychischer und sozialer Perspektive zu thematisieren ist, muss es stets als komplexes biopsychosoziales Phänomen gefasst werden.

Folglich begreifen die auf breitem Fachwissen basierenden Stellungnahmen des Deutschen Ethikrates zu *Intersexualität* (2012) und der Österreichischen Bioethikkommission zu *Intersexualität und Transidentität* (2017) Geschlecht multidimensional:

> „Geschlecht ist kein eindimensionales Merkmal. Vielmehr handelt es sich dabei um eine komplexe Kennzeichnung, die sich aus der Kombination mehrerer, ganz unterschiedlicher Eigenschaften ergibt.“[85]

Diese unterschiedlichen Eigenschaften treten auf individueller (biologisch und psychisch) und sozialer Ebene auf. Während das soziale Geschlecht mit dem bereits breit referierten Begriff Gender zum Thema wird, bezeichnet das psychische Geschlecht die tief empfundene innere, persönliche Geschlechtsidentität, die nicht immer dem Körpergeschlecht entsprechen muss (→ Transgender). Davon abzugrenzen ist die sexuelle Orientierung, welche die erotisch-emotionale Hingezogenheit zum anderen oder gleichen Geschlecht (→ Hetero-/Homosexualität) anzeigt.

Auf humanbiologischer Ebene nennt die österreichische Stellungnahme das chromosomale, gonadale, anatomische und hormonelle Geschlecht.[86] Das chromosomale (auch: ge-

---

84 Carol Hagemann-White, Wir werden nicht zweigeschlechtlich geboren … in: Dies./Maria S. Rerrich (Hg.), FrauenMännerBilder. Männer und Männlichkeit in der feministischen Diskussion, Bielefeld 1988, S. 224–235, hier: 228.

85 Deutscher Ethikrat, Intersexualität. Stellungnahme, Berlin 2012, S. 27. URL: https://www.ethikrat.org/fileadmin/Publikationen/Stellungnahmen/deutsch/DER_StnIntersex_Deu_Online.pdf

86 Bioethikkommission beim Bundeskanzleramt (Hg.), Intersexualität

netische) Geschlecht wird durch die Anzahl und Struktur der Geschlechtschromosomen bestimmt, wobei entlang der typischen chromosomalen Verteilung ein Embryo mit 46,XX (weiblich) oder 46,XY (männlich) entsteht. Das gonadale Geschlecht bezieht sich auf die Ausbildung männlicher und weiblicher Keimdrüsen (Hoden und Eierstöcke). Das anatomische Geschlecht impliziert die differenzierte Entwicklung von inneren und äußeren (männlichen und weiblichen) Geschlechtsorganen. Das hormonelle Geschlecht verweist auf die zur Klasse der Steroidhormone zählenden weiblichen (Östrogene) und männlichen (Androgene) Geschlechtshormone. Es sind vor allem diese vier Aspekte, die der so einfach erscheinende Begriff „biologisches Geschlecht" umfasst.

Beide Stellungnahmen thematisieren auch die Vielfalt möglicher Abweichungen und Variationen gegenüber der „typischen" Geschlechtsdifferenzierung. Je nach zugrundeliegender Klassifikation können auf humanbiologischer Ebene bis zu 1,7 % der Menschen[87] nicht eindeutig dem einen oder anderen Geschlecht zugeordnet werden. Der hierfür gängige, international verwendete medizinische Begriff DSD steht ursprünglich für *disorders of sex development* (Störungen der sexuellen Entwicklung), wird aber mittlerweile neutral als *differences of sex development* (Unterschiede bzw. Varianten der sexuellen Entwicklung) interpretiert, um die mit diesem Begriff bislang verbundene Pathologisierung, gegen die sich heute intergeschlechtliche Menschen wenden, vermeiden zu können.

Die Wissenschaftsjournalistin Claire Ainsworth hat 2015 in einer Zusammenschau aktueller humanbiologischer Studien zur Geschlechtsentwicklung gezeigt, dass die Vorstellung von nur zwei Geschlechtern sehr vereinfachend ist. Wissenschaft-

und Transidentität. Eine Stellungnahme der Bioethikkommission, Wien 2017, S. 9f. URL: https://www.bundeskanzleramt.gv.at/dam/jcr:33e9da27-f94c-4029-9541-070c9d2b64ff/Intersexualitaet%20und%20Transidentitaet_BF.pdf

87 Diese Angabe findet sich auf der Website des Vereins Intergeschlechtlicher Menschen Österreich. URL:https://vimoe.at/ueber-inter/#toggle-id-6

lich seien z. B. viele Gene identifiziert, die an den Hauptformen des DSD involviert sind und auf „subtile Weise die Anatomie und Physiologie des Einzelnen beeinflussen", weshalb einige Menschen sich „in unserem binären System nicht ausreichend definiert sehen"[88]. Eine humanbiologisch differenzierte Sichtweise der Geschlechter sei aber, so Ainsworth, in der Gesellschaft bislang noch nicht ganz angekommen.

Auch der Biologe und Sexualwissenschaftler Heinz-Jürgen Voß begreift die Variabilität und individuelle Vielfalt als heute weithin akzeptierte Ausgangslage humanbiologischer Forschung zur Geschlechtsentwicklung. Darum ist, wie Voß in einem Interview anmerkt,

> „das Verständnis, dass die Biologie sicher wissen würde, wie Geschlechter rein genetisch entstehen, falsch. Es gibt etwa 1000 Gene, die bedeutsam für die Geschlechtsentwicklung sind. Davon sind 80 untersucht, und auch bei diesen 80 untersuchten Genen gibt es widersprüchliche Ergebnisse von verschiedenen Forschungsgruppen."[89]

Ebenso betont der Mediziner Olaf Hiort, dass die „geschlechtliche Entwicklung sehr vielfältig verlaufen kann, da hier viele verschiedene Gene und Hormone zusammenwirken". Obwohl die höchst facettenreiche biologische Geschlechtsentwicklung „bislang nur in groben Zügen verstanden" ist, sei davon auszugehen, dass die

> „Kategorien Mann und Frau eine Art Rahmen bilden, innerhalb dessen vielfältige Ausprägungen von Geschlechtlichkeit möglich sind – sowohl genetisch, anatomisch und hormonell als auch psychologisch und sozial. Diese Varianten sind jedoch

---

88 Claire Ainsworth, Sex redefined. The idea of two sexes is simplistic. Biologists now think there is a wider spectrum than that, in: Nature 518 (2015) S. 288–291, hier: 288. URL: https://www.nature.com/articles/518288a. In deutscher Übersetzung: https://www.spektrum.de/news/die-neudefinition-des-geschlechts/1335086

89 https://www.berliner-zeitung.de/kultur-vergnuegen/sexualwissenschaftler-li.243483

nicht krankhaft, sondern sollten als natürliches Spektrum der Geschlechtsentwicklung verstanden werden."[90]

Das Fazit lautet also, dass es „natürlich" nicht nur zwei, scharf voneinander abgrenzbare Geschlechter gibt. Demnach ist die alltagstheoretische Auffassung einer biologisch eindeutigen Zweigeschlechtlichkeit eine Konstruktion, die wissenschaftlichen Einsichten nicht gerecht wird. Die Frage nach der Geschlechterdifferenz stellt sich darum nicht nur auf der Ebene von Gender, sondern auch auf der Ebene von Sex. So ist etwa, worauf der Deutsche Ethikrat hinweist, „das hormonale Geschlecht im Unterschied zum genetischen Geschlecht nicht typologisch binär (das heißt strikt männlich oder weiblich), sondern prägt sich auf einer gleitenden Skala aus, bei der der individuelle Status auch zwischen den beiden Polen liegen kann"[91]. Zu beachten ist, dass auch Homosexualität und Transidentität keineswegs losgelöst von der biologischen Ebene zu begreifen sind. Dem Sexualmediziner Hartmut A. G. Bosinski zufolge kann an „der Existenz einer biologischen Prädisposition der sexuellen Orientierung – sei sie nun heterosexuell oder homosexuell – nach allen Befunden kein vernünftiger Zweifel bestehen", auch wenn diese Prädispositionen nur ein Möglichkeitsfeld darstellen, die in der jeweils individuellen Entwicklung noch „‚ermöglichender' Faktoren in der Umwelt"[92] bedürfen. Ebenso scheinen sich, so der Neurowissenschaftler Georg Kranz, unumkehrbare Anlagen zur Transidentität bereits im Mutterleib zu bilden. Da pränatal zuerst die geschlechtliche Differenzierung des Körpers und danach erst die des Gehirns erfolgt, könne aufgrund einer zu

90 Olaf Hiort, Gibt es mehr als zwei Geschlechter?, in: Gehirn & Geist 04/2021, S. 35. URL: https://www.spektrum.de/frage/geschlechts identitaet-gibt-es-mehr-als-zwei-geschlechter/1835662

91 Deutscher Ethikrat, Intersexualität, S. 32. [Anm. 85]

92 Hartmut A. G. Bosinski, Eine Normvariante menschlicher Beziehungsfähigkeit. Homosexualität aus Sicht der Sexualmedizin, in: Stephan Goertz (Hg.), „Wer bin ich, ihn zu verurteilen". Homosexualität und katholische Kirche, Freiburg. i. Br. 2015, S. 91–130, hier: 125.

hohen Testosteronausschüttung im ersten und einer zu geringen im zweiten Drittel der Schwangerschaft ein männlicher Körper mit einem weiblich geprägten Gehirn entstehen.[93]

Gender-Kritik im Dienst der Alltagstheorie von Geschlecht

Diese Hinweise zu einem unhintergehbar multidimensionalen Verständnis von Geschlecht, speziell auch des „biologischen" Geschlechts, lassen erkennen, dass die Kritik an der „Gender-Ideologie" maßgeblich durch den Rekurs auf das alltagstheoretische Verständnis von Geschlecht motiviert ist, dessen Infragestellung durch die Gender/Queer Studies nicht zugelassen wird. Das Festhaltenwollen an einer eindeutigen Geschlechterbinarität entspricht darum im Blick auf den biologischen Sachstand zur Geschlechtsentwicklung keiner *best practice*. Offenbar wird das aber bewusst in Kauf genommen, weil man das alltagstheoretisch Selbstverständliche durch die Differenziertheit humanbiologischer Befunde nicht verunsichert sehen will.

Selbst der Pflanzenphysiologe Ulrich Kutschera, der seiner scharfen Gender-Kritik ein Verständnis von Gender zugrunde legt, das unstrittig die Auszeichnung „*worst practice*" erhalten würde, hält fest, dass gemäß der Alltagstheorie keineswegs alle, sondern nur etwa „95 % aller Menschen weltweit und in allen Kulturen heteronormal sind"[94]. Queere Menschen bilden die restlichen 5 %, was der einschlägigen Literatur zufolge eine geringstmögliche Angabe darstellt. Als „Design-Fehler in der Natur" veranschlagt Kutschera zudem 15 % heteronormale Menschen, die steril sind. „Etwa 80 % der Population ist somit heteronormal und pflanzt sich zweigeschlechtlich fort."[95]

---

93 Vgl. Georg Kranz et al., High-dose testosterone treatment increases serotonin transporter binding in transgender people, in: Biological Psychiatry, doi: 10.1016/j.biopsych.2014.09.010.

94 Ulrich Kutschera, Das Gender-Paradoxon. Mann und Frau als evolvierte Menschentypen, Münster 2016, S. 336.

95 Ebd.

Dieses Zitat bezeugt übrigens den in der Biologie üblichen Zugang zum Verständnis von Geschlecht, das basal auf die zweigeschlechtliche Fortpflanzung fokussiert.

Es lässt sich wohl konsensual festhalten, dass mehr als 90% aller Menschen sich in keinem oder nur geringem Spannungsverhältnis zur Alltagstheorie von Geschlecht sehen. Sie bilden daher eine *statistische* Normalität, welche die Kategorie von zwei Geschlechtern auch angesichts der humanbiologischen Befunde nicht unbrauchbar werden lässt, obzwar offener, da im Rahmen dieser Kategorie „vielfältige Ausprägungen von Geschlechtlichkeit möglich sind" (Olaf Hiort).

Die Alltagstheorie von Geschlecht bewirkt aber massive Spannungen für alle, die in ihr nicht darstellbar, weil gar nicht vorgesehen sind. Solche Gewalt gegen LGBTIQ-Menschen entsteht, so Butler, „aus dem tiefsitzenden Wunsch, die binäre Geschlechterordnung als natürliche und notwendige beizubehalten" (MdG 62). Derart wird die Komplexität humanbiologischer Einsichten in eine alltagsverträgliche Simplifizierung transformiert, was im Ergebnis – wie das bis vor wenigen Jahrzehnten noch die unstrittige Regel war – queere Menschen pathologisiert. Hierfür hat der US-amerikanische Sexualforscher Milton Diamond die Formel geprägt: „Nature loves variety. Unfortunately, society hates it."

Gesellschaften tun sich schwer, mit natürlicher Vielfalt umzugehen. Daraus entsteht der Drang, Ordnung zu schaffen. „Gott schuf, Linnè ordnete"! Mit diesem selbstbewussten Satz soll der schwedische Naturforscher und Arzt Carl von Linnè (1707–1778) sein Lebenswerk beschrieben haben, speziell im Blick auf die binäre Nomenklatur, mit der er nach Gattung und Art alle drei Naturbereiche (Mineralien, Pflanzen und Tiere) in einem einheitlichen Ordnungssystem, das heute sog. Linnésche System, beschrieben und erfasst hat. Auch im menschlichen Bereich stellt die binäre Geschlechterordnung, also die Vorstellung, dass es naturgegeben *nur* zwei Geschlechter gibt, das Ergebnis sozialer Konstruktionsprozesse dar. Sie ist darum für Butler eine machtvolle Fantasie, die nicht zulässt, dass die Natur vielfältiger ist. Pierre Bourdieu spricht von einer „Biologisierung des Gesellschaftlichen in den Körpern und Köpfen“[96], weshalb die „Sprache der Natur, die das Verborgenste und Wahrste zugleich verraten soll, in Wirklichkeit eine Sprache der sozialen Identität“[97] ist.

Zu dieser sozialen Identität, die sich derart erst seit dem 18. Jahrhundert zunehmend deutlich ausgeprägt hat – mehr dazu im übernächsten Abschnitt zum christlichen Menschenbild –, gehören weiterhin eine hegemoniale Männlichkeit, die zentrale Bedeutung von Geschlecht als sozialstrukturierendem Faktor und damit einhergehend die primäre Betonung der natürlichen Unterschiede zwischen Frauen und Männern, obwohl es zahlreiche Forschungen auch zur Ähnlichkeit der Geschlechter gibt. Dass deren Ergebnisse weniger verbreitet sind, ist

> „großenteils im kulturellen Hintergrund zu suchen. In der westlichen Kultur ist die dichotome Geschlechtersymbolik sehr stark verankert, und daher ist es keine Wunder, dass das, was ForscherInnen ‚sehen‘, wenn sie Geschlecht (sex und gender) betrachten, Differenz ist. Innerhalb unserer gängigen Forschungskonzepte wird Geschlechterähnlichkeit nicht als positiver Zustand betrachtet; es gilt lediglich als das Nichtvorhandensein eines nachgewiesenen Unterschieds.“[98]

Objektive Erkenntnis als spezifische Form der Interaktion

Auch naturwissenschaftliche Forschungskonzepte stellen ein soziokulturelles Phänomen dar. An diese lässt sich darum kein kontextloser Objektivitätsmythos herantragen. Das besagt nicht die Unmöglichkeit wissenschaftlicher Erkenntnis. Diese erfolgt aber in soziokulturell eingebetteten Prozessen, weshalb sich jeweilige sozialhistorische Ansichten in naturwissenschaftlichen Einsichten widerspiegeln. So haben sich z. B. die Auffassungen darüber, wo im Körper die wichtigsten Geschlechtsunterschiede zu finden sind, mit der Zeit geändert:

---

96 Pierre Bourdieu, Die männliche Herrschaft, Frankfurt a. M. 2012, S. 11.
97 Ebd., S. 114.
98 Raewyn Connell, Gender, S. 92. [Anm. 75]

> „Mal verwies man auf die Geschlechtsorgane, mal auf das Skelett, die Gebärmutter, die Hormone oder das Gehirn. Mal wurden Unterschiede in Gewicht und Größe angeführt, mal Unterschiede in Struktur und Gehirnaktivität.“[99]

Ferner war und ist (trotz aller Abschwächungen) weiterhin eine Dominanz des Männlichen in der Forschung üblich. Eine ernstzunehmende Gendermedizin existiert erst seit kurzer Zeit. Historisch war in der Biologie und Medizin stets das Männliche als Norm vorausgesetzt, weshalb etwa Arzneimittel nur an männlichen Probanden getestet wurden. Wie sehr sozial generierte weibliche und männliche Eigenschaften und Machtverhältnisse sich in biologischen Metaphern finden, zeigt auch die Rede von „aktiven Spermien und passiv wartenden Eiern“[100]. Bereits vor der Entdeckung der weiblichen Eizelle (1826/27 durch Karl Ernst von Baer) war mit dem Begriff „Empfängnis“ (lat. *conceptio*) die auf den Philosophen Aristoteles (384–322 v. u. Z.) zurückgehende Theorie vom Homunculus (von lat.: kleiner Mensch, Menschlein) verbunden, wonach die Frau das im Samen des Mannes schon fertig angelegte Kind lediglich *empfangen* und austragen würde. Erst im Übergang zum 20. Jahrhundert hat sich das Wissen durchgesetzt, dass auch die Eizelle an der Weitergabe des Erbguts beteiligt ist.

Diese wenigen Hinweise zeigen, dass es objektive Erkenntnis nicht in ahistorischer Form gibt, gleichsam so, als habe das soziokulturell imprägnierte Subjekt mit dem Erkenntnisprozess nichts zu tun. Darum liegt eben die Wahrheit nicht einfach in der Natur, sondern in der *Erkenntnis* der Natur, weshalb das, was man Natur*gesetze* nennt, niemals reine *Natur*gesetze sind. Jede auf einer mathematisch-naturwissenschaftlichen Methode basierende Erkenntnis ist eine

---

99 Malin Ah-King, Genderperspektiven in der Biologie, Marburg 2014, S. 12. URL: https://www.gwi-boell.de/sites/default/files/genderperspektivenbiologie.pdf

100 Ebd., S. 21.

„vermittelte *Wechselbeziehung von erkennendem Subjekt und der zu seinem Objekt gemachten Natur* und kann sich daher nie auf die Natur ‚an sich', sondern immer *nur auf diese ganz spezifische Form der Interaktion* beziehen. [...] Naturgesetze sind weder Diskursprodukte, die sich unter Absehen von der Objektseite beliebig herstellen lassen, noch bloße Natureigenschaften, die mit den Erkenntnissubjekten gar nichts zu tun haben."[101]

Diese „ganz spezifische Form der Interaktion" wird im Konstruktivismus der Gender/Queer Studies nicht nur erkenntnistheoretisch anerkannt, sondern auch kritisch analysiert. Entlang der Ausführungen zu Judith Butler sollte zudem klargeworden sein:

„Der radikale Konstruktivismus postuliert keinen Solipsismus, er negiert also nicht einfach die Existenz einer externen Realität. Er weist lediglich darauf hin, dass jeder Zugriff auf diese Realität perspektivisch-konstruktional eingehegt bleibt."[102]

Dagegen wird in der essentialistischen Formatierung der katholischen Gender-Kritik Erkenntnis als „ein Abbildungsprozess verstanden, innerhalb dessen einer externen Realität Informationen abgerungen werden"[103]. In der hier unterstellten subjektunabhängigen Möglichkeit von Erkenntnis wird somit diese „ganz spezifische Form der Interaktion" ignoriert und in weiterer Folge ein humanbiologischer Objektivitätsmythos propagiert, der die unhintergehbare Wahrheit der Zweigeschlechtlichkeit des Menschen zeige.

---

101 Claus Peter Ortlieb, Bewusstlose Objektivität. Aspekte einer Kritik der mathematischen Naturwissenschaft, in: Hamburger Beiträge zur Modellierung und Simulation, Heft 9 (1998) S. 1–26, hier: 16. URL: https://www.math.uni-hamburg.de/home/ortlieb/hb09bewobj.pdf

102 Jonas Maria Hoff, Theologie konstruieren?, in: feinschwarz.net (9. Dezember 2021) S. 2. URL: https://www.feinschwarz.net/theologie-konstruieren/#fn-33585-1. Vgl. dazu ausführlich: Ders., Konstruktion von Verbindlichkeit. Radikaler Konstruktivismus und Fundamentaltheologie im Theoriekontakt, Bielefeld 2022.

103 Ebd.

Biologistische Argumente prägen darum die katholische Gender-Kritik bedeutsam. Sie bedingen in der Anti-Gender-Literatur auch unübersehbar eine selektive Literaturauswahl. Wer z. B. wie Kuby betonen will, dass „das Gehirn von Männern und Frauen erhebliche Unterschiede aufweist" (GSR 154), zitiert dankbar das Buch *Das weibliche Gehirn* der US-amerikanischen Neuropsychiaterin Louann Brizendine. Dass dieses populärwissenschaftliche Buch vernichtender Kritik ausgesetzt war, da es einem „biologistischen Reduktionismus" folgend die „komplexen soziopsychologischen und historischen Prozesse"[104] völlig ausblendet, scheint nicht wirklich zu irritieren, da ja die Verteidigung der Geschlechterbinarität möglichst einfach und unkompliziert erfolgen können soll. Hierfür bietet das Buch in der Tat „simple Erklärungsmodelle und der Rekurs auf die Natur bei komplexen und verunsichernden Zusammenhängen liefert den Kaffeekränzchen- und Stammtisch-Rechthabern wohlfeile Munition"[105]. Wer dagegen wirklich am aktuellen Forschungsstand zum Thema Gender und Hirnforschung interessiert ist, der kann etwa bei der Biologin Sigrid Schmitz nachlesen, wie facettenreich sich das Netzwerk von Geschlecht und Gehirn im fortwährenden Prozess von biologischen, psychosozialen und soziokulturellen Wechselwirkungen konstituiert. Einfach und unkompliziert ist da gar nichts – und verstanden ist auch vieles (noch) nicht.[106]

In biologistischer Form trägt auch der Mediziner und Theologe Johannes Huber seine Ausführungen zum *Wunderwerk Frau* vor. Ihm sind Frauen das wahrhaft starke Geschlecht, da sie unter anderem länger leben als Männer, robustere Körper haben, im Vergleich zu Männern mehr Gene und

---

104 Werner Friebel, Rezension zu Louann Brizendines Buch *Das weibliche Gehirn*. URL: https://www.rezensionen.ch/das_weibliche_gehirn/3455500269/

105 Ebd.

106 Vgl. Sigrid Schmitz/Grit Höppner (Hg.), Gendered Neurocultures. Feminist and Queer Perspectives on Current Brain Discourses, Wien 2014.

mehr Sexualhormone besitzen, und auch seltener an Herzinfarkten erkranken. Der „evolutionär mit all diesen Superkräften ausgestattete“ weibliche Körper bezeuge zudem die Zweigeschlechtlichkeit, was Huber wohlfeile Munition gegen Stimmen in der Gender-Debatte gestattet, die „eine biologische Geschlechterdifferenz nivellieren oder gleich vollständig leugnen“[107]. Als Leugnerin nennt er Judith Butler, denn sie begreife Geschlecht als

> „Ergebnis reiner Sprechakte. Biologische Unterschiede zwischen Männern und Frauen seien ihr zufolge durch Sprache begründet – und nicht durch Mutter Natur und die Evolution.“[108]

Doch die „biologischen Goldreserven, die Mutter Natur im weiblichen Körper angelegt hat“, seien „nicht anerzogen“ und die Vorstellung, „das Weibliche als reine Konvention [...] zu verstehen, entspricht nicht dem evolutionären Programm“[109]. Was wohl eingetreten wäre, fragt Huber, wenn Butler von diesen Goldreserven schon in den 1990er Jahren hinreichend Kenntnis gehabt hätte? Seine Vermutung lautet:

> „Des Kreuzzuges gegen die biologische Geschlechterdifferenz hätte es vielleicht gar nicht bedurft, wäre es Judith Butler oder aber ihrem Sportlehrer einst bekannt gewesen, dass die Ausdauerkraft des weiblichen Muskels die des männlichen Muskels übersteigt oder ihr zumindest ebenbürtig ist.“[110]

Spätestens dieses Zitat evoziert Sprachlosigkeit. Es klärt zwar darüber auf, dass Butler keine Sportlehrerin hatte, verdeutlicht aber zugleich, dass Huber keine Ahnung von Butlers Gender-Theorie hat. Einfach und unkompliziert lässt sich aber offenbar mit der Ausdauerkraft des weiblichen Muskels ein Argument gegen die Gender/Queer Studies einbringen – beim nächsten Kaffeekränzchen oder Stammtisch beispiels-

---

107 Johannes Huber, Wunderwerk Frau. Warum das „schwache“ Geschlecht das wahrhaft starke ist, München 2022, S. 185.

108 Ebd., S. 102.

109 Ebd., S. 187.

110 Ebd., S. 102.

weise. Wüsste Butler von diesem Argument, würde sie wohl den von ihr bereits zitierten Satz erneut einbringen: „Könnte mich nicht einfach jemand beiseite nehmen?“ (KvG 14)

Dem ist nichts hinzuzufügen – außer die Frage, warum eine Beschäftigung mit derart unseriösen Verständnisweisen von Gender überhaupt erfolgen soll. Marion Näser-Lather zeigt in ihrer Studie über betont genderkritische Wissenschaftler:innen, dass deren Publikationen zumeist „wissenschaftliche Redlichkeit vermissen“[111] lassen. Dennoch wären deren Anti-Gender-Argumente aufzugreifen: zum einen deshalb, da sie auch Teil einer breiteren gesellschaftlichen Meinung sind, und zum anderen, weil solche Wissenschaftler:innen als „vermeintliche Expert_innen für Gender-Thematiken vor allem in spezifische Teilöffentlichkeiten hineinwirken, speziell in konservative und rechte sowie christlich-fundamentalistische Kreise, von denen sie häufig zum Themenfeld ‚Gender‘ zitiert und befragt werden“[112]. Derart wird nicht nur ein (mehr oder weniger) sinnverdrehtes Verständnis von Gender vermittelt, sondern zugleich eine an die Alltagstheorie von Geschlecht angepasste Biologie, die in reduktionistischer Rede nur zwei natürliche Ausprägungen von Geschlechtlichkeit anerkennt. Keineswegs nur christlich-fundamentalistische Kreise begreifen diese Ausprägung als Teil der göttlichen Schöpfungsordnung.

Als Mann und Frau geschaffen?

Wie ein roter Faden durchzieht die katholische Gender-Kritik das Argument der Unvereinbarkeit mit dem biblischen Menschenbild. Was eine Duldung oder gar Anerkennung der

111 Marion Näser-Lather, Wissenschaftler_innen vs. Gender Studies. Argumentationen, Wirkungen und Kontexte einer ‚wissenschafts‘-politischen Debatte, in: Annette Henninger/Ursula Birsl (Hg.), Antifeminismen. ‚Krisen‘-Diskurse mit gesellschaftsspaltendem Potential?, Bielefeld 2020, S. 105–148, hier: 127.

112 Ebd., S. 121.

Gender-Theorie bedeuten würde, hat Benedikt XVI. in seiner Weihnachtsansprache 2012 prägnant festgehalten. Dann

- „gilt nicht mehr, was im Schöpfungsbericht steht: ‚Als Mann und Frau schuf ER sie‘ (Gen 1,27)“;
- „sind Mann und Frau in ihrem Schöpfungsanspruch als einander ergänzende Gestalten des Menschseins bestritten“ und
- „gibt es auch Familie als von der Schöpfung vorgegebene Wirklichkeit nicht mehr“.

Die zentrale Begründungslogik der katholischen Geschlechteranthropologie wäre also durch die Gender-Theorie bestritten. Doch trifft das wirklich zu?

Männlich und weiblich (Gen 1,27) – Rippe (Gen 2,22) – „Adam und Eva"

Die Sachlage ist komplexer, als in prägnanten Formulierungen aussagbar. Das beginnt damit, dass in der seit 2016 gültigen Einheitsübersetzung der Bibel in der ersten Schöpfungserzählung, dem sog. Siebentagewerk, in Gen 1,27 nicht mehr wie zuvor von Mann und Frau die Rede ist, sondern die im hebräischen Text stehenden Adjektive „männlich“ und „weiblich“ in die deutsche Übersetzung Eingang gefunden haben. Der zwei Sätze umfassende Text von Gen 1,27 lautet:

> „Gott erschuf den Menschen als sein Bild, als Bild Gottes erschuf er ihn. Männlich und weiblich erschuf er ihn.“

Im ersten Satz (Gen 1,27a) ist zweimal vom „Menschen“ als Bild Gottes die Rede, was bezüglich des zweiten Satzes (Gen 1,27b) Interpretationsspielräume offenlässt, ob die Frau gleichermaßen Bild Gottes ist wie der Mann. Dem Apostel Paulus zufolge ist nur der Mann „Abbild und Abglanz Gottes; die Frau aber ist der Abglanz des Mannes“ (1 Kor 11,7) und somit nicht selbst Abbild Gottes. Paulus begründet das mit der zweiten Schöpfungserzählung (Gen 2,4–3,24), der sog. Geschichte von „Adam und Eva“ im Paradies, wonach zuerst der Mann und dann erst die Frau aus dessen Rippe geschaffen wurde. Doch in der aktuellen Einheitsübersetzung ist, im Unterschied zu Paulus, von keinem Mann, sondern vom Menschen die Rede, von *'adam* als Kollektivbegriff für „Mensch“:

> „Gott, der HERR, baute aus der Rippe, die er vom Menschen genommen hatte, eine Frau und führte sie dem Menschen zu.“ (Gen 2,22)

Die in der katholischen Gender-Kritik meist vorausgesetzte Annahme, dass in Gen 1–3 Mann und Frau als einander *ergänzende* Gestalten des Mensch*seins* im Sinne einer *ontologischen* Polarität der Geschlechter bezeugt sein würden, ist als eine durch den Originaltext nicht ansatzweise gedeckte Interpretation anzusehen.

Prinzipiell verweisen die bisher genannten Hinweise darauf, dass „die Hl. Schrift auch in zentralen theologisch-anthropologischen Aussagen nicht eindeutig ist und Interpretationsentscheidungen zu treffen sind“[113]. So verweist die Theologin Marie-Theres Wacker auf ein „semantisches Potenzial“ der beiden Schöpfungserzählungen, das historisch Formen der Auslegung ermöglicht hat, die etwa den Bibelvers „männlich und weiblich erschuf er ihn“ auch „auf die Erschaffung eines zweigeschlechtlichen Menschen beziehen lässt“[114], sofern das „und“ in „männlich und weiblich“ im Sinne eines „sowohl als auch“ aufgefasst wird. Eine solche Lesart der Schaffung von „etwas Monströsem“ (Augustinus: *quasi monstrosum aliquid*) ist zwar möglich, wenn die oft nicht eindeutige Syntax solcher Texte vergegenwärtigt wird, jedoch wenig wahrscheinlich, weshalb sie sich auch nicht durchgesetzt hat.

Dagegen hat sich ein zentraler Knackpunkt vieler Fehlinterpretationen durchgesetzt, nämlich die Annahme, „das

---

113 Marie-Theres Wacker, Genderforschung und biblische Schöpfungsgeschichten, in: Laubach (Hg.), Gender, S. 161–173, hier: 163. [Anm. 78]

114 Ebd., S. 170.

erste Geschöpf Gottes sei ein Mann gewesen", weshalb die Frau „eine Schöpfung aus zweiter Hand, somit als ‚zweitrangig' und untergeordnet anzusehen"[115] wäre. Doch wie erwähnt, bezeichnet das hebräische Wort *'adam* den Menschen generell. Die zweite Schöpfungserzählung greift zunächst das Wortspiel *'adam* und *'adamah* (Mensch und Ackererde) auf, um den von Gott aus der Ackererde geformten Menschen (vgl. Gen 2,7) zu beschreiben, der hier noch nicht geschlechtsdifferenziert erscheint. Die geschlechtsspezifischen Begriffe *'iš* und *'iššah* (Mann und Frau bzw. Männin) kommen erst einige Verse später vor. Gemäß Gen 2,22 baute Gott aus der Rippe, die er vom Menschen (*'adam*) entnimmt, eine Frau. Und es ist dann der Mensch (*'adam*), der sagt:

> „Das endlich ist Bein von meinem Bein und Fleisch von meinem Fleisch. Frau ('iššah) soll sie genannt werden, denn vom Mann ('iš) ist sie genommen." (Gen 2,23)

Während der erste Teil dieses Verses die Gleichwertigkeit benennt, verweist der zweite Teil mit dem Wortspiel *'iš* und *'iššah* auf die Differenz der Geschlechter. Hier besteht aber eine Unvereinbarkeit mit dem vorangehenden Vers 22, wonach Gott die Rippe vom Menschen (*'adam*) und nicht vom Mann (*'iš*) genommen hatte. Diese Unvereinbarkeit sollte später in der griechischen und lateinischen Übersetzung des hebräischen Textes wohl vermieden werden, weshalb die Septuaginta (griechisch) den Menschen „schon von 2,16 an, also noch vor der Differenzierung in Mann und Frau, mit dem Eigennamen ‚Adam' bezeichnet, die Vulgata (lateinisch) von 2,19 an"[116]. Beide Übersetzungen besagen nunmehr, dass

---

115 Helen Schüngel-Straumann, Korrektur des Eva-Bildes. Anthropologie der ersten drei Kapitel der Bibel, in: Margit Eckholt (Hg.), Gender studieren. Lernprozess für Theologie und Kirche, Ostfildern 2017, S. 139–158, hier: 143.

116 Ruth Scoralick, Als Mann und Frau geschaffen? Die Bibel und ihre Leser*innen, in: Gero Bauer/Regina Ammicht Quinn/Ingrid Hotz-Davies (Hg.), Die Naturalisierung des Geschlechts. Zur Beharrlichkeit der Zweigeschlechtlichkeit, Bielefeld 2018, S. 61–78, hier: 72.

die Frau vom Mann namens Adam genommen ist, obwohl im hebräischen Text Adam als Eigenname nicht vor Gen 5,3 vorkommt und darum auch die Rede von „Adam und Eva" nicht zu finden ist, eine Rede, die erst spät in hellenistischer Zeit in Bezug auf das Wortspiel *ḥaj* (Leben) und *ḥawwah* (später Eva) in Gen 3,20 auftaucht.

Die Konsequenzen dieser griechisch-lateinischen Lesart wurden bereits genannt: Der ersterschaffene Mensch ist ein Mann, die Frau aber eine erst nachträglich Geschaffene und vom Mann Abgeleitete. Häufig wurde auch Gen 1,27 von Gen 2 her interpretiert, derart, dass die Wortfolge „männlich und weiblich" eine Vor- und Nachreihung anzeigt, Gott den Menschen als sein Bild also *zuerst* männlich und dann erst weiblich erschaffen habe. Die Subordination der Frau, also deren Unterordnung und Zweitrangigkeit gegenüber dem Mann, war mit dieser Lesart tief in die jüdisch-christliche Tradition eingraviert. Erst das Zweite Vatikanische Konzil hat hier eine Korrektur vorgenommen.

Es verwundert deshalb, wie problemlos Johannes Paul II. in *Mulieris dignitatem* im Blick auf diese Genesis-Kapitel festhält, dass sie „ausreichende Grundlagen" liefern, „um die wesentliche Gleichheit von Mann und Frau im Menschsein zu erkennen" (MD 6). Zweifellos lassen sich solche Grundlagen der Gleichheit auf der Basis alternativer Interpretationsentscheidungen erkennen. Doch darf nicht verschwiegen bleiben, dass die christliche Rezeptions- und Wirkungsgeschichte dieser Genesis-Kapitel fast zwei Jahrtausende hindurch anders verlaufen ist, da sie „in frauenfeindlicher Weise ausgelegt und zum Beleg der Minderwertigkeit und Unterordnung von Frauen herangezogen"[117] wurden. Zudem bleibt äußerst fraglich, ob in Gen 1,27b die Erkenntnis von Mann und Frau im Mensch*sein* zugänglich wird. Wenn hier in Vers 27a zunächst zweimal vom „Menschen" als Bild Gottes die Rede ist, dann eben nicht schon in Bezug auf ein einzelnes Menschenpaar (einen Mann und eine Frau), sondern allgemein auf den

---

117 Ebd., S. 66.

Menschen bzw. auf „das Menschenverhältnis Gottes" (Jürgen Moltmann). Erst der zweite Satz dieses Verses benennt die Geschlechtsdifferenzierung des Menschen. Aus der Abfolge beider Aussagen ist textadäquat aber kaum zu begründen, dass die Bild Gottes-Aussage primär in der Geschlechtlichkeit oder der Beziehung der Geschlechter besteht, auch wenn das herkömmliche Übersetzungen bestärken mögen. Doch geht es hier nicht um mögliche Wesensaussagen oder geschlechtliche Verständnisweisen von Mann und Frau, sondern entlang der hebräischen Adjektive „männlich" und „weiblich" sehr wahrscheinlich um den zwingend notwendigen Übergang zum folgenden Vers 28, der vom Auftrag Gottes zur Fruchtbarkeit und Mehrung des Menschengeschlechts spricht. Anders und vereinfacht in Bezug auf das zentrale Thema dieses Buches gesagt: Es geht in Gen 1,27b nicht um Gender, sondern um Sex.

Einer interpretationsarmen Entscheidung zufolge beschreibt also die Geschlechtsdifferenzierung in männlich und weiblich nur die Funktion der Fruchtbarkeit. Vor allem kirchenlehramtliche Texte zur Geschlechteranthropologie bevorzugen dagegen interpretationsreiche Entscheidungen. Sie plädieren für ein göttlich geschaffenes *Wesen* von Mann und Frau. Stellvertretend für viele mögliche Belege erwähnt die Bildungskongregation im Schreiben *Als Mann und Frau schuf er sie*, dass in Gen 1,27 das „Wesen der Leben spendenden Beziehung zwischen Mann und Frau" ausgesagt ist, denn das „*Selbst* und das *Andere des Selbst* ergänzen sich entsprechend ihrer besonderen Identitäten und begegnen sich in dem, was eine Dynamik des Aufeinander-Verwiesen-Seins bildet, die vom Schöpfer abgeleitet ist und erhalten wird" (AMF 31). Folglich sind „Mann und Frau die beiden Modalitäten, in denen sich die ontologische Wirklichkeit der menschlichen Person ausdrückt und verwirklicht" (AMF 34).

Um eine diskursive Wirklichkeit geht es dagegen in den Gender/Queer Studies – doch letztlich, wiewohl uneingestanden, auch in lehramtlichen Texten. Andernfalls wäre nicht nachvollziehbar, warum die von Johannes Paul II. hinsichtlich der ersten Genesis-Kapitel betonte ausreichende Grundlage für eine wesentliche Gleichheit von Mann und Frau im Verlauf der Geschichte so unzureichend erkannt und anerkannt war, sofern diese traditionell im Modus der Geschlechterungleichheit gelesen wurden. Noch 1930 hat Pius XI. in der Enzyklika *Casti connubii* mit Verweis auf die Bibelstelle Eph 5,22–23 eingeschärft, dass in einer christlichen Ehe und Familie die Frau dem Mann untergeordnet ist. Das sei sogar ein „von Gott selbst erlassenes und bekräftigtes Grundgesetz", das „umzukehren oder anzutasten nie und nirgends erlaubt" (CC 28) ist. Hat nun Johannes Paul II. dieses göttliche Grundgesetz außer Kraft gesetzt? Oder stellt es nicht doch im Sinne von Pierre Bourdieu eine geschichtliche Konstruktion dar, welcher der Anschein des Ewigen und Unantastbaren verliehen wurde? Das vermeintlich göttliche Gesetz sollte auf diese Weise – mehr oder weniger vollständig oder zumindest so lange wie möglich – geschichtlichen Veränderungen entzogen werden und bleiben. Doch für Bourdieu

> „ist in der Tat klar, daß das Ewig-Währende in der Geschichte nichts anderes sein kann als das Ergebnis einer geschichtlichen Verewigungsarbeit"[118].

Männlich und weiblich und …?

Kein Ergebnis von Verewigungsarbeit soll aber die schöpfungstheologisch vorgegebene binäre Geschlechterdifferenz sein. Demnach würden die ersten Genesis-Kapitel keine ausreichenden Grundlagen zur Integration von LGBTIQ-Menschen implizieren. Ist dem so? Die im Buch der Weisheit vorfindbare Bibelstelle „Du liebst alles, was ist, und verabscheust nichts von dem, was du gemacht hast" (Weish 11,24), fordert zumindest eine Antwort auf die Frage heraus, wie aller Wirklichkeit, die „von dir ins Dasein gerufen" (Weish 11,25) ist, größtmögliche Gerechtigkeit widerfahren kann.

---

118 Pierre Bourdieu, Die männliche Herrschaft, S. 144. [Anm. 96]

Eine denkbare Antwort wäre mit Marie-Theres Wacker in Bezug auf das „semantische Potenzial" der beiden Schöpfungserzählungen auszuloten, das „als ethisches Potenzial genutzt werden [könnte], intersexuelle oder auch transidente Menschen positiv als eine Normvariante der Schöpfung anzusehen, statt sie, einer langen kirchlichen Tradition der Stigmatisierung von ‚monstra' folgend, als krank, defizitär oder bedrohlich auszugrenzen"[119].

Eine andere Antwortmöglichkeit ließe sich verdichten mit Verweis auf die biblisch häufig vorkommende rhetorische Figur des *Merismus*, womit eine Gesamtheit durch zwei, meist konträre Begriffe ausgesagt wird. Als Gott etwa „das Licht von der Finsternis" (Gen 1,4) schied, schuf er wohl auch den Übergang von Licht zu Finsternis und von Finsternis zu Licht, also Abend- und Morgendämmerung, die es heute in weiterer Differenzierung als astronomische, nautische und bürgerliche Abend- und Morgendämmerung gibt. Wäre folglich die Aussage, dass Gott den Menschen „männlich und weiblich erschuf", nicht ebenso als Bezeichnung von Polen zu lesen, die alles dazwischen Existierende mit einbezieht, also auch sexuelle Minderheiten und minoritäre Geschlechter? Für die Alttestamentlerin Irmtraud Fischer ist das gar keine Frage mehr, denn die erste Schöpfungserzählung

> „benutzt zur Angabe des Ganzen durchgehend die Stilfigur des Merismus. Damit kann man den Text nicht so deuten, dass ausschließlich Männliches und Weibliches und ausschließlich heterosexuelle Orientierung erschaffen worden wären und damit nur diese geschlechtlichen Seinsweisen natur- und gottgegeben seien. Diese Stilfigur verweist vielmehr darauf, dass alle Facetten des Geschlechtlichen im Schöpfungsdesign enthalten, aber eben ausschließlich die beiden äußersten Pole fruchtbar sind."[120]

---

119 Marie-Theres Wacker, Genderforschung und biblische Schöpfungsgeschichten, in: Laubach (Hg.), Gender, S. 161–173, hier: 170. [Anm. 78]

120 Irmtraud Fischer, Liebe, Laster, Lust und Leiden. Sexualität im Alten Testament, Stuttgart 2021, S. 47.

Wenn im Sinne eines Merismus auf zwei Pole eines Spektrums verwiesen wird, so würde die Rede von Tag und Nacht durch die Uneindeutigkeit der Dämmerung dennoch nicht gegenstandslos. Auch die Rede von Mann und Frau verlöre nicht an Bedeutung, dürfte aber ihr genderrelevantes Dazwischen nicht verbergen, zumal dieses Dazwischen als „natürliches Spektrum" (Olaf Hiort) auch humanbiologischen Einsichten entspricht.

Ein solches Verbergen trifft gerade nicht auf eine differenzierte Bibelauslegung zu, in der die unumgängliche Mehrdeutigkeit vieler biblischer Aussagen bewusst ist. Ein Verbergen von Mehrdeutigkeit zugunsten eindeutiger Antworten, da nur diese sichere Orientierung für zentrale Fragen des Lebens zu ermöglichen scheinen, erfolgt durch einen tendenziell fundamentalistischen Gebrauch der Bibel. Dieser verweigert, so die Päpstliche Bibelkommission in den Schlussfolgerungen des Dokuments *Die Interpretation der Bibel in der Kirche*[121], „exegetischer Forschung zu folgen", und lässt sich darum, „trotz lobenswerten Bemühens um Treue dem ganzen Wort Gottes gegenüber", auf Wege ein, die vom „Sinn der biblischen Texte [...] entfernen". Genau darin, so heißt es im Dokumentabschnitt zum fundamentalistischen Umgang mit der Bibel, bestünde aber die Gefahr „einer Ideologie, die nicht biblisch ist, mögen ihre Vertreter auch noch so sehr das Gegenteil behaupten". Die fundamentalistisch intendierte „unmittelbare buchstäbliche Auslegung" der Bibel, die Ablehnung des „geschichtlichen Charakters der biblischen Offenbarung", die über Gebühr betonte „Irrtumslosigkeit in Einzelheiten der biblischen Texte" u. v. a. m. bezeugen „eine Tendenz zu geistiger Enge" und eine „Form der Selbstaufgabe des Denkens". Das sei insgesamt unvereinbar mit einer katholischen Bibelauslegung, in der wissenschaftliche Me-

121 Päpstliche Bibelkommission, Die Interpretation der Bibel in der Kirche, Rom 1993. URL: https://www.vatican.va/roman_curia/congregations/cfaith/pcb_documents/rc_con_cfaith_doc_19930415_interpretazione_ge.html

thoden zur Erschließung biblischer Texte „eine unersetzliche Aufgabe“ erfüllen.

Unvereinbar mit dem christlichen Menschenbild?

Wiederholt war davon die Rede, dass die (meist im Singular kritisierte) Gender-Theorie unvereinbar mit dem christlichen Menschenbild bzw. einer christlichen Anthropologie sei. Kritisiert wird „eine völlig neue Anthropologie, in der das Geschlecht nicht mehr biologisch aufgrund der Erschaffung vorgegeben ist, sondern als soziale Rolle selbst gewählt wird“[122]. Nun: Die Kritik eines biologieenthobenen Verständnisses von Gender wurde bereits als wissenschaftlich unhaltbar aufgezeigt. Die identifizierte Unvereinbarkeit ist daher zuvorderst in interpretationsreichen Entscheidungen bezüglich biblischer Texte zu sehen, welche im kirchengeschichtlichen Verlauf mit einer essentialistisch-naturrechtlichen Denklogik verknüpft wurden, die wiederum interpretationsreiche Entscheidungen bezüglich der Natur beisteuerte. Im Ergebnis sollte so die (auch biologisch fundierte) Wahrheit des Menschen als Mann und Frau möglichst endgültig geklärt und die daraus resultierende Ordnung des Geschlechterverhältnisses als göttliches Gesetz festgehalten werden. Bei näherem Hinsehen zeigt sich diese Geschlechteranthropologie aber keineswegs als so unveränderlich, wie das kirchenlehramtlich suggeriert wird. Verantwortlich hierfür sind Interpretationsentscheidungen, die – im Zusammenspiel mit biblischen Texten – geschichtlich sich ändernde Verständnisweisen der menschlichen Natur in anthropologische Aussagen einspeisen. Hierzu nur einige, zunächst historische, Anmerkungen.

---

122 Stefan Hartmann, Ist Gender-Denken für Christen akzeptabel?, in: Die Tagespost 24.11.2022. URL: https://www.die-tagespost.de/kultur/ist-gender-denken-fuer-christen-akzeptabel-art-233687

Historische Anmerkungen

Eine erste Anmerkung hat auf den in der Zeit der Hochscholastik[123] wirkenden Theologen und Philosophen Thomas von Aquin (1224–1274) einzugehen. Thomas greift in seinen Reflexionen zum Zeugungsvorgang auf die schon erwähnte Homunculus-Theorie des Philosophen Aristoteles zurück. Demnach würde die Frau das im männlichen Samen bereits fertig angelegte Kind nur empfangen und austragen. Dieser „Ein-Samen-Lehre"[124] zufolge ist die Frau nur passiv am Vorgang der Zeugung beteiligt. Da Aristoteles zufolge jedes aktiv Tätige aber etwas ihm Ähnliches hervorbringt, der Mann also etwas ihm Ähnliches zeugt, d. h. ein männliches Kind, wird ein Mädchen nur durch eine Schwäche der männlichen Zeugungskraft oder durch eine „Indisposition" der Materie, die die Frau bereithält, erklärbar.

> „Und beides kann sich ergeben durch äußere Einflüsse. Näheres weiß Thomas nicht genauer, als es Aristoteles ‚wusste': ‚Der Nordwind hilft zur Zeugung von Männern, der Südwind aber zur Zeugung von Frauen', der letztere wegen seiner Feuchtig-

---

123 Mit dem Begriff *Scholastik* wird pauschal das gesamte Spektrum der Denkweise und Methodik der (das 11. bis frühe 17. Jahrhundert umfassenden) mittelalterlichen Theologie und Philosophie bezeichnet. Als einer der bedeutendsten Vertreter gilt der 1323 heiliggesprochene und 1567 in den Rang eines Kirchenlehrers erhobene Thomas von Aquin. Wirkmächtig hat er zur Zeit der sog. Hochscholastik im 13. Jahrhundert das rationale Denken des Philosophen Aristoteles theologisch rezipiert, derart, dass – wie Pesch vermerkt – in seinen Werken „ein christlich interpretierter, ein ‚getaufter' Aristoteles" zur Geltung gelangt. Vgl. Otto Hermann Pesch, Thomas von Aquin. Grenze und Größe mittelalterlicher Theologie, Mainz 1988, S. 138.

124 Seit der Antike ist über Theorien des Hippokrates (um 460–370 v. u. Z.) und sodann des Mediziners Galenus von Pergamon (um 129–216) auch eine „Zwei-Samen-Lehre" überliefert, die aber weniger wirkmächtig war. Vgl. hierzu ausführlich: Heinz-Jürgen Voß, Making Sex Revisited. Dekonstruktion des Geschlechts aus biologisch-medizinischer Perspektive, Bielefeld 2010.

keit. Die Frau: eine Folge des Südwinds und deshalb ein mas occasionatus, ein durch Zufall verhinderter Mann."[125]

Obzwar die Frau ein durch äußere Einflüsse verhinderter Mann ist, ist sie Thomas zufolge dennoch von Gott selbst geschaffen, da der Sinn von Vollkommenheit notwendig das Unvollkommene voraussetzt. Somit

> „ist die Zeugung einer Frau und die Frau selbst, für sich betrachtet, etwas Unvollkommenes. Nur aufs Ganze der Schöpfung gesehen, gehört die Existenz der Frau zur Gutheit der Schöpfung. [...] Das ‚Zufallsprodukt' Frau ist also – wie der Schöpfungsbericht der Bibel klarstellt – von vornherein von Gott gewollt. Gewollt freilich um der Zeugung willen – denn für alle andere ‚Hilfe' (Gen 2,18) gibt Thomas zu, daß es ‚hilfreicher' gewesen wäre, wenn Gott dem Manne einen Mann zur Seite gegeben hätte."[126]

Diese auf einer biologischen Zeugungstheorie basierende Abwertung der Frau spiegelt nicht nur soziale Konstruktionsprozesse wider. Diese finden zudem ihre theologische Begründung darin, dass Paulus zufolge die Frau nicht im vollen Sinne Abbild Gottes ist wie der Mann, da der Frau die Gottebenbildlichkeit nur mittelbar und eingeschränkt durch die Erschaffung aus dem Mann zukommt (vgl. 1 Kor 11,7f.). Geschichtlich war daher die Auffassung verbreitet, dass die Frau im vollen Sinne Abbild Gottes nur ist, sofern sie ein Mensch ist, nicht aber, sofern sie eine Frau ist. Maßgeblich hierfür war ein (Miss-)Verständnis von Gen 2,22f., wonach die Frau aus dem Mann erschaffen worden ist und somit etwas von ihm Abgeleitetes ist. Das die soziale Geschlechterordnung repräsentierende Subordinationsmodell war damit mehr denn je gefestigt – biblisch und auch biologisch.

---

125 Otto Hermann Pesch, Thomas von Aquin, S. 216. [Anm. 123]

126 Ebd. Thomas bekräftigt damit eine Aussage von Augustinus, der in Überlegungen zu Gen 2,18 nicht entdecken kann, „zu welcher Hilfe die Frau für den Mann geschaffen worden sein soll, wenn man vom Gebären absieht".

Zweite Anmerkung: Seit dem ausgehenden 18. Jahrhundert hat dieses Modell eine weitere Abstützung durch nunmehr moderne wissenschaftliche Erkenntnisse erfahren. Die voranschreitende Modernisierung mit ihren ungleichzeitigen Übergängen von der Monarchie zur parlamentarischen Demokratie sorgte für ein Ende bisheriger Standesdefinitionen, was auch das Subordinationsmodell auszuhöhlen drohte. Somit war ein die Sozialstrukturen stabilisierendes neues Orientierungsprinzip nötig. Geschlechterrelevant wurde ein solches seitens der Medizin und später auch der Psychologie durch typisch männliche und typisch weibliche Eigenschaften festgeschrieben. Diese Eigenschaften wurden als „natürlich“ vorgegeben bestimmt, als etwas, das anstelle der Standeszugehörigkeit nunmehr eine universale Wesensaussage benennt. So zeichnet den Mann „von Natur aus“ vor allem Geist, eigenständiges Denken, Festigkeit, Selbstständigkeit, Durchsetzungsvermögen und Öffentlichkeit aus, die Frau dagegen Gefühl, Passivität, Wankelmut, Abhängigkeit, Hingabebereitschaft und Häuslichkeit.

Diese wissenschaftlich generierten Charakterbestimmungen dienten der Historikerin Karin Hausen zufolge zwar weiterhin „der ideologischen Absicherung von patriarchalischer Herrschaft“[127], verdankten sich aber ebenso der notwendig gewordenen Neustrukturierung des Geschlechterverhältnisses im Gefolge des rasanten Aufkommens des (bis heute vertrauten) Typs der modernen (Kern-)Familie. Der Historiker Edward Shorter spricht von der „Geburt der modernen Familie“[128], die im Gefolge einer fortschreitenden Industrialisierung der Gesellschaft und damit verbundenen Urbanisierung der Bevölkerung die bisher übliche Sozialform des „ganzen Hauses“ (= Hausgemeinschaft am bäuerlichen Hof) allmählich verdrängen sollte. Diese Geburt war eng mit dem sog. bürgerlichen Fami-

127 Karin Hausen, Die Polarisierung der „Geschlechtscharaktere“. Eine Spiegelung der Dissoziation von Erwerbs-und Familienleben, in: Werner Conze (Hg.), Sozialgeschichte der Familie in der Neuzeit Europas, Stuttgart 1976, S. 363–393, hier: 375.

128 Vgl. Edward Shorter, Die Geburt der modernen Familie, Reinbek bei Hamburg 1977.

lienmodell verzahnt, das im Blick auf das Geschlechterverhältnis die vorhin genannten Eigenschaften entlang der Polarität von Mann und Frau einerseits und der Polarität von Beruf und Familie andererseits definierte. Der Mann als Haupt der Familie war demnach eindeutig für die Welt des außerhäuslichen Berufs qualifiziert, die Frau hingegen für die Gestaltung der Häuslichkeit und die Erziehung der Kinder. Zudem sind die natürlichen Bestimmungen von Mann und Frau auf gegenseitige Ergänzung und harmonische Einheit angelegt.

Mutatis mutandis wurde dieses Familienmodell und insbesondere die dazugehörige Typologie von Geschlechtereigenschaften alsbald in die kirchenlehramtliche Denklogik integriert. Als Beispiel hierfür sei auf Papst Pius XII. verwiesen, der noch 1941 in einer Ansprache an Neuvermählte betont, dass durch die Über- und Unterordnung in der Familie nichts anderes als „die göttliche, schöpferische Vorsehung in den verschiedenen sich ergänzenden Eigenschaften von Mann und Frau zum Ausdruck gebracht“ (UG 1163) wird. Bei anderer Gelegenheit thematisiert er die natürliche Bestimmung der Frau zur Mutterschaft, weshalb die Frau „vor allem in der Familie und durch die Familie“ (UG 4774) wirkt. Pius XII. bringt in solchen Aussagen nur die damalige neuscholastische Denkform[129] zum Ausdruck, deren Geschlechteranthropolo-

129 Unter der *Neuscholastik* wird eine um die Mitte des 19. Jahrhunderts einsetzende und bedeutsam bis weit über die Mitte des 20. Jahrhunderts hinaus reichende Bewegung verstanden, die unter Rückgriff auf die sog. Hochscholastik, insbesondere auf Thomas von Aquin, das philosophische und theologische Denken jener Zeit entscheidend geprägt hat. Die mit dem Begriff Neuscholastik bezeichnete Bewegung hat der Sache nach jedoch bereits früher (bis in das 16. Jahrhundert zurückreichend) die kirchliche und katholisch-theologische Wirklichkeit geprägt. Zentrale Merkmale der Neuscholastik bzw. neuscholastischen Theologie waren Ungeschichtlichkeit, starres Festhalten am Überkommenen, juridisch-kasuistisches Denken (→ Gottes Gesetz samt Naturrecht als unveränderliche Vorgabe) und Abkapselung von der Philosophie der Zeit. Generelles Ziel war stets die Verteidigung der katholischen Theologie und Philosophie gegenüber der neuzeitlichen Moderne.

gie als essentialistisch-naturrechtlich zu kennzeichnen ist. Das besagt, dass bestimmte Ziele der Natur als von Gott seiner Schöpfung eingestiftete Ordnung aufgefasst werden, weshalb diese als Seins- bzw. Wesensordnung auch eine verbindliche Vorgabe für menschliches Handeln und das Verstehen von Mann und Frau darstellen.

Noch eine dritte Anmerkung. Bis weit in die zweite Hälfte des 20. Jahrhunderts hinein waren diese aus der Natur abgeleiteten und kirchlich zugleich als göttlicher Wille verstandenen Grundlagen einer Geschlechteranthropologie, wozu vor allem die Subordination der Frau entlang entsprechender Charaktereigenschaften gehört, wirkmächtig und omnipräsent. Gesellschaftlich erfuhren sie erst mit der zweiten Frauenbewegung in den 1970er Jahren eine nachhaltige Brechung. Die Gleichstellung der Geschlechter ist damals durch eine Reform des Ehe- und Familienrechts eingeführt worden. Kirchlich dagegen war schon 1965 auf dem Zweiten Vatikanischen Konzil das bis dahin als unveränderlich angesehene Subordinationsmodell aufgegeben worden.

Damit war der Ansatz einer neuen Lesart des Geschlechterverhältnisses eröffnet. Immerhin hat der das Konzil einberufende Papst Johannes XXIII. in der Enzyklika *Pacem in terris* (PT; 1963) im Blick auf die biblische Kategorie der „Zeichen der Zeit" anerkannt, dass die Frau „sich ihrer Menschenwürde heutzutage immer mehr bewusst wird" und darum ihre Gleichrangigkeit „sowohl im häuslichen Leben als auch im Staat" (PT 41) in Anspruch nimmt. Das Konzil selbst betont sodann in der Pastoralkonstitution *Gaudium et spes* (GS; 1965), dass „die im Licht des Evangeliums" zu deutenden „Zeichen der Zeit" (vgl. GS 4) bezüglich der Frau besagen, dass „jede Form einer Diskriminierung in den gesellschaftlichen und kulturellen Grundrechten der Person [...] überwunden und beseitigt werden muß, da sie dem Plan Gottes widerspricht" (GS 29). Die anerkennende Wahrnehmung des geänderten Selbstverständnisses der Frau bewirkt also die Ablösung des Subordinationsmodells, das jahrhundertelang als dem Plan Gottes entsprechend aufgefasst und verteidigt wurde – nunmehr aber genau diesem Plan widerspricht.

Dieser Umstand erklärt sich durch eine veränderte erkenntnistheoretische Logik, insofern das Konzil mit der Kategorie der „Zeichen der Zeit" auch menschliche Erfahrungen in theologische Reflexionen einbezieht. Dieser Logik gemäß ist darum auch in Bezug auf die Geschlechteranthropologie „im Licht des Evangeliums und der menschlichen Erfahrung" (GS 46) nachzudenken. Dagegen war in der neuscholastischen Theologie die Auffassung leitend, denkerisch allein vom Licht des Evangeliums, vom Plan Gottes oder der ursprünglichen Schöpfungsordnung ausgehen zu müssen, um so mittels vermeintlich überzeitlicher, weil naturrechtlich vorgegebener Wesensaussagen gegen den geschichtlichen Wandel argumentieren zu können. Doch im Blick auf das Subordinationsmodell erweist sich sogar der Plan Gottes als „veränderbar" bzw. wird die Einsicht unumgänglich, dass es jenseits menschlicher Erfahrung, also subjektunabhängig, keine Erkenntnis gibt.

Lehramtlich sollte aber das neuscholastische Erbe in Bezug auf das Polaritäts- bzw. Komplementaritätsmodell auch nach dem Konzil wirkmächtig bleiben. Demzufolge sind Mann und Frau nunmehr zwar als grundsätzlich gleichwertig begriffen, zugleich aber als „von Natur aus anders" und in dieser Verschiedenheit (wie zwei Pole komplementär) füreinander geschaffen. Speziell Karol Wojtyła/Johannes Paul II. hat dieses Modell – wie im ersten Kapitel dargelegt – als von Gott geoffenbarte Wahrheit für die nachkonziliare Zeit verfestigt. Diese Version der Geschlechteranthropologie dient seither zur Abwehr gegen alles, was die göttlich gewollte Ordnung von Ehe und Familie gefährden könnte. Darunter fällt jegliche Infragestellung des kirchlichen Frauenbildes durch feministische Denkströmungen. So war etwa Johannes Paul II. fest davon überzeugt, „der westliche Feminismus führe zu einer Unterordnung der Mutterschaft unter die berufliche Karriere"[130]. Ein adäquates Verständnis westlicher Frauen war

130 Michael J. Barberi/Joseph Selling, Die Entstehung von Humanae

ihm damit verwehrt und stattdessen setzte er in EV 99 auf einen die Mutterschaft würdigenden alternativen Feminismus zur Abwehr „westlicher Ideologien".[131] Zu Beginn des 21. Jahrhunderts war es dann für Benedikt XVI. und Franziskus vor allem die „Gender-Ideologie", die aufgrund ihrer irrigen Anthropologie als radikale Gefährdung der Ehe und Familie im Plan Gottes markiert wurde.

Gegenwärtige Problemlage

Mit der anthropologischen Formel der Gleichwertigkeit von Mann und Frau in natürlicher Verschiedenheit hält das kirchliche Lehramt weiterhin an einem essentialistisch-naturrechtlichen Paradigma fest, das, sofern es als ursprüngliche Schöpfungsordnung ausgewiesen wird, aktuellen Infragestellungen und diskursiven Vermittlungen entzogen wird. Daraus entstehen gravierende Problemlagen.

Die so gefasste Formel unterläuft die konziliare Hermeneutik, anstehende Herausforderungen „im Licht des Evangeliums und der menschlichen Erfahrung" (GS 46) klären zu wollen. Folglich wird mit dieser Formel bis heute *das* christliche Menschenbild verteidigt, indem es argumentativ gegen jegliche Veränderungen bzw. Fortschreibungen der traditionellen Ehe-, Familien- und Sexualmoral in Stellung gebracht wird. Doch *das* christliche Menschenbild existiert in der oft so einfach und unkompliziert gedachten Weise nicht. Es ist niemals statisch in Form ungeschichtlicher Wesensaussagen gegeben, sondern stets als „offener Sinngehalt" (Dietmar Mieth), der sich im Verlauf geschichtlicher Einsicht des

---

vitae und die Sackgasse in der theologischen Fundamentalmoral, in: Ulrich Ruh/Myriam Wijlens (Hg.), Zerreißprobe Ehe. Das Ringen der katholischen Kirche um die Familie, Freiburg i. Br. 2015, S. 79–117, hier: 86.

131 Ein derart pejoratives Verständnis westlicher Frauen vertieft Karol Wojtyła/Johannes Paul II. vor allem über die ihm jahrzehntelang als Beraterin zur Seite stehende polnische Psychiaterin Wanda Półtawska. Vgl. ebd., S. 84–86.

Menschen in die Offenbarung Gottes immer wieder neu erschließt. Derart unterliegt es auch Veränderungen, denen aber die Kontinuität der glaubenden Antwort auf Gottes Offenbarung zugrunde liegt. Der Sinngehalt des Glaubens stimuliert also ein je sozial situiertes Nachdenken über die Frage nach dem Menschen, nach Frau und Mann – und bewirkt so eine Kontinuität im Wandel.

Dagegen wird kirchenlehramtlich primär die Kontinuität *gegenüber* dem Wandel, nicht aber *im* Wandel betont. Derart wird eine essentialistisch-naturrechtliche Geschlechteranthropologie propagiert, die aber, kritisch besehen, eine wissenschaftlich unhaltbare Naturalisierung darstellt. Naturalisierung meint hier die Transformierung sozialer bzw. kirchlicher Überzeugungen in geschichtsenthobene, kulturneutrale und somit allgemeingültige Kategorien, um so durch (undifferenzierten) Rekurs auf Natur und Biologie die „Normalität" der Zweigeschlechtlichkeit und Heterosexualität behaupten und diese „Normalität" als Plan Gottes ausweisen zu können. Es geht in dieser Transformierung darum, „einer geschichtlichen Konstruktion den Anschein einer natürlichen Wesenheit zu verleihen"[132], die freilich nur auf den ersten Blick ebenso richtig wie logisch erscheint, darum vermeintlich keiner Rechtfertigung bedarf, und in schöpfungstheologischer Verweisung alsbald zum Gesetz Gottes wird, dem Gehorsam entgegenzubringen ist.

Als klassisches Beispiel für eine solche Naturalisierung gilt das in der Enzyklika *Humanae vitae* ausgesagte Verbot jeglicher Antikonzeption. Deren anthropologische Grundlagen argumentiert Johannes Paul II. in seiner *Theologie des Leibes* als von Gott in die Natur des Menschen eingeschrieben. Folglich geht es in dieser Enzyklika nicht um eine vom Menschen konzipierte Lehre, deren Wahrheitsgehalt diskutiert werden könnte, sondern um Gottes Willen, dem Gehorsam entgegenzubringen ist. Dennoch: Im theologisch-ethischen Diskurs sind diesbezüglich die erkenntnistheoretischen Zwei-

---

132 Pierre Bourdieu, Die männliche Herrschaft, S. 144. [Anm. 96]

fel nie verstummt.[133] Beispielhaft sei hier auf die differenzierte Kritik des Moraltheologen Klaus Demmer (1931–2014) eingegangen:

> „Man denke an die Offenheit des einzelnen ehelichen Aktes auf Zeugung. Von einer biologischen Finalität kann keine Rede sein. Wenn aber die Offenheit symbolisch zu verstehen ist, warum dann das Insistieren auf der physiologischen Integrität? Regt sich hier nicht doch der Verdacht eines Naturalismus, der überdies in der Natur selbst kein Fundament hat? Kommt die Offenheit auf Zeugung letzten Endes aus einer anthropologischen Vorentscheidung, die an die empirische Natur des ehelichen Aktes herangetragen wird? Sollte dies der Fall sein, bliebe nur noch die Frage übrig, ob eine solche Lehre im Grunde nicht an ihrer eigenen Überforderung zugrundegehe. Man sieht etwas Richtiges, wenn man – in der Weise einer Kulturleistung – Liebesausdruck und Offenheit auf Zeugung miteinander verknüpft. Nur begeht man den Fehler, diese Verknüpfung zu überziehen, indem man sie zu einem metaphysischen Prinzip erhebt."[134]

Da biologisch nicht jeder eheliche Akt auf Zeugung hin offen ist, demnach nur die Möglichkeit dazu aufweist, kann für Demmer die kirchliche Norm der Empfängnisregelung nicht einer physiologischen, sondern nur einer anthropologischen Kategorie entspringen. In der Tat folgert das kirchliche Lehramt aus einer theologisch „ganzheitlichen Sicht des Menschen und seiner Berufung" (HV 7) die *untrennbare* Zusammengehörigkeit von Liebesausdruck und Offenheit auf Zeugung als Sinngehalt menschlicher Sexualität. Der Mensch dürfe, so Karol Wojtyła in *Liebe und Verantwortung*, „die Liebe nicht von der Zeugung trennen" (LV 205) und müsse daher

133 Vgl. Konrad Hilpert/Sigrid Müller (Hg.), Humanae vitae – die anstößige Enzyklika. Eine kritische Würdigung, Freiburg i. Br. 2018; Martin M. Lintner, Von Humanae vitae bis Amoris laetitia. Die Geschichte einer umstrittenen Lehre, Innsbruck-Wien 2018.

134 Klaus Demmer, Moraltheologische Methodenlehre, Freiburg-Schweiz/Freiburg i. Br. 1989, S. 204f.

als Person auch seiner Natur als Mann und Frau treu bleiben. Warum aber die *Möglichkeit* der Zeugung als *notwendige* Voraussetzung jedes ehelichen Aktes zu begreifen ist, erschließt sich kritischem Nachdenken nicht und kann nur als eine Naturalisierung enttarnt werden, die „überdies in der Natur selbst kein Fundament hat".

Die von Demmer erwähnte anthropologische Vorentscheidung zeigt sich bei Karol Wojtyła/Johannes Paul II. darin, dass ihm die Norm der Naturordnung „elementarer und grundlegender" ist als jene, die aus der Würde der Person folgt und daher nur eine „vervollkommnende Rolle"[135] einnimmt. Ihm zufolge wird darum der eheliche Akt der Würde von Mann und Frau nur dann gerecht, wenn ihm bereits die *mögliche* Elternschaft (lat. *in potentia*) nicht genommen wird. Konsequenterweise klärt er sodann als Papst die in *Familiaris consortio* genannte „intimste Verflechtung von Natur und Person" (FC 32) derart, dass er „das Verhältnis von Person und Natur letztlich unter der Priorität der Natur"[136] bestimmt. Umgekehrt, so betont er in der Enzyklika *Veritatis splendor* (1993; VS), würde eine Priorität der Person zu einer „reduktionistisch verstandenen Natur" führen, in der diese nur noch „wie Rohmaterial, bar jeglichen Sinnes und moralischen Wertes" (VS 48) aufgefasst wäre. Doch lässt sich diese umgekehrte Schlussfolgerung konsistent denken? Zudem: Wenn bereits die *mögliche* Elternschaft als Norm der Naturordnung gilt, stellt sich dann nicht unabweisbar die Frage, ob nicht ebenso die biologischen Prädispositionen im Blick auf queere Personen normativ anzuerkennen wären bzw. warum das lehramtlich dezidiert ausgeschlossen werden kann?

Jedenfalls prägt diese anthropologische Vorentscheidung bis heute die lehramtlichen Aussagen zum Themenbereich Ehe, Familie und Sexualität. Sie wird nachvollziehbar als

---

135 Karol Wojtyła, Liebe und Verantwortung, S. 264 (Anm. 16). [Anm. 5]

136 Franz Böckle, „Humanae vitae" und die philosophische Anthropologie Karol Wojtyłas. Zur päpstlichen Lehrposition zur künstlichen Befruchtung und ihrer Begründung, in: Herder Korrespondenz 43 (1989) S. 374–380, hier: 379.

Entscheidung zur Kontinuität *gegenüber* dem Wandel, womit die vorkonziliar neuscholastische Theologie in einigen zentralen Grundsätzen weitergeführt werden möchte. Sie wird jedoch unverständlich angesichts des Zweiten Vatikanischen Konzils, das speziell mit der Pastoralkonstitution *Gaudium et spes* eine Entscheidung zur Kontinuität *im* Wandel vollzogen hat und damit auch deutliche Brechungen zur neuscholastischen Theologie. Diese Vorentscheidung, die Konsequenz einer Philosophie und Theologie ist, die einer einzigen Person entspringt, nämlich Karol Wojtyła, muss daher kritisierbar sein. Darauf ist im dritten Kapitel noch zurückzukommen.

Die fundamentalistische Versuchung

Die Entscheidung zur Kontinuität *gegenüber* dem Wandel entspringt häufig einer mehr oder weniger ausgeprägten fundamentalistischen Einstellung, die als Produkt der Moderne gegenmodern (re)agiert und daher als spezifische Versuchung der Moderne anzusehen ist.

Fundamentalismus als modernes Phänomen

Als moderne Gegen-Moderne ist die fundamentalistische Einstellung ein paradoxes Phänomen. Sie wird hervorgebracht von und in der Moderne als deren Gegenposition, welche aber nur bestimmte Aspekte der Moderne ablehnt, etwa den Pluralismus in seinen vielfältigen Ausprägungen, andere Aspekte dagegen, wie etwa moderne Kommunikationsmittel, strategisch für die eigenen Ziele nutzt. Als Phänomen der Moderne muss Fundamentalismus nicht religiös begründet sein, denn er entspringt der im Modernisierungsprozess entstandenen Ausdifferenzierungen, wodurch zuvor relativ geschlossene und homogene Gesellschaften in nunmehr offene und pluralistische transformiert wurden. Der herausgeforderte Umgang mit moderner Kultur ist für den Politologen Thomas Meyer darum nicht nur an die „Kultur des

Westens gebunden, sondern ein weltgeschichtlich neues Orientierungsmuster für die wechselseitige Anerkennung unterschiedlicher Identitäten und Überzeugungen von Menschen, die auf diese Weise dennoch friedlich und gleichberechtigt zusammenleben können"[137]. Im Fundamentalismus dagegen wird der kulturellen Vielfalt durch eine „ausschließlich *hegemonieorientierte Politisierung kultureller Unterschiede*"[138] begegnet, d. h., durch Absolutsetzung der eigenen Grundüberzeugung soll diese durchgesetzt und so die moderne Vielfalt von Optionen überwunden oder wenigstens gemindert werden.

Solche Absolutsetzung resultiert meist aus Verlusterfahrungen. Vor allem der Verlust ehemaliger Gewissheiten und Selbstverständlichkeiten bewirkt Meyer zufolge einen „fundamentalistischen Impuls", der idealtypisch besagt:

> „Fundamentalismus als politische Ideologie und Bewegung ist der Versuch, den modernen Prozess der Öffnung und Ungewissheit, sei es ganz, sei es in zentralen Bereichen, umzukehren und die von seinen Verfechtern zur absoluten Gewissheit erklärte Variante der Weltdeutung, der Lebensführung, der Ethik, der sozialen Organisation zu Lasten aller Anderen verbindlich zu machen. Fundamentalismus als Produkt der Moderne will Ungewissheit und Offenheit überwinden, indem er eine der Deutungsalternativen im Rückgriff auf geheiligte Traditionen oder künstlich immunisierte Gewissheiten absolut setzt. Das darauf gestützte geschlossene System des Denkens und Handelns, das Unterschiede, Zweifel und Alternativen unterdrückt, soll nach dem Willen der Fundamentalisten an die Stelle der modernen Offenheit treten und damit Halt und Sicherheit, Orientierungsgewissheit, feste Identität und die

---

137 Thomas Meyer, Was ist Fundamentalismus? Eine Einführung, Wiesbaden 2011, S. 27.

138 Thomas Meyer, Die Politisierung kultureller Differenz. Fundamentalismus, Kultur und Politik, in: Heiner Bielefeldt/Wilhelm Heitmeyer (Hg.), Politisierte Religion. Ursachen und Erscheinungsformen des modernen Fundamentalismus, Frankfurt a.M. 1998, S. 37–66, hier: 50.

Gewissheit der geglaubten Wahrheit aufs neue erzwingen und künftigem Wandel entziehen."[139]

Als politische Ideologie tritt der Fundamentalismus dennoch häufig mit religiösem Anspruch auf. Dies auch deshalb, weil Religionen aufgrund ihres vormodernen Ursprungs mit ewigwährenden Wahrheiten und eindeutigen Ordnungen konnotiert sind und somit ein willkommenes antimodernes Design aufweisen. Ein fundamentalistischer Umgang mit religiösen Texten verwahrt sich darum gegen wissenschaftliche Exegese, da diese nur Unsicherheit und Zweifel evozieren würde. Jede „moderne" Lesart solcher Texte wird zurückgewiesen, denn „wer mit der modernen Pluralität nicht umgehen kann, der greift zu den religiösen Angeboten, die sich nicht als Teil der modernen Pluralität verstehen, sondern über diese erheben"[140] und damit für eine Absolutsetzung taugen.

Aus den verschiedenen Formen des religiösen Fundamentalismus ist hier nur der christliche Fundamentalismus aufzugreifen, nochmals spezifischer der katholische, der seine geschichtlichen Wurzeln in der Auseinandersetzung mit dem sog. Modernismus im Übergang zum 20. Jahrhundert hat. Mit „katholischer Fundamentalismus" ist freilich keine Gleichsetzung von Katholizismus mit Fundamentalismus benannt, sondern ein fundamentalistischer Sektor im Katholizismus. Dieser Sektor ist inhomogener als im protestantischen Fundamentalismus, da er sich über die Bibel hinaus auch der Tradition und dem kirchlichen Lehramt verpflichtet weiß. Da keine dieser Bedeutungsgrößen für sich allein die Wahrheit des katholischen Glaubens garantiert, bedarf es komplexer Reflexionen zur Klärung des rechten Beziehungsverhältnisses, was fundamentalistisch unterbleibt. Hier treten an „die Stelle mühsamer Hermeneutik schlichte Wahrheitsbehauptungen, die entweder *biblizistisch*, *traditionalistisch* oder *papalis-*

---

139 Thomas Meyer, Was ist Fundamentalismus?, S. 29. [Anm. 137]

140 Patrick Becker, Fundamentalismus als aktuelle Herausforderung, in: Stimmen der Zeit 232 (7/2014) S. 473–482, hier: 477.

tisch ‚begründet' werden"[141]. Da, wie im vorvorigen Abschnitt seitens der Päpstlichen Bibelkommission dargelegt, ein biblizistischer Fundamentalismus zurückgewiesen wird, was auch der Abgrenzung gegenüber protestantisch-fundamentalistischen Gruppen dient, gelangen katholischerseits eher die beiden anderen Optionen deutlicher zur Geltung – vor allem als Naturrechtsfundamentalismus und Lehramtsfundamentalismus, was oft ineinander übergeht, da sich das Lehramt speziell in Fragen der Anthropologie und Moral als letztverbindlicher Interpret des Naturrechts versteht.

Zentrale Merkmale des katholischen Fundamentalismus

Nachfolgend sollen drei zentrale, sich auch überschneidende Merkmale benannt werden, die den katholischen Fundamentalismus kennzeichnen bzw. das Agieren des extrem rechtskonservativen Sektors im Katholizismus verdeutlichen. Der Fokus soll hierbei auch auf die fundamental(istisch)e Gender-Kritik gerichtet sein.

Autoritarismus

Was einst in der Politik ein Monarch war, ist im Katholizismus der Papst, der als Garant der Einheit in Glaubens- und Moralfragen vorlegt, was Gläubigen „mit religiös begründetem Gehorsam" (LG 25) auferlegt ist. Autoritarismus besagt eine tendenziell antidemokratische und antipluralistische Einstellung, weshalb hierarchischen („gottgewollten") Strukturen und religiösem Gehorsam zentrale Bedeutung zukommt. Speziell die Päpste Johannes Paul II. und Benedikt XVI. vermochten aufgrund des Stils ihrer lehramtlichen Amtsausübung ein fundamentalistisches Potenzial zu bedienen, nämlich größtmögliche katholische Eindeutigkeit. Das bezieht sich unter anderem auf viele innerkatholisch strittige Themen

---

141 Stephan Goertz/Rudolf B. Hein/Katharina Klöcker, Zur Genealogie und Kritik des katholischen Fundamentalismus: Eine Einführung, in: Dies. (Hg.) Fluchtpunkt Fundamentalismus? Gegenwartsdiagnosen katholischer Moral, Freiburg i. Br. 2013, S. 11–76, hier: 55.

(z.B. Verbot von Empfängnisverhütung, Kommunionempfang für geschiedene Wiederverheiratete, gleichgeschlechtlichen Lebenspartnerschaften, Frauenordination …), auf die binäre Logik einer Kultur des Todes gegenüber einer Kultur des Lebens bei Johannes Paul II. oder bei Benedikt XVI. auf die Rede von einer „Diktatur des Relativismus" oder „Entweltlichung" der Kirche.

Dagegen erscheint Papst Franziskus uneindeutiger. Zudem hat er sich wiederholt kritisch zum (auch katholischen) Fundamentalismus geäußert. So spricht er etwa bei der Generalaudienz am 27.10.2021 von der „Versuchung der neuen Fundamentalisten", die „mehr auf der Suche nach religiösen Sicherheiten als nach dem lebendigen und wahren Gott [sind], indem sie sich auf Rituale und Vorschriften ausrichten". Aus Gründen der Angst würden sie „nicht vorwärts, sondern rückwärts gehen, weil sie sich sicherer fühlen: Sie suchen nach Sicherheit und nicht nach dem Gott der Sicherheit." Doch alle, die nur Sicherheit suchen, „die wollen, dass die Dinge so klar sind wie früher, entfernen sich vom Heiligen Geist, lassen die Freiheit des Geistes nicht in sich hinein"[142].

Es verwundert nicht, dass Franziskus im katholisch-fundamentalistischen Sektor, wenn überhaupt, sehr spärlich und meist nur selektiv (etwa bezüglich seiner Gender-Kritik) oder nachdrücklich kritisch (etwa im Blick auf das Schreiben *Amoris laetitia*) rezipiert wird, umso mehr und ausführlich dagegen dessen Vorgängerpäpste.

In-Group/Out-Group-Denken

Eine autoritative Einstellung impliziert eine starke Differenzierung zwischen „wir" (In-Group) und die „anderen" (Out-Group). Als Differenzierungsgewinn erwächst daraus eine markante, vermeintlich katholische Identität, wiewohl ge-

142 Papst Franziskus, Generalaudienz am 27.10.2021. URL: https://www.vatican.va/content/francesco/de/audiences/2021/documents/papa-francesco_20211027_udienza-generale.html

wonnen durch Abgrenzungsprozesse. Die von der In-Group absolut beanspruchte Rechtgläubigkeit wird abgegrenzt sowohl nach außen gegenüber Normen und Werten der modernen Gesellschaft als auch nach innen gegenüber allen vermeintlich laxen Katholik:innen (inklusive Priester, Bischöfe und, wenn nötig, auch Papst). Solche Abgrenzungen sind fortwährend erforderlich, da sie das konstitutive Außen für die eigene Identität im Sinne der Aufrechterhaltung wahrer Katholizität bilden. Diesbezüglich ist auch vom Konzept des Othering (von engl. *other* oder *otherness* = anders, andersartig) die Rede, das den Prozess der stereotypisierten Abgrenzung zu anderen Menschen oder Gruppen zur Sicherung der eigenen Identität beschreibt.

Die Abgrenzung gegenüber der modernen Gesellschaft zeigt sich etwa darin, dass deren Charakteristika primär als bedrohlich für den christlichen Glauben angesehen werden. Von einer Diktatur des Relativismus und Individualismus, der Toleranz und Gleichheit ist häufig die Rede. Zugleich wird demokratischen Grundsätzen wie Gewaltenteilung, freie Medien oder Pluralismus mit Vorbehalten begegnet. Selbst die Menschenrechte, die im dritten Kapitel noch Thema sein werden, stehen im Verdacht, einer – von der UNO und EU geförderten – Diktatur des Individualismus Vorschub zu leisten. Wie alle Formen des Fundamentalismus ist auch der katholische „gegen das Prinzip der Offenheit und der Anerkennung von unterschiedlichen Verständnisweisen innerhalb und außerhalb der eigenen Kultur gerichtet, die den Kern der Moderne ausmachen und in den universellen Grundrechten ihren Ausdruck finden“[143]. Diese Grundrechte etablierten in den letzten Jahrzehnten einen neuen Umgang mit queeren Menschen, der aber nach fundamentalistischer Lesart nur den moralischen Zerfall beschleunigen würde und darum abzulehnen ist.

Die Abgrenzung innerhalb der katholischen Kirche erfolgt gegenüber allen, die im Verdacht stehen, die katho-

---

143 Thomas Meyer, Was ist Fundamentalismus?, S. 28. [Anm. 137]

lische Lehre nicht vollumfänglich zu vertreten. Auch wenn das wohl sehr viele sind, die schlicht dem Volk Gottes angehören, so sind hier insbesondere zahlreiche Theolog:innen im Blick, deren wissenschaftliche Differenzierungen alsbald als Differenz zum Lehramt markiert und nicht selten denunziert werden. Im Visier stehen aber auch zahlreiche Priester und Bischöfe.

So klagt etwa Gabriele Kuby an, dass bischöflich toleriert die katholische Sexualmoral „in den Ortskirchen kaum mehr verkündet wird" (GSR 369). Dankbar zitiert sie daher die Ende März 2008 vor zahlreichen Bischöfen gehaltene „Jerusalemer Predigt" des Wiener Kardinals Christoph Schönborn[144], in der dieser vom dreifachen Nein Europas zu seiner eigenen Zukunft spricht: 1968 „durch das Ablehnen von Humanae Vitae"[145]; 1975, „als die Abtreibungsgesetze Europa überschwemmt haben", und aktuell das dritte Mal 2008, als die österreichische „Regierung der homosexuellen Ehe zugestimmt hat"[146]. Vor allem in Bezug auf 1968 kritisiert Schönborn die Sünde und den fehlenden Mut seiner Bischofsvorgänger, „ein klares Ja zu Humanae Vitae zu sagen". Lobend erwähnt er dagegen das *Krakauer Memorandum*, da es geholfen hat, „Paul VI. den Mut zu geben, Humanae Vitae zu schreiben".

---

144 Predigt von Kardinal Schönborn 2008: „Die Sünde der Bischöfe". URL: https://www.kath.net/news/49689 (Kubys Bezugnahme auf diese Predigt findet sich in GSR 76)

145 Schönborn verweist hier auf die Königsteiner Erklärung der deutschen und die Mariatroster Erklärung der österreichischen Bischöfe, die (gemeinsam mit weiteren Erklärungen europäischer Bischofskonferenzen) auf die legitime Möglichkeit eines abweichenden Gewissensurteils gegenüber dem in *Humanae vitae* ausgesagten Verbot jeglicher Empfängnis*verhütung* verwiesen hatten.

146 Es ist an dieser Stelle richtigzustellen, dass die österreichische Regierung im März 2008 ein Gesetz zur eingetragenen Partnerschaft beschlossen hat, das am 01.01.2010 in Kraft getreten ist. Die gleichgeschlechtliche Ehe ist in Österreich erst am 01.01.2019 in Kraft getreten, nachdem zuvor am 05.12.2017 der österreichische Verfassungsgerichtshof ein entsprechendes Erkenntnis erlassen hat.

In fundamentalistischer Haltung erfolgt die Prüfung wahrer Katholizität oft entlang von Kriterien wie etwa dem „Ja oder Nein" zu Humanae vitae, zum Zölibat, zur Frauenordination oder zu Gender. Das jüngste Kriterium betrifft den Synodalen Weg in Deutschland. Der vom Erzbistum München abgelehnte, in der Erzdiözese Wien von Kardinal Schönborn aber willkommen geheißene Priester Joachim Heimerl[147] brandmarkt etwa in einem kath.net-Beitrag die Bischöfe „Bätzing und Overbeck" als die „ersten schismatischen Bischöfe einer neuen deutschnationalen Kirche", nachdem er zuvor den Münchner Kardinal Marx anklagt, sich im „Gegensatz zur katholischen Anthropologie" zu einer „angeblichen ‚Vielfalt der Geschlechter'" zu bekennen. Für solche Bischöfe müsse man sich fremdschämen, meint Heimerl. Jedenfalls ist ihm – und vielen anderen, die ähnlich denken – klar: „Mit solchen Bischöfen haben wir als römische Katholiken nichts zu tun."[148] Denn, so Heimerl in einem anderen Beitrag auf kath.net, „im Gegensatz zur Lehre der Kirche" installiere der Synodale Weg „eine ‚Menschenmachwerkskirche'", deren Goldenes Kalb ein Regenbogen sei und somit das Fundament der Kirche „nicht mehr Christus, sondern die Genderideologie"[149] ist. Dass er „an den vagen ‚Geist' des letzten Konzils" erinnert und „nicht ‚Bätzing-katholisch' sein" [...], sondern ‚römisch-katholisch' bleiben"[150] möchte, versteht sich von selbst.

Wer nur einige der über kath.net zugänglichen Beiträge dieses wahrhaft katholischen Priesters liest, weiß, was ein fundamentalistisches In-Group/Out-Group-Denken besagt, speziell innerhalb der katholischen Kirche. Bei Gabriele Kuby ist ein solches Denken ebenso nachzulesen, zuletzt auch in ih-

---

147 Vgl. https://www.kath.net/news/77625

148 Joachim Heimerl, „Shame on you": Wer braucht solche Bischöfe? URL: https://www.kath.net/news/81209

149 Joachim Heimerl, Die „Synodale Kirche" und das Goldene Kalb. URL: https://www.kath.net/news/78880

150 Joachim Heimerl, Sind wir „rechtskatholisch"? URL: https://www.kath.net/news/82227

rem Buch zum Synodalen Weg, wonach dieser ein Abfall vom Glauben sei und die deutschen Bischöfe nicht mehr für die Sache Jesu, sondern im Dienst kleiner Minderheiten kämpfen lasse.[151]

Dogmatismus

Die simplifizierende Entweder-oder-Logik, welche ein In-Group/Out-Group-Denken prägt, impliziert in der Regel eine dogmatische Einstellung. Dogmatismus meint hier eine spezifisch katholische Weltanschauung, die – als absolute Wahrheit begriffen – starr, unkritisch und unverhandelbar verteidigt wird. Ein Wandel der katholischen Lehre, speziell in den vorhin genannten ein „Ja oder Nein" abverlangenden Themen, wird kategorisch ausgeschlossen, weshalb Kritik, Zweifel und Alternativen für unzulässig erklärt werden. Ein echter Dialog sowie eine Akzeptanz Andersdenkender als Voraussetzung eines demokratischen Kommunikationsstils sind nicht vorhanden. Eine dogmatische Einstellung zeigt sich meist in biblizistischen, traditionalistischen oder papalistischen Positionierungen. Anhand Kubys Buch *Die globale sexuelle Revolution* soll das kurz belegt werden.

Zur papalistischen Positionierung: Kuby begreift die katholische Kirche als „führende Stimme des Widerstandes" gegen die globale sexuelle Revolution, die zwar in der „Kirche im Westen außerordentlich geschwächt [ist], aber die Stimme des Papstes ist auf der ganzen Welt zu hören" (GSR 398). Diese Stimme war damals jene von Benedikt XVI., den Kuby in ihrem Buch mehrfach zitiert. Dagegen erscheint ihr die Stimme von Franziskus weniger eindeutig hörbar – auch bei Benedikts Beerdigung am 5. Januar 2023, wo in Franziskus' „Predigt von sieben Minuten man nicht recht wusste, von wem er sprach, von Jesus?, von Benedikt?, von sich selbst?"[152] Der 2018 verstorbene Philosoph Robert Spaemann – er hat

151 Vgl. Gabriele Kuby, Fürchte dich nicht du kleine Herde: wenn die Hirten mit den Wölfen tanzen. Kißlegg 2023.

152 Gabriele Kuby, Der Katechon ist tot. Sein Erbe lebt. URL: https://www.kath.net/news/80537

übrigens das Geleitwort zu Kubys Buch verfasst – kritisiert in diesem Sinne das Schreiben *Amoris laetitia* von Papst Franziskus scharf, da es „der Lehre von Veritatis splendor ausdrücklich widerspricht", insofern der „heilige Johannes Paul II. in Veritatis splendor explizit betont, dass es keine Ausnahme bei der Verweigerung der Sakramente für ‚wiederverheiratete' Geschiedene"[153] geben könne. Sein skandalöses Fazit in diesem Interview mit der englischsprachigen Internetplattform OnePeterFive, die sich dem Wiederaufbau des Katholizismus verpflichtet sieht, da das Zweite Vatikanische Konzil nur eine „Ära großer Tumulte in der Kirche"[154] hervorgebracht habe, lautet: „It was easier during Nazi times to be a faithful Christian than today." (In der Nazi-Zeit war es einfacher, ein gläubiger Christ zu sein, als heute.)

Kleine Seitenbemerkung: Mehrfach wurde nach dem Tod von Benedikt XVI. am 31.12.2022 gewürdigt, welch hervorragender Theologe Joseph Ratzinger gewesen sei. Kardinal Schönborn ordnet ihn sogar unter die großen Kirchenlehrer ein.[155] Zumindest bezüglich seiner Ausführungen rund um das Thema Gender ist das nicht nachvollziehbar. Wie erwähnt, beruft sich Benedikt XVI. in seiner Weihnachtsansprache auf den „sorgfältig dokumentierten [...] Traktat" des Großrabbiners von Frankreich, Gilles Bernheim. Nun: Bernheim musste wenige Monate danach, am 11.04.2013, sein Amt als Großrabbiner wegen (zunächst von ihm bestrittenen, sodann zugestandenen) Plagiatsvorwürfen, die etliche seiner Schriften und Bücher betrafen, niederlegen. Darunter fällt auch der vom Papst zitierte „Traktat", der 15-seitige Essay *Mariage homosexuel, homoparentalité et adoption: Ce que l'on oublie souvent de dire* („Homosexuelle Ehe, Homosexuelle Elternschaft und Adoption: Was man dabei oft zu sagen ver-

153 Robert Spaemann on Josef Seifert, Amoris Laetitia and the Witness to Truth. URL: https://onepeterfive.com/robert-spaemann-josef-seifert-amoris-laetitia-witness-truth/

154 URL: https://onepeterfive.com/about/

155 URL: https://www.katholisch.de/artikel/42913-erste-kardinaele-fordern-ehrung-benedikts-xvi-als-kirchenlehrer

gisst").[156] Dem Befund des Theologen Magnus Striet ist zuzustimmen, dass „Joseph Ratzinger zwar inszeniert worden ist als der katholische Intellektuelle des 20. Jahrhunderts", dass es aber „ein eigentümlicher Intellektualismus ist, der bei ihm zu beobachten ist – und zwar deshalb, weil er sich mit einem eigenartigen Anti-Intellektualismus verbindet"[157].

Die traditionalistische und biblizistische Positionierung soll entlang Kubys Ausführungen zur Homosexualität dargelegt werden. Biblizistisch geht sie konform mit dem für seine konservativen, rechtspopulistischen Ansichten bekannten US-amerikanischen Rabbiner und Journalisten Denis Prager, wonach für alle, die angesichts „der unzweideutigen Position der Bibel" dennoch für eine Vereinbarkeit von Christentum und homosexuellem Verhalten argumentieren, die „einzig wahrhaftige Aussage lauten müsste: ‚Mir ist bewusst, dass die Bibel homosexuelles Verhalten verurteilt; ich denke aber, dass die Bibel irrt'" (GSR 264). Traditionalistisch verweist Kuby auf den Katechismus der Katholischen Kirche, wonach das „Lehramt der katholischen Kirche zu allen Zeiten, getreu der Heiligen Schrift, erklärt hat", dass „die homosexuellen Handlungen in sich nicht in Ordnung sind" und „gegen das natürliche Gesetz verstoßen" (GSR 282). Nun: Seit wann gibt es den Begriff eines katholischen Lehramts, seit wann den Begriff Homosexualität? Erst seit der zweiten Hälfte des 19. Jahrhunderts, lautet zweimal die Antwort. Was besagt dann „zu allen Zeiten", und was genau wird in der Bibel verurteilt, wenn Homosexualität als Begriff unbekannt war?

---

156 Vgl. Sophie Neuberg, Oberrabbiner Gilles Bernheim gibt auf, in: Jüdische Allgemeine, 11.04.2013. URL: https://www.juedische-allgemeine.de/juedische-welt/oberrabbiner-gilles-bernheim-gibt-auf/?q=Gilles%20Bernheim. Vgl. auch: https://www.spiegel.de/lebenundlernen/uni/plagiat-der-franzoesische-grossrabbiner-gilles-bernheim-legt-sein-amt-nieder-a-893835.html

157 Magnus Striet, Für eine Kirche der Freiheit. Den Synodalen Weg konsequent weitergehen, Freiburg i. Br. 2022, S. 43.

Statt mühsamer Hermeneutik bietet Kuby schlichte Wahrheitsbehauptung.

Dogmatismus und Autoritarismus bezeugen kaum je ein wissenschaftliches Ethos. Dieses impliziert zuvorderst das Verbot des Plagiierens. Es kennzeichnet zudem eine gute wissenschaftliche Praxis, Textpassagen oder Studienergebnisse anderer Autor:innen so zu zitieren, dass eine adäquate Nachvollziehbarkeit für Leser:innen bzw. andere Forscher:innen, die sog. *scientific community*, gegeben ist. Hierzu gehört auch eine fundierte und ausgewogene Recherche der zur Verfügung stehenden Quellen, die nur selten ein völlig eindeutiges Ergebnis bereitstellen, weshalb eine kritische Haltung im Sinne des Zulassens von Zweifel als Denkprinzip, der Unvoreingenommenheit des Prüfens von Sachlagen und gegebenenfalls auch der Änderung eigener Ansichten unerlässlich ist.

Ein diesbezüglicher Blick in Kubys Buch verdeutlicht, wie hier durchgehend Autor:innen sowie Studien, welche die eigene Position bestärken, ausführlich zitiert, andere dagegen, die diese in Frage stellen würden, entweder ignoriert oder nur einseitig in oft verzerrter und sinnentstellter Weise dargestellt und kritisiert werden. Demgemäß fügt sich dann alles zu einem recht einheitlichen, undifferenzierten Bild der Bedrohung durch Gender, das unwiderstehlich alarmbereit werden lässt.

Ein konkreter Blick auf das vorhin genannte Thema Homosexualität (vgl. GSR 216–292) zeigt, dass Kuby auf exegetische Befunde zu einschlägigen Bibelstellen verzichtet. Moraltheologische Diskurse hierzu werden ebenso ignoriert wie Forschungsergebnisse zur Deutung der Ursachen von Homosexualität, die nicht ihre Position bestärken, dass Homosexualität keine „Spielart der Natur" ist, sodass „niemand schwul oder lesbisch geboren wird", sondern „Identitätskonflikte in der Kindheit zu einer homosexuellen Neigung führen können" (GSR 222). Die nun „passende" Forschungslage bestärkt sodann die These der möglichen Veränderbarkeit von Homosexualität, welche Kuby vor allem mit einer vom Psychiater Robert L. Spitzer im Jahr 2001 durchgeführten Studie belegt, in der dieser jedoch zum Schluss betont, dass es ein Missbrauch wäre, daraus zu folgern, dass „eine homosexuelle Orientierung für die meisten hochmotivierten Individuen veränderbar ist" (Folie 40)[158]. Da von Kuby und anderen ihr Gleichgesinnten diese Studie stets in diese Richtung (miss)interpretiert wird, zog Spitzer sie im Mai 2012 zurück und entschuldigte sich dabei „bei allen schwulen Menschen, die ihre Zeit und Energie für irgendeine Form der reparativen Therapie verschwendet haben, weil sie glaubten, ich habe bewiesen, dass [diese] bei einigen ‚hochmotivierten Personen' wirksam sei"[159].

Davon ist in Kubys Buch nichts zu lesen. Das beweist – trotz dieser wenigen, im Bedarfsfall aber mühelos erweiterbaren Hinweise – die völlig unzureichende wissenschaftliche Qualität dieses Werkes. Auch wenn Stefan Meetschen, Redakteur bei der laut Wikipedia „rechtskatholischen Wochenzeitung *Die Tagespost*", dieses Buch am Umschlagtext als „wissenschaftlich" benennt, ist dieses Urteil nach allen Regeln einer guten wissenschaftlichen Praxis nur als Lüge zu bezeichnen. Gabriele Kubys Buch stellt wissenschaftlich eine Katastrophe dar, und eine weitere, möglicherweise noch größere Katastrophe ist es, dass so manche Verantwortliche in der katholischen Kirche, vor allem im südosteuropäischen Raum, dieses Buch als wissenschaftliches Werk weiterempfehlen.

---

158 Die sog. Spitzer-Studie hat Robert L. Spitzer im Rahmen eines Vortrags am 09.05.2001 entlang von 40 Folien vorgestellt. Sie ist im Internet nicht mehr zugänglich, liegt dem Autor dieses Buches aber als Kopie vor. Entgegen Kubys Behauptung ist diese Studie keine längerfristig angelegte „Forschungsreihe, um den Erfolg von Therapien zur Veränderung der Homosexualität zu prüfen" (GSR 232), sondern gibt die Ergebnisse eines strukturierten Telefon-Interviews wider (112 Fragen, 45 Minuten), das mit 200 – nur „unter großen Schwierigkeiten" (Folie 11) auffindbaren – hochmotivierten Personen aus religiösen Ex-Gay-Organisationen durchgeführt wurde. Übrigens: Die im Text zitierte Folie 40 wird von Kuby ignoriert.

159 Vgl. Amber Moore, Psychiatrist Sorry für Gay Reparative Therapy Study, in: Medical daily, May 19, 2012. URL: http://www.medicaldaily.com/psychiatrist-sorry-gay-reparative-therapy-study-240498

Rechts vereint im Anti-Genderismus

Die fundamentalistische Versuchung lässt den betont rechtskatholischen Sektor im Kampf gegen die „Gender-Ideologie" auch Allianzen mit politisch rechten Bewegungen und Parteien schließen. Ohne auf Details solcher Bündnisse eingehen zu können, kann als deren wirkmächtiger Ausgangspunkt die im November 2012 gegründete Anti-Gender Bewegung *La Manif pour tous* genannt werden, die in Frankreich mit kräftiger Unterstützung der katholischen Kirche gegen ein 2013 beschlossenes Gesetz demonstrierte, das für gleichgeschlechtliche Paare die Ehe und das Recht auf Adoption einführte.

Aktionsbündnis *Demo für Alle*

Dem französischen Vorbild folgend entstand 2014 in Deutschland das Aktionsbündnis *Demo für Alle* (DfA), das in Verteidigung der zentralen Bedeutung von Ehe und Familie gegen alles ankämpft, was deren anthropologische Grundlagen aushöhlen könnte. Die auf der Homepage angeführte Liste von Freunden der DfA[160] „liest sich wie das Who's who der reaktionären, christlich-konservativen, antifeministischen und LGBTIQ-feindlichen Kräfte"[161] im deutschsprachigen Raum. Berührungspunkte zur rechtspopulistischen Partei *Alternative für Deutschland* (AfD) bestehen vor allem über die Politikerin Beatrix von Storch. Sie organisierte unter anderem die DfA 2014[162], die massiv gegen die Bildungsplanreform in Baden-Württemberg agierte, da diese die in den allgemeinen Leitperspektiven genannte „Bildung für Toleranz und Akzeptanz von Vielfalt" auch hinsichtlich „geschlechtlicher Identität und sexueller Orientierung" vorgesehen hatte. Seitens der DfA wurde hierin eine „Frühsexualisierung" von Kin-

---

160 Vgl. URL: https://demofueralle.de/ueber-uns/

161 Vgl. URL: https://muenchen-chronik.de/rechtsaussen/demo-fuer-alle-akteurinnen-netzwerk-und-ideologie/

162 Beatrix von Storch, Ich organisiere die „Demos für Alle". URL: https://www.queer.de/detail.php?article_id=23190

dern bzw. eine „sexualemanzipative Indoktrination" gesehen. Zudem wurden Kampfbegriffe wie „Gender-Ideologie", „Genderismus" oder „Gender-Wahn" erfolgreich im gesellschaftlichen Diskurs etabliert, um künftig markant gegen eine Sexualpolitik der Vielfalt, gegen Homo-Ehen und Regenbogenfamilien oder Gender Mainstreaming vorgehen zu können.[163]

Das in diesem Zusammenhang auch heftig angegriffene *Institut für Sexualpädagogik* hat in einer wissenschaftlichen Stellungnahme festgehalten, dass von den diversen, aber sehr gut vernetzten Kritiker:innen „aus konservativ-katholischen und evangelikalen Kreisen, besonders konservativen Teilen der rechtspopulistischen Partei AfD und dazugehörigen Online-Nachrichtenportalen wie *Freie Welt* und *Junge Freiheit* [...] eine sachliche Auseinandersetzung in fachwissenschaftlichen Organen und auf wissenschaftlich anerkannten Podien mit pluralistischer Zusammensetzung der Referierenden vermieden wird – dazu mangelt es offenbar an Mut, Kenntnis und Argumenten"[164]. Statt wissenschaftlichem Ethos wird populistische Kampagne präferiert, der es im Kern nicht um (wissenschaftlich fundierte) Kritik, sondern nur um die Diffamierung all dessen geht, was mit dem Begriff Gender als Feindbild assoziiert wird. Derart „wird gerade keine wissenschaftliche Auseinandersetzung gesucht, sondern der unmittelbare Anschluss an den Alltagsverstand wird gegen eine ins Lächerliche verzerrte Lesart dekonstruktivistischer Geschlechter-Vorstellungen ins Feld geführt"[165]. Die genannte Stellungnahme weist

163 Vgl. URL: https://www.lsvd.de/de/ct/652-Demo-fuer-Alle-Rechtskonservative-Kampfbegriffe-und-Akteur-innen

164 Stellungnahme des Wissenschaftlichen Beirats des isp, November 2015, S. 8. URL: https://www.isp-sexualpaedagogik.org/downloadfiles/Stellungnahme%20des%20Wissenschaftlichen%20Beirats%20des%20isp_1449823412.pdf
Als Kritiker:innen namentlich erwähnt werden in der Stellungnahme unter anderem Beatrix von Storch (AfD), Hedwig von Beverfoerde (DfA), Birgit Kelle, Gabriele Kuby und der deutsch-türkische Schriftsteller Akif Pirinçci.

165 Stefanie Mayer/Edma Ajanovic/Birgit Sauer, Geschlecht als Na-

daher in einer kritischen Analyse zu Recht die Vorwürfe von „Frühsexualisierung", „Gender-Wahn" und „Genderismus" sowie „sexueller Indoktrination" als unhaltbar zurück.

Gabriele Kubys antigenderistische Versuchung

Rechts vereint im Anti-Genderismus existiert ein stabiles, aber nur schwer durchschaubares Geflecht von rechtskatholischen und evangelikalen Positionen mit rechtspopulistischen bis hin zu rechtsextremen politischen Standpunkten. Zwar begreifen sich weder die AfD in Deutschland noch die *Freiheitliche Partei Österreichs* (FPÖ) als spezifisch christlich, weisen in ihren Wertvorstellungen aber eine gewisse Schnittmenge mit christlichen Überzeugungen auf. Das gilt vor allem in Bezug auf die Bedeutung der „traditionellen" Vater-Mutter-Kinder-Familie, die durch Gender als bedroht angesehen wird, oder die Vorbehalte gegenüber einer offenen Gesellschaft mit liberaler Demokratie und pluralen Werten. Einer gruppenbezogenen Menschenfeindlichkeit, etwa hinsichtlich Migration, Asyl und Islam, oder einer nationalen Orientierung, oft gekoppelt an eine nationale Bevölkerungspolitik, stehen ultrarechte christliche Gruppen zwar – nicht zuletzt wegen des Gebots zur Nächstenliebe – reservierter gegenüber, was aber dennoch oft kein Hindernis für genderfeindliche Kooperationen darstellt. Der Versuchung, solche Kooperationen wenigstens punktuell in Form von Vorträgen wahrzunehmen, wird meist nicht widerstanden.

So lässt sich die auf der DfA-Liste von Freunden angeführte Gabriele Kuby von der *Initiative Freiheitliche Frauen* am Vorabend des Internationalen Frauentags 2016 zu einer Podiumsdiskussion nach Wien einladen, wo sie unter anderem „Gender Mainstreaming als wahnhafte Ideologie"[166] anpran-

---

tur und das Ende der Gleichheit. Rechte Angriffe auf Gender als Element autoritärer politischer Konzepte, in: Femina Politica 27 (1/2018) S. 47– 61, hier: 52.

166 Initiative Freiheitliche Frauen (Hg.), ENDE mit GENDERN, Wien 2016, S. 5.

gert und damit inhaltlich im Gleichklang mit den anderen Diskutant:innen, darunter zwei FPÖ-Politikerinnen, war. Die hier zum Ausdruck gelangende Allianz mit einer Vorfeldorganisation der FPÖ bezeugt jegliches Fehlen der Distanz zu einer Partei, die fortwährend Berührungspunkte mit dem österreichischen Rechtsextremismus aufweist. Wichtig scheint Kuby nur, dass – wie in Deutschland die AfD – auch die FPÖ den Gender-Wahnsinn verurteilt, weil etwa, wie dem Handbuch freiheitlicher Politik zu entnehmen ist, die „‚IdeologInnen' der Gender-Theorie behaupten, dass man zu Mann und Frau erst gemacht wird" und demnach Gender Mainstreaming die Auflösung der biologisch vorgegebenen binären Geschlechteridentität, also nichts anderes als die Schaffung des „Neuen Menschen", das sich bereits Marxisten-Leninisten auf die Fahnen geheftet hatten"[167], intendiere.

Kuby ist nicht unbekannt, dass „alle Sexualrevolutionäre des 20. Jahrhunderts ihre geistigen Wurzeln im Marxismus" (GSR 44) haben. Dennoch hat sie als Referentin im September 2014 an einem großen internationalen Kongress in Moskau zum Thema *Große Familien und die Zukunft der Menschheit* teilgenommen, um dort ihre (auf lifesitenews.com nachzulesenden[168]) sinnverdrehten Aussagen zu Gender zu präsentieren. Auf die kath.net-Frage, ob es klug war, angesichts der russischen Annexion der Krim im Spätwinter 2014 am Kongress teilzunehmen[169], antwortet Kuby: „Selbst wenn alle

167 FPÖ Bildungsinstitut, Handbuch freiheitlicher Politik. Ein Leitfaden für Führungsfunktionäre und Mandatsträger der Freiheitlichen Partei Österreichs, Wien ^{4}2013, S. 136.

168 URL: https://www.lifesitenews.com/opinion/genderism-a-new-ideology-destroying-the-family/

169 Dieser Kongress war zunächst veranstaltet vom *World Congress of Families* (WCF), eine 1997 gegründete amerikanisch-russische Nichtregierungsorganisation, die sich konservativen Familienwerten verpflichtet weiß, wurde aber nach der russischen Annexion der Krim von amerikanischer Seite des WCF abgesagt. Der Kongress fand dennoch statt – nunmehr organisiert von der russischen Stiftung *Andreas der Erstberufene*.

Schuld für den Ukraine-Konflikt auf Seiten Putins läge, was gewichtige Stimmen bezweifeln, dürfte man dann nicht an einem Kongress teilnehmen, der eine positive Weichenstellung Russlands in der Familienpolitik signalisiert?"[170] Mit dieser Antwort gewährt man aber, so der Politikwissenschaftler Andreas Püttmann, „Putin moralischen Rabatt oder sieht nicht so genau hin, solange er ‚pro family' zu sein scheint"[171]. Doch letztlich ist es obszön, „angebliche sektorale Leistungen eines Regimes zu würdigen, welches ethische Grundnormen ansonsten mit Füßen tritt"[172]. Bissig bemerkt hierzu die Politikwissenschaftlerin und Journalistin Christiane Florin, dass offenbar für „sexualordnungsfixierte Katholiken die Zukunft des Christentums auf dem Beckenboden entschieden wird, nicht im Herzen und nicht im Hirn. Was schert sie die Demokratie, wenn die Demografie stimmt."[173]

Forcierte Weichenstellungen in Richtung Familie sind regelmäßig von Anti-Gender-Diskursen geprägt. Jenseits eines wissenschaftlichen Gender-Verständnisses wird dann stets gegen die Auflösung der „natürlichen" Geschlechterdifferenz, gegen gleichgeschlechtliche Partnerschaften und Ehen, gegen sexuelle Vielfalt und eine entsprechende Pädagogik, aber auch gegen Abtreibung und diverse Implikationen der Reproduktionsmedizin (z.B. Eizell- und Samenspende, Leihmutterschaft ...) Stellung bezogen. Die unheilige Allianz zwischen politischem Autoritarismus und christlichem Fundamentalis-

---

Vgl. dazu: Kristina Stoeckl, Konservative Netzwerke über Konfessionsgrenzen hinweg. Die „konservative Ökumene" des World Congress of Families, in: Sonja A. Strube u.a. (Hg.), Anti-Genderismus in Europa. Allianzen von Rechtspopulismus und religiösem Fundamentalismus. Mobilisierung – Vernetzung – Transformation, Bielefeld 2021, S. 217–228.

170 URL: https://www.kath.net/news/47752

171 Andreas Püttmann, Die antiliberale Versuchung. Wo es um Familie geht, scheuen manche Christen nicht die Nähe zu autoritären Mächten, in: Herder Korrespondenz 69 (1/2015) S. 49–53, hier: 53.

172 Ebd., S. 52.

173 Christiane Florin, Putin und der Beckenboden, in: Christ & Welt 42/2014.

mus bewirkt daher nicht selten heftige Geschlechterkämpfe, in denen Diversität zugunsten einer klaren (letztlich gottgewollten) Ordnung dezidiert abgelehnt wird. Präsident Putin fährt jedenfalls im Gleichklang mit dem Moskauer Patriarchen Kyrill I. bereits seit Längerem einen homophoben Kurs (ein Gesetz gegen homosexuelle Propaganda wurde 2013 erlassen), der gegen die Dekadenz des Westens gerichtet ist, wovor die Bevölkerung, insbesondere die Gläubigen, in der Ukraine durch die russische Spezialoperation geschützt werden soll.[174]

Zur Anti-Gender-Politik Ungarns und Polens

Auch Ungarns rechtsnationaler Ministerpräsident Viktor Orbán wird von großen Teilen der religiösen Rechten mitunter euphorisch für seine genderverurteilende Politik gewürdigt, die aber zugleich die Grundlagen einer menschenrechtsorientierten Demokratie in Frage stellt.[175] Orbáns Politik führt unter anderem 2018 zur Auflösung des Studienganges Gender Studies an der staatlichen Universität ELTE in Budapest. Sie zeigt sich auch in der parlamentarisch am 16.12.2020 beschlossenen Änderung der Verfassung, welche nunmehr in Abschnitt L Absatz (1) den Schutz „der Ehe als die Verbindung zwischen einem Mann und einer Frau" festschreibt, weshalb im Blick auf Familie auch zu gelten hat: „Die Mutter ist eine Frau, der Vater ist ein Mann." Im Abschnitt über Kinder heißt es, dass „Ungarn das Recht der Kinder auf Selbstidentität entsprechend ihrem Geburtsgeschlecht [schützt]". Gemäß dieser Politik wurde nochmals verschärfend im Juli 2021 Anträgen zugestimmt, welche zur vorgeblichen Sicherung des Kinder- und Jugendschutzes die Darstellung und „Bewer-

174 Vgl. URL: https://www.katholisch.de/artikel/33398-moskaus-patriarch-krieg-soll-glaeubige-vor-gay-paraden-schuetzen

175 Vgl. Rita Perintfalvi, Der Kampf um Geschlechtergerechtigkeit als ein Kampf um Demokratie. Anti-Genderismus in Ungarn im Kontext einer „Sakralisierung der Politik", in: Strube u. a. (Hg.), Anti-Genderismus, S. 173–185. [Anm. 169]

bung" von Homo- und Transsexualität in Medien, Schulen und der Reklame verbieten. Vom EU-Parlament wurde dieses LGBTIQ-feindliche „Propaganda"-Gesetz, oft auch als ungarische Version des russischen Gesetzes 2013 bezeichnet, mehrheitlich abgelehnt. Das beeindruckt aber Orbán allenfalls marginal, da seine entlang einer Fusion von Nationalismus und Christentum kreierte Vision einer „christlichen Demokratie" ein autoritäres Regime intendiert, das „weder demokratisch noch christlich"[176] ist.

Als zweites Beispiel einer restriktiven Genderpolitik sei auf Polen verwiesen, wo Papst Johannes Paul II. trotz aller Vorwürfe, unzulänglich gegen sexuellen Missbrauch durch Geistliche vorgegangen zu sein, ungebrochen hohes Ansehen genießt. Dessen von der katholischen Kirche vor Ort autoritativ verbreitete Anthropologie lässt politisch keine Abweichungen zu, weshalb „alle, die vom binären heteronormativen System abweichen, pathologisiert und marginalisiert"[177] werden. Demnach ist auch die Position polnischer Moraltheologen „gegenüber Gender ziemlich eindeutig", derart, dass mit Gender ausschließlich „Bedrohungen für das kulturelle, soziale, politische, eheliche wie auch familiäre Leben"[178] verbunden werden. Zu nennen ist in diesem Zusammenhang auch die extrem rechtskatholisch ausgerichtete Juristen-Denkfabrik *Ordo Iuris*, welche die „natürliche Identität" der Familie gegen alle genderistischen Angriffe zu verteidigen sucht.[179] Medial breite Beachtung erlangten die fast 100 „LGBT-ideologiefreie Zonen", die ab dem Frühjahr 2019

---

176 Thyra Veyder-Malberg, Orbáns Etikettenschwindel (01.08.2019). URL: https://www.mdr.de/nachrichten/welt/osteuropa/ungarn-orban-illiberale-demokratie-100.html

177 Bożena Chołuj, Gender und LGTBQ: Unbekannte Begriffe als Machtinstrumente in Polen, in: Strube u. a. (Hg.), Anti Genderismus, S. 147–160, hier: 150. [Anm. 169]

178 Janusz Podzielny, Gender als Herausforderung für Anthropologie, Politik und Familie laut ausgewählter polnischer Moraltheologen, in: Family Forum 6 (2016) S. 189–201, hier: 199.

179 Vgl. URL: https://en.ordoiuris.pl/

durch regionale und kommunale Behörden errichtet wurden und zu Beginn des Jahres 2020 fast ein Drittel der Landesfläche umfassten. Seither machen die Behörden ihre Beschlüsse schrittweise wieder rückgängig – aufgrund lokaler Widerstände, grenzübergreifender Kritik und auch (finanziellem) Druck seitens der EU-Kommission. Ob damit nachhaltig ein Ende von gruppenbezogener Menschenfeindlichkeit einher geht, steht noch dahin. Jedenfalls

> „durchläuft die polnische Gesellschaft derzeit einen tiefgreifenden Wandel. Die Abkehr von der katholisch geprägten heteronormativ-patriarchalen Dominanzkultur vollzieht sich langsam, aber stetig. Dass inzwischen beispielsweise eine Mehrheit der Menschen die eingetragene Partnerschaft für gleichgeschlechtliche Paare befürwortet, wäre vor einigen Jahren noch kaum vorstellbar gewesen.“[180]

Zwar stemmen sich in Polen die katholische Kirche und rechtskonservative politische Kräfte weiterhin gegen diese Entwicklung. Doch mittelfristig ist innerhalb der EU eine Billigung gruppenbezogener Menschenfeindlichkeit unhaltbar. Das gilt neben den genannten Ländern auch für weitere Länder im (vor allem) südosteuropäischen Raum, die zentrale LGBTIQ-Rechte bislang noch verweigern.[181]

Dabei zeigt sich durchgehend, dass der Kampf gegen die vermeintliche „Gender-Ideologie“ meist nicht die Gender Studies direkt betrifft, sondern darin implizierte politische Agenden, die unter anderem auch LGBTIQ-Rechte umfassen. Insofern der Begriff Gender das Apriori einer naturhaft

---

180 Jos Stübner, Polen: Kommt das Ende der „LGBT-Ideologie-freien“ Zonen? URL: https://www.queer.de/detail.php?article_id=41355

181 Vgl. hierzu als Überblick: Strube u. a. (Hg.), Anti Genderismus. [Anm. 169]; Roman Kuhar/David Paternotte, Anti-Gender Campaigns in Europe. Mobilizing against Equality, London, New York 2017; ILGA Europe, 2023 Annual Review of the Human Rights Situation of Lesbian, Gay, Bisexual, Trans and Intersex People in Europe and Central Asia. URL: https://www.ilga-europe.org/sites/default/files/2023/full_annual_review.pdf

vorgegebenen Essenz der Geschlechterdifferenz kritisch hinterfragt, resultiert daraus eine Verunsicherung, die im Anti-Genderismus durch den Rekurs auf das Alltagsverständnis „natürlicher" Zweigeschlechtlichkeit zu bewältigen gesucht wird. Und dabei geht es gerade nicht um wissenschaftliche Diskurse, sondern um die Durchsetzung von Rechtsansprüchen. Das besagt aber auch: „Unverhohlen wird hier geschmäht, diffamiert und zum (kleinen, aber gleichwohl) Teil Gewalt angedroht."[182] Hinzu kommen absichtsvolle Begriffsentstellungen sowie gezielt provozierte Missverständnisse – und ein tendenziell anti-intellektueller Modus im anti-genderistischen Argumentieren. Insbesondere die

> „völlige Ignoranz gegenüber aktuellen biologischen Forschungen zum Thema Geschlecht, die ein wesentlich komplexeres Bild als schlichte polare Zweigeschlechtlichkeit zeichnen, macht deutlich, dass es sich hier keineswegs um eine Auseinandersetzung mit unterschiedlichen wissenschaftlichen Ansätzen handelt. Vielmehr wird die biologische Wissenschaft als bloße Autorisierungsinstanz aufgerufen, um der alltagsweltlich und/oder religiös grundierten Argumentation höhere Legitimation zu verleihen."[183]

Netzwerk *Agenda Europe*

Als Autorisierungsinstanz im ethischen Diskurs gilt traditionell der Rekurs auf die Natur bzw. auf das von Natur aus Rechte. Es verwundert daher nicht, dass im Kontext des Anti-Genderismus ein professionelles Lobby-Netzwerk namens *Agenda Europe* entstanden ist, das, einem 144-seitigen (anonym und ohne Jahresangabe verfassten) Dokument zu-

182 Sabine Hark/Paula-Irene Villa, „Eine Frage an unsere Zeit", S. 18. [Anm. 83]

183 Stefanie Mayer/Birgit Sauer, Kulturkampf 2.0. „Anti-Genderismus" als Strategie gegen Gleichstellung und sexuelle Rechte in Europa, in: Mario Candeias/Alex Demirovic (Hg.), Europe – what's left? Die Europäische Union zwischen Zerfall, Autoritarismus und demokratischer Erneuerung, Münster 2017, S. 211–228, hier: 219.

folge, die Wiederherstellung der natürlichen Ordnung erwirken möchte.[184] Bereits in der Einleitung von *Restoring the Natural Order* (RNO) ist zu lesen, dass es für eine Gesellschaft, die in Frieden und Gerechtigkeit leben will, unumgänglich sei, ihre Rechtsordnung in Übereinstimmung mit dem Naturrecht („in compliance with Natural Law", RNO 3) auszugestalten. Dagegen würden moralische Prinzipien und eine positive Gesetzgebung jenseits einer solchen Übereinstimmung „letztendlich jede Gesellschaft zerstören" (RNO 3). Während Menschenrechte als „Ergebnis eines politischen Prozesses" (RNO 9) stets „positive Gesetze" (RNO 8) sind, existiert das Naturrecht „unabhängig von Politik oder menschlichem Willen" (RNO 9). Es bleibt somit immer und überall dasselbe („remains the same at all times and in all places", RNO 7). Die Vernunft vermag hierin jene objektive Wahrheit zu erkennen, die „legitimerweise auch jenen aufzuerlegen ist, die sie nicht akzeptieren" (RNO 3), denn ein „positives Gesetz, das im Widerspruch zu den Geboten des Naturgesetzes steht, hat keine Legitimität und niemand ist moralisch daran gebunden" (RNO 7). Im Widerspruch zum Naturrecht stehende Handlungen sind daher zu verbieten und mit abschreckenden Sanktionen zu versehen. Eine fehlende Konformität mit dem Naturgesetz unterstellt das Dokument diversen falschen und gefährlichen Ideologien („false and dangerous ideologies", RNO 19), wie etwa Marxismus, Darwinismus, Feminismus, Homosexualismus, Gender Theorie, Relativismus und die Ideologie der Antidiskriminierung (RNO 11–18).

Das Naturrecht wird hier also gegen den Menschenrechtsdiskurs der letzten Jahrzehnte in Stellung gebracht, dem – im Kontext zerstörerischer Ideologien – die Etablierung zahlreicher sexueller und reproduktiver Rechte angelastet wird. Mittels des von menschlichen Standpunkten (vermeintlich) unabhängigen Naturrechts soll die Eindeutigkeit einer mora-

184 Restoring the Natural Order. An Agenda for Europe. URL: https://agendaeurope.files.wordpress.com/2019/05/rtno-2014.pdf

lischen Ordnung wiederhergestellt werden. Dazu ist, erstens, anzumerken, dass es *das* Naturrecht als singuläres Konzept so nicht gibt, wie es dieses Dokument vorauszusetzen scheint. Zweitens ist darauf hinzuweisen, dass im philosophischen Diskurs naturrechtliche Konzepte vor allem aufgrund erkenntnistheoretischer Probleme kaum mehr eine Rolle spielen. Das verweist, drittens, auf das im katholischen Bereich nach wie vor sehr eindeutig ausgelegte Naturrecht im neuscholastischen Sinne – in RNO freilich ohne expliziten Bezug zur göttlichen Ordnung.

Tatsächlich enttarnt Neil Datta, Sekretär des Europäischen Parlamentarischen Forums für Bevölkerung und Entwicklung, in einem umfangreichen Bericht *Agenda Europe* als ein maßgeblich vom Vatikan inspiriertes Netzwerk, dem mehrheitlich KatholikInnen aus dem „politischen Mitte-Rechts-Spektrum“[185] angehören. Aus dem deutschen Sprachraum sind hier etwa die österreichische Politikerin Gudrun Kugler und die Tochter von Gabriele Kuby, Sophia Kuby, zu nennen. Beachtenswert: Die gesamte Anti-Gender-Finanzierung für Europa zwischen 2009 und 2018 betrug 707 Millionen USD, bereitgestellt vor allem aus „drei geographischen Regionen: den USA, Russland und der EU“[186] mit einem Anteil von 11,5% (USA), 26,6% (Russland) und 61,9% (EU). Das sei aber nur die Spitze des Eisbergs. Darunter gebe es wohl zahlreiche weitere Geldkanäle, auch „diverse ausgedehnte klerikal-aristokratische Netzwerke“[187].

---

185 Neil Datta, Die „Agenda Europe“. Strategien und Ziele eines Netzwerks gegen sexuelle und reproduktive Gesundheit und Rechte in Europa, Brüssel 2018, S. 29. URL: https://www.epfweb.org/sites/default/files/2020-05/agenda_europe_web_de.pdf

186 Neil Datta, Die Spitze des Eisbergs. Religiös-extremistische Geldgeber gegen Menschenrechte auf Sexualität und reproduktive Gesundheit in Europa 2009–2018, Brüssel 2021, S. 12. URL: https://www.epfweb.org/sites/default/files/2022-02/EPF_EN_TOTI_9SEP%20DEF_%20DEU_FINAL.pdf

187 Ebd., S. 52.

Ebenso beachtenswert: In RNO wird die Argumentation zurückgewiesen, dass es eine „generelle Rechtswidrigkeit der Todesstrafe" (RNO 66) geben könne. Damit besteht aktuell kein Einklang mehr mit dem Katechismus der Katholischen Kirche, der noch bis 2017 an der Legitimität der Todesstrafe als ultima ratio festhielt. Anlässlich des 25. Jahrestages der Veröffentlichung des Katechismus verfügte aber Papst Franziskus eine Änderung. Nunmehr „lehrt die Kirche im Licht des Evangeliums, dass ‚die Todesstrafe unzulässig ist, weil sie gegen die Unantastbarkeit und Würde der Person verstößt', und setzt sich mit Entschiedenheit für deren Abschaffung in der ganzen Welt ein" (KKK 2267).

Rechts vereint gegen links

Anti-Genderismus steht für eine Agenda rechter Bewegungen und Parteien, für die eine binäre Argumentationslogik (In-Group/Out Group; Entweder/Oder; Mann/Frau; Kirche/Welt; Naturrecht/Menschenrecht …) zentral ist. Auch die Terminologie der letzten beiden Abschnitte dieses Buches bedient sich mit dem Rechts-Links-Dualismus keiner anderen Logik. Das erklärt sich zum einen daraus, dass in kritischer Auseinandersetzung mit binären Logiken diese nur bedingt überwindbar sind. Zum anderen besagt die Infragestellung einer solcher Logik nicht, dass die auf diese Weise erkennbar werdenden Unterschiede auch Erhellendes implizieren – so sehr diese Unterschiede auch immer wieder zu problematisieren sind, da sie in der Regel nicht so eindeutig wie meist dargelegt und folglich als komplexer aufzuzeigen sind.

Erhellendes ist einem Artikel des Politikwissenschaftlers Oliver Hildago zu entnehmen, wonach „die Haltung zum Ideal der Gleichheit ausschlaggebend für die Ausbildung einer politisch ‚rechten' oder ‚linken' Gesinnung"[188] sei.

188 Oliver Hildago, Autorität und (Un-)Gleichheit. Die natürliche Geschlechterdifferenz als pseudodemokratisches Stereotyp im aktuellen Rechtspopulismus, in: Strube u. a. (Hg.), Anti-Genderismus, S. 21–33, hier: 22. [Anm. 169]

„‚Rechtes‘ Denken steht und fällt mit der Vorstellung der Existenz unaufhebbarer Differenzen zwischen den Menschen, welche die einschlägigen Exponenten und Akteur*innen etwa an den Kriterien der Ethnie, Kultur und Nationalität, aber auch des Geschlechts, Alters oder des ökonomischen Status festmachen. ‚Linkes‘ Denken bezieht solche vorhandenen Unterschiede zwar ebenfalls in die eigenen Überlegungen mit ein, will sie jedoch [...] so weit wie möglich abbauen und nicht als Rechtfertigung für divergente soziale Rollenmuster oder gar faktische Diskriminierungen gelten lassen.“[189]

Somit messen also „‚Linke‘ im Normalfall dem entscheidende Bedeutung zu, was Menschen *unabhängig* von ihrer Herkunft, Sprache oder ihren sonstigen Identitätsmerkmalen eher ‚gleich‘ statt ‚ungleich‘ macht. Hingegen heben ‚Rechte‘ nahezu spiegelbildlich das ‚Unterschiedliche‘ gegenüber dem ‚Gemeinsamen‘ [...] hervor“[190]. Aus diesem Grund betonen „Rechte“ in ihrer Gender-Kritik die Besonderheit des „kleinen Unterschieds“ zwischen den Geschlechtern, verweisen auf entsprechende biologische Befunde und/oder biblische Schöpfungserzählungen und werfen den Genderisten wissenschaftsferne „Gleichmacherei“ vor. Von daher wird nachvollziehbar, warum gerade die Kategorie Gender von „rechter“ Seite als vehement zu bekämpfende Bedrohung wahrgenommen wird: Dadurch wäre nämlich dem Denkformat der „Rechten“ eine ihrer zentralen Grundlagen – die Vorstellung einer natürlichen, unaufhebbaren Differenz zwischen den Geschlechtern – genommen, die ja nicht nur den „kleinen Unterschied“ als solchen betreffen, sondern vielmehr auch „den Erhalt von Privilegien in von Ungleichheiten durchzogenen gesellschaftlichen Machtverhältnissen: das Vorrecht der traditionellen Familie vor pluralisierten familialen Lebensformen, von ‚Deutschen‘ gegenüber ‚Nicht-Deutschen‘,

189 Ebd., S. 23.
190 Ebd.

heterosexueller gegenüber homosexuellen Partnerschaften, Männern gegenüber Frauen"[191].

Wohl auch deshalb betont das Netzwerk *Agenda Europe* so klar den Vorrang der normativen Implikationen des Naturrechts vor menschenrechtlichen Diskursen, um den hierin eröffneten Freiräumen körperlicher Selbstbestimmung eine vorgegebene Ordnung entgegenhalten zu können, die in ihrer schlichten Logik zwar einprägsam, in ihrer diskursiven Qualität jedoch sehr bescheiden ist und somit auf Dauer nicht reflexionsstabil zu vermitteln ist. Im letzten Abschnitt des dritten Kapitels werden weiterhin bestehende kirchliche Vorbehalte gegenüber den Menschenrechten entlang dieses Vorrangs nochmals thematisiert.

Die katholische Kirche als Institution ist zwar keinesfalls undifferenziert dem nur „rechten" Denken zuzuordnen, andererseits wird sie aber kaum je mit „linkem" Denken assoziiert. Das oft strategisch motivierte Zugehen von politisch (extrem) rechten Bewegungen und Parteien auf rechtskonservative ChristInnen erfolgt jedenfalls nicht nur aufgrund thematischer Berührungsflächen, die dann rechts vereint mit breiter Brust gegen die „Gender-Ideologie" kämpfen lassen. Es wird mit diesem Zugehen auch versucht, „den Anschein politischer ‚Mittigkeit' zu erlangen und letztlich auf eine gesellschaftliche Normalitätsverschiebung nach Rechts hinzuwirken"[192]. Das sollte katholischerseits in Allianzbildungen zum Zweck der verstärkten Abwehr gegen die „Gender-Ideologie" ebenso bewusst sein wie die Tatsache, dass viele Inhalte rechtsextremer Ideologien aus christlicher Sicht keine Berührungsfläche gestatten, wenngleich es zutrifft, „dass auch

---

191 Juliane Lang, Familie und Vaterland in der Krise. Der extrem rechte Diskurs um Gender, in: Hark/Villa (Hg.), Anti-Genderismus, S. 167–181, hier: 174. [Anm. 83]

192 Sonja Angelika Strube, Problemanzeige: Rechtsextreme Tendenzen in sich christlich verstehenden Medien, in: Dies. (Hg.), Rechtsextremismus als Herausforderung für die Theologie, Freiburg i. Br. 2015, S. 18–33, hier: 19.

christliche Religiosität entgegen ihren Idealen extremismusgefährdet ist“[193].

Binnenkirchlich verbindet sich die Ablehnung der „Gender-Ideologie“ mit einer „linken“ Etikettierung von Theolog:innen, die sich für eine theologische Integration des Gender-Anliegens einsetzen. Zumeist sind sie, vor allem wenn sie wissenschaftsbiografisch zu früh solche Integrationen publizieren, ohne Chance auf einen Lehrstuhl an einer Katholisch-Theologischen Fakultät. Nicht selten sehen sich genderforschende Theolog:innen – offen oder verdeckt – mit Blockaden der Wissenschaftsfreiheit konfrontiert und – speziell im südosteuropäischen Raum – mit „Strategien der Kränkung, der Diffamierung und des Lächerlichmachens“[194], die darauf abzielen, das Genderthema aus dem theologischen Diskurs möglichst auszuschließen und/oder ihm seine wissenschaftliche Qualität zu nehmen. Derart werden theologische Mühen der Vermittlung von Kirche *in* der Welt von heute torpediert – und das ist ein Skandal.

Judith Butler II

Im Interview mit dem *Philosophie Magazin* erwähnt Butler auch, dass ihr in ihrer Arbeit zunehmend „die Idee eines ‚lebbaren Lebens‘“[195] wichtig geworden sei, und damit die Frage, was es besagt, ein gutes Leben führen zu können. Eine Antwort auf diese Frage sei aber nicht jenseits von bestehenden sozialen Kategorien möglich. Das lässt die Untrennbarkeit eines guten Lebens mit sozialen Kategorien der Anerkennung zum Thema werden.

193 Ebd., S. 28.

194 Steffen K. Herrmann, Politischer Antagonismus und sprachliche Gewalt, in: Hark/Villa (Hg,), Anti-Genderismus, S. 79–92, hier: 86. [Anm. 84]

195 Judith Butler, „Heterosexualität ist ein Fantasiebild“, S. 67. [Anm. 69]

„Manchmal", schreibt Butler an anderer Stelle, „kann eine normative Konzeption von Gender die Personalität auflösen, indem sie die Fähigkeit untergräbt, sich in einem lebenswerten Leben zu behaupten" (MdG 9). Gender als normative Konzeption bzw. als Norm ist als diskursiver Rahmen zu begreifen, der „als Bedingung für die kulturelle Intelligibilität einer jeden Person fungiert" (MdG 91), wobei Intelligibilität bei Butler die soziale Anerkennbarkeit bzw. Anerkennungswürdigkeit bezeichnet. Gender als Norm erlegt somit „dem Sozialen ein Gitter der Lesbarkeit auf und definiert die Parameter dessen, was innerhalb des Bereichs des Sozialen erscheinen wird und was nicht" (MdG 73), was also als intelligibel lesbar wird und was nicht.

Die maßgebliche Matrix der Intelligibilität bildet für Butler das alltagstheoretische System der Zweigeschlechtlichkeit, das „als naturalistisches Paradigma [...] eine ursächliche Kontinuität zwischen Geschlecht (*sex*), Geschlechtsidentität (*gender*) und Begehren errichtet" (UdG 46), und somit „die „Existenz" bestimmter „Identitäten" ausschließt" (UdG 39), eben jene, die dieser ursächlichen Kontinuität nicht entsprechen. Gender als Norm etabliert damit eine „Produktion und Reproduktion der Vorstellung vom Menschlichen" (MdG 57) und so zugleich „einen selektiven Sinn dafür, wer menschlich ist und wer nicht, welches Leben lebenswert ist und welches nicht" (MdG 14).

Mit dieser selektiven Zuspitzung weist Butler die alltagstheoretische Geschlechterbinarität als Zwang für all jene aus, die darin keine adäquate Möglichkeit eines lebbaren Lebens vorfinden. Bewusst spricht sie im Anschluss an Adrienne Rich von Zwangsheterosexualität. In *Körper von Gewicht* verdeutlicht sie, dass die Konstruktion dieses binären Systems eine „Matrix mit Ausschlusscharakter" (KvG 23) sei bzw. „mit den Mitteln des Ausschlusses" (KvG 30) arbeite. Diese Matrix verlangt nämlich „einen Bereich verworfener Wesen hervorzubringen, die noch nicht „Subjekte" sind, sondern das konstitutive Außen zum Bereich des Subjekts abgeben" (KvG 23). Das intelligible Subjekt verschafft sich also mit dieser Matrix ein „konstitutives Außen, ein verwerfliches Außen" (KvG 23) – als Bedingung der Möglichkeit von heterosexueller Identität, die durch Aus- und Abgrenzung hergestellt wird. Die Vorstellung vom Menschlichen sei deshalb „ein differentieller Vorgang, der das mehr und das weniger „Menschliche", das Unmenschliche und das menschlich Undenkbare erzeugt" (KvG 30).

Butler ist die Betonung des „konstitutiven Außen" wichtig, da die Debatte zwischen Konstruktivismus und Essentialismus niemals nur die Frage impliziert, ob alles diskursiv konstruiert sei und was das genauer besage. Bekanntlich lehnt Butler jede Art von diskursivem Monismus oder Linguistizismus ohnehin ab, auch wenn das in der Kritik an der „Gender-Ideologie" meist nicht rezipiert wird, da andernfalls die schlichte „Identitätslogik" der Gender-Kritik, die über das nicht anerkennbare Andere gebildet wird, nicht aufrecht erhalten werden könnte. Es geht Butler aber entscheidend darum, die im Essentialismus gründende „konstitutive Kraft des Ausschlusses, der Auslöschung, der gewaltsamen Zurückweisung und Verwerflichmachung" (KvG 30), aufzudecken. Katholisch fokussiert besagt das, dass die naturrechtlich fundierte Ehe-, Familien- und Sexualmoral mit den Mitteln des Ausschlusses arbeitet und so ihre vermeintlich katholische Identität sichert. In den im Abschnitt *Butlers Kritik der Kritik* dargelegten Aussagen kritisiert Butler jedenfalls genau das: dass vatikanischen Stimmen zufolge die Gleichstellung von LGBTIQ-Personen deshalb eine strikt zurückzuweisende – Papst Franziskus zufolge teuflische – Ideologie sei, weil damit „einer göttlich gegebenen, natürlichen Geschlechterdifferenz nun Auffassungen von Geschlechtervielfalt als historisch veränderliche, soziale Konstruktion aufgezwungen werden"[196].

---

196 URL: https://www.newstatesman.com/culture/2019/01/judith-butler-backlash-against-gender-ideology-must-stop.

Angesichts der einer binären Konstruktion von Geschlechtlichkeit inhärenten Ausschlussdynamik will Butler die Bedingungen, wodurch sexuelle Minderheiten und minoritäre Geschlechter in ihren Möglichkeiten zu leben, eingeschränkt werden, nicht nur aufzeigen, sondern darüber hinaus auch verändern, um „integrativere Bedingungen zu schaffen" (MdG 13). Für LGBTIQ-Personen bedarf „es Normen der Anerkennung", die deren „Lebensfähigkeit als Menschen erzeugen und aufrechterhalten" (MdG 60). An anderer Stelle erinnert sie daran, dass „Körper außerhalb der Norm noch immer Körper sind", weshalb in deren Namen ein „erweiterungsfähiges und mitfühlendes Vokabular der Anerkennung", mithin ein „Projekt der Anerkennung" (KvG 10), benötigt werde. Nur Anerkennung vermag das konstitutive „Verlangen nach einer sozialen Existenz" (PdM 24) zu erfüllen. Sie erst verleiht Butler zufolge den Status als Subjekt. Darum benötigen LGBTIQ-Personen, die seit jeher der Realität des Lebens angehören, eine Form von Anerkennung, die auch außerhalb der Alltagstheorie von Geschlecht ohne Stigmatisierung und Diskriminierung ein gutes Leben ermöglicht. „Sie alle verdienen es, in einer Welt ohne Angst zu leben, zu lieben, geliebt zu werden, zu existieren und eine Welt mitzugestalten, die gerechter und gewaltfreier ist."[197]

Was Stigmatisierung und Diskriminierung, aber auch Formen der Anerkennung in Bezug auf schwule und lesbische Menschen sowie auf inter: und trans: Personen bedeuten, soll nachfolgend in gebotener Kürze thematisiert werden. Hierbei ist auch die katholische Perspektive einzubeziehen.

Homosexualität

Im Buch *Der Wille zum Wissen* rekonstruiert der französische Philosoph Michel Foucault (1926–1984) „Sexualität" als ein in der zweiten Hälfte des 19. Jahrhunderts entstandenes Produkt des medizinisch-psychiatrischen Diskurses. Hier-

197 Ebd.

mit wurde ein neuer Wissenskomplex – Foucault spricht von einem Sexualdispositiv – geschaffen, der unter anderem bis dahin unbekannte Begriffe wie Sexualität, Homo- und Heterosexualität hervorbrachte, Sexualität als nunmehr privilegierten Ort der „Wahrheit" des Menschen begriff oder mit der Differenzierung in eine „normale" und „abweichende" Sexualität erstmals einen Bereich pathologischer Sexualität schuf. So war etwa vor der modernen „Erfindung" von Homosexualität von Sodomie (bezogen auf die Erzählung von der Sünde Sodoms in Gen 19) oder unnatürlichen Praktiken die Rede. Foucault zufolge war aber der „Sodomit ein Gestrauchelter, der Homosexuelle ist eine Spezies"[198], d.h. zu einer Persönlichkeit mit spezifischer Identität geworden, die freilich als Abweichung vom „Normalen" nicht nur der Pathologisierung und Stigmatisierung, sondern ebenso der Kriminalisierung ausgesetzt war.

Für die Pathologisierung sorgte vor allem der deutsche Psychiater Richard von Krafft-Ebing (1840–1902), der Homosexualität im damaligen Standardwerk *Psychopathia Sexualis* (1886) als angeborene neuropsychopathische Störung definiert. Als „Therapie" waren vor allem das psychiatrische Gespräch, seit Anfang des 20. Jahrhunderts aber auch Elektroschocks und Lobotomien üblich. Obwohl Homosexualität als angeborene Krankheit verstanden wurde, schützte das nicht vor Stigmatisierung, die vielfältige Formen von sozialer Ächtung und familialer Ausgrenzung, aber auch kirchliche Verdammung umfasste. Nicht selten gingen Lesben und Schwule „Scheinehen" ein, um ihre „conträre Sexualempfindung" – ein 1869 vom deutschen Psychiater und Neurologen Carl Westphal (1833–1890) geprägter Begriff[199] – verbergen zu können.

198 Michel Foucault: Der Wille zum Wissen. Sexualität und Wahrheit 1, Frankfurt a.M. 1983, S. 58.

199 Carl Westphal, „Die conträre Sexualempfindung, Symptom eines neuropathischen (psychopathischen) Zustandes", in: Archiv für Psychiatrie und Nervenkrankheiten 2 (1870) S. 73–108.

Die Kriminalisierung findet sich als Delikt der „Unzucht wider die Natur“ zwischen Personen desselben Geschlechts und von Menschen mit Tieren. Es war im Strafgesetzbuch Österreichs seit 1852 (§ 129 Ib) und in jenem des Deutschen Reiches seit 1871 (§ 175) mit Gefängnisstrafe bedroht, die meist nur in schwerwiegenden Fällen zur Anwendung gelangte, bei weiblicher Homosexualität in der Regel gar nicht. In der NS-Zeit kam es aber zu einer Verschärfung der Strafbestimmungen, insbesondere aufgrund der tradierten Gleichsetzung von Homosexualität mit Jugendverführung und Kindesmissbrauch. Noch in der Nachkriegszeit wurde jahrzehntelang – auch auf Drängen der katholischen Kirche und einem damit einhergehenden argumentativen Rekurs auf das Naturrecht – eine weitgehende Rechtskontinuität aufrechterhalten. Erst 1994 fiel in Deutschland der § 175 im Zuge der Rechtsangleichung mit der DDR, in Österreich fiel der seit 1971 geltende § 209 (vormals: § 129 Ib) im Jahr 2002. Seither finden gleichgeschlechtliche Personen in vielen (vor allem demokratischen) Staaten der Welt zunehmend erweiterte Rechte vor, die deren zumindest juristische Anerkennung widerspiegeln. Wurden zunächst in bewusstem Abstand zur Ehe meist nur eheähnliche Rechtsinstitute verabschiedet, so sind diese mittlerweile überwiegend durch ein Recht auf Eheschließung ersetzt worden. Ein solches Eherecht für gleichgeschlechtliche Paare existiert in Deutschland seit 1. Oktober 2017, in Österreich seit 1. Januar 2019.

Seitens der katholischen Kirche wird eine „Ehe für alle“ entschieden abgelehnt. Es „gibt keinerlei Fundament dafür“, so Papst Franziskus, „zwischen den homosexuellen Lebensgemeinschaften und dem Plan Gottes über Ehe und Familie Analogien herzustellen, auch nicht in einem weiteren Sinn“ (AL 251). Im Abstand zur gottgewollten Ehe und Familie befürwortet dieser Papst jedoch eingetragene zivile Partnerschaften, damit homosexuelle Paare rechtlich abgesichert und so vor diskriminierender Willkür geschützt sein können.[200] Damit löst er, in keineswegs schwacher Interpretation, einen Satz aus dem Katechismus ein, wonach man sich hüten müsse, homosexuelle Personen „in irgendeiner Weise ungerecht zurückzusetzen“ (KKK 2358), was ja in mehreren Ländern Afrikas und Asiens weiterhin der Fall ist – bis hin zur Androhung der Todesstrafe.

Auch seitens der Deutschen Bischofskonferenz erfolgte zum *Gedenktag für die Opfer des Nationalsozialismus am 27. Januar 2023* das Eingeständnis, dass die katholische Kirche mit ihrer „Unterstützung homophoben Verhaltens während des Nationalsozialismus [...] mit dazu beigetragen habe, dass homosexuelle und andere Menschen mit queerer Identität gedemütigt, verraten und ermordet wurden“. Nach wie vor sei „die lange Geschichte der Homophobie innerhalb der Kirche weder aufgearbeitet noch überwunden. Auch deshalb erleben viele queere Menschen bis heute noch Verletzungen in der Kirche.“ Verwiesen wird aber auf eine Lerngeschichte in den letzten Jahren: „Zuletzt hat der Synodale Weg die Notwendigkeit unterstrichen, anzuerkennen, dass Menschen unabhängig von ihrer sexuellen Orientierung und geschlechtlichen Identität uneingeschränkt Gottes Schöpfung sind.“ Deshalb gilt es, „innerhalb der Kirche ein inklusives Klima zu etablieren, damit bei uns ein sicherer Ort auch für queere Menschen ist“[201].

Eine solche Lerngeschichte – sie zeigt sich ebenso in der seit 2023 in allen deutschen Bistümern einheitlich geltenden Neufassung des kirchlichen Arbeitsrechts[202] – muss aber auch

---

200 Vgl. URL: https://www.katholisch.at/aktuelles/131853/papst-befuerwortet-partnerschaften-fuer-homosexuelle-keine-ehe

201 Deutsche Bischofskonferenz, Pressemeldung Nr. 010: „Eigene Schuld bekennen, Homophobie bekämpfen“ (25.01.2023). URL: https://www.dbk.de/presse/aktuelles/meldung/gedenktag-fuer-die-opfer-des-nationalsozialismus-am-27-januar-2023

202 Sekretariat der Deutschen Bischofskonferenz (Hg.), Grundordnung des kirchlichen Dienstes (5., völlig überarbeitete Neuauflage), Bonn 2023. URL: https://www.dbk.de/fileadmin/redaktion/diverse_downloads/VDD-Arbeitsrecht/Grundordnung_DB_95A-2022.pdf

gesamtkirchlich erfolgen und zu einer konsequenten Neubewertung von Homosexualität und gleichgeschlechtlichen Partnerschaften führen. Während Papst Franziskus 2017 im Katechismus eine Neubewertung der katholischen Lehre hinsichtlich der Todesstrafe vornahm, steht eine solche bezüglich der Homosexualität nach wie vor aus.

Eine Neubewertung muss zuvorderst klarstellen, dass Homosexualität keine Krankheit ist und folglich sog. Konversionstherapien zur „Heilung" gleichgeschlechtlicher Neigungen, wie sie vor allem evangelikale Gruppierungen fördern, als ethisch unzulässig zu beurteilen sind. Aufgrund fehlender Krankheitswertigkeit hat bereits 1973 die *American Psychiatric Association* (APA) Homosexualität von ihrer Krankheitenliste, dem *Diagnostic and Statistical Manual of Mental Disorders* (DSM, damalige Auflage DSM-2), gestrichen und sie damit therapeutischen Verfahren entzogen. Damit wird nicht die Möglichkeit krankheitswertiger und somit therapiebedürftiger sexueller Störungen, wie etwa eine ichdystone Sexualorientierung[203], bestritten. Die Änderung der APA besagt nur, dass Homosexualität als solche, konkret: die gleichgeschlechtliche Empfindung, keine Krankheit ist. Die *World Health Organisation* (WHO) hat 1990 diese Entscheidung geteilt und Homosexualität aus ihrer offiziellen Liste von Krankheiten, der *International Classification of Diseases* (ICD, damalige Auflage ICD-10), gestrichen.

Irritierend ist daher, dass 1975 seitens der Glaubenskongregation im Schreiben *Persona humana* noch von Varianten der Homosexualität die Rede ist, die „nicht unheilbar" sind, während andere „eine pathologische Veranlagung, die als unheilbar betrachtet wird" (Nr. 8), darstellen. Eine derartige Pathologisierung ist im Katechismus zwar nicht mehr ausgesagt, wohl aber, dass Homosexualität „ausschließlich oder vorwiegend" (KKK 2357) gegeben sein kann. Das lässt im

---

203 Eine ichdystone Sexualorientierung bezeichnet das Bedürfnis, eine andere als die vorhandene eindeutige sexuelle Orientierung haben zu wollen.

rechtskatholischen Spektrum weiterhin die Option der Veränderbarkeit als lehramtlich nicht ausgeschlossene Position vertreten. Es verwundert daher nicht, dass Kuby in ihrem Buch genau diese Option bestärkt. Dabei ist ihr ausgerechnet der Psychiater Spitzer mit seiner bereits zitierten Studie „ein unverdächtiger Zeuge für die Veränderbarkeit“ (GSR 231), insofern dieser 1973 bei der Entscheidung der APA eine zentrale Rolle spielte. Auf die diesbezüglich selektive Zitation Kubys wurde ja bereits im vorigen Abschnitt hingewiesen. Würde sie akzeptiert werden, dann könnte auch die Bibel problemlos als atheistisches Buch bezeichnet werden, da der Eingangsvers von Psalm 14 unmissverständlich festhält: „Es gibt keinen Gott“ (Ps 14,1). Den Kontext dieses Verses zu klären, überlasse ich an dieser Stelle den Leser:innen und mute ihnen damit den Griff zur Bibel zu.

Eine Neubewertung muss, zweitens, darauf verzichten, die Bibel als eindeutiges Zeugnis der Ablehnung von Homosexualität heranzuziehen, weil in ihr diese „als schlimme Abirrung bezeichnet“ (KKK 2357) werde. Der Katechismus verweist hier auf die Bibelstellen Gen 19,1–29, Röm 1,24–27, 1 Kor 6,10 und 1 Tim 1,10. Es fehlt hier der Raum, auf diese und wenige andere Bibeltexte näher einzugehen, die vermeintlich das Thema Homosexualität aufgreifen.[204] Vermeintlich deshalb, weil Exeget:innen betonen, dass unser heutiges Verständnis von Homosexualität der Bibel unbekannt war und darum die genannten Textstellen stets in ihrem jeweiligen sozialhistorischen Kontext zu klären sind. So berichtet etwa die im Katechismus erstzitierte Bibelstelle, die Erzählung von der Sünde Sodoms, vom Versuch, die von Lot zwei Männern – eigentlich zwei Engel (Gen 19,1) – ge-

---

204 Für einen ersten, durchaus differenzierten und ausgewogenen Überblick kann auf den Wikipedia-Artikel *Bibeltexte zur Homosexualität* verwiesen werden: URL: https://de.wikipedia.org/wiki/Bibeltexte_zur_Homosexualit%C3%A4t
Zwei wissenschaftliche Artikel hierzu, von Thomas Hieke (S. 19–52) und Michael Theobald (S. 53–88), finden sich im Buch von Goertz (Hg.), „Wer bin ich, ihn zu verurteilen“. [Anm. 92]

währte Gastfreundschaft zu verletzen, indem die Männer von Sodom diese zu gleichgeschlechtlichem Verkehr nötigen wollen. Dazu kommt es aber nicht, da die als Männer begriffenen Engel die Sodomiter mit Blindheit schlagen und sie so den Eingang zu Lots Haus nicht finden können. Obwohl hier das zentrale Vergehen die Missachtung des Gastrechtes bzw. fremdenfeindliche Gewalt ist, wird bestenfalls implizit auch der (beabsichtigte) homosexuelle Verkehr missbilligt – freilich gepaart mit gravierenden Folgen, da Gott dieser Erzählung nach Sodom und Gomorra zerstörte.

Sowohl dieser Text als auch andere thematisieren oder verurteilen primär nicht „Homosexualität" als solche. Sie eignen sich daher nicht für die Behauptung, die Bibel würde „Homosexualität" oder „homosexuelles" Verhalten verurteilen. Es muss bewusst sein, dass diese Texte die heutige Thematik homosexueller Beziehungen gar nicht enthalten, da homosexuelles Verhalten nur hinsichtlich *heterosexuell* veranlagter Menschen problematisiert wird. Mit der Möglichkeit, „dass es auch eine bleibende Veranlagung gibt, sich als Erwachsener zu Menschen gleichen Geschlechts hingezogen zu fühlen, wird an keiner dieser Stellen gerechnet, genauso wenig wie damit, dass derlei Aktivitäten Ausdruck [...] einer Vertiefung einer partnerschaftlichen Beziehung sein könnten"[205].

Die fundamentalistische Versuchung, Bibeltexte für heutige Fragen zu vereindeutigen, um betonen zu können, dass es Gott „ein Gräuel" wäre, wenn man mit einem Mann „wie mit einer Frau schläft" (Lev 18,22), mag nachvollziehbar sein. Wissenschaftlich akzeptierbar ist sie aber nicht, denn eine

> „unmittelbare ‚Applikation' der biblischen Texte auf heutige Fragen der Sexualmoral ist nicht möglich. Wird dies dennoch gemacht, so steckt dahinter meist die Absicht, vorgefasste, in der Regel homophobe Ansichten mit aus dem literarischen und sozialgeschichtlichen Kontext gelösten ‚Sätzen'" aus der

---

205 Konrad Hilpert, Gleichgeschlechtliche Partnerschaften, in: Ders. (Hg.), Zukunftshorizonte katholischer Sexualethik, Freiburg i. Br. 2011, S. 288–299, hier: 295.

‚Heiligen Schrift' zu untermauern. Dieser Prozess ist hochgradig selektiv: ‚Wörtlich genommen' werden nur Texte, die eben auf die voreingestellte Weltsicht passen; andere Passagen werden ignoriert."[206]

Die Bibel kann nicht als Expresslieferantin von Antworten gebraucht werden, die dann oft mit autoritativ überdehnter Rhetorik vorgetragen, jeden vernünftigen Diskurs verhindern. Es bedarf vielmehr eines hermeneutisch reflektierten Zugangs zur Bibel, der um den Zirkel von Vorverständnis, biblischem Text und Interpretation weiß. Dieser Zugang gleicht aber einer unerschöpflichen Kunst, denn letztlich gibt es – analog zum Thema „Natur" – nicht *die* objektive, richtige Auslegung der Bibel, weil es *die* objektiven Leser:innen der Bibel nicht gibt. Auch die Kirche als Glaubensgemeinschaft trägt stets ein bestimmtes Vorverständnis an die Bibel heran und deutet sie – trotz allem Bemühen um ein ursprüngliches Verständnis – entlang dieses Vorverständnisses, das geprägt ist von soziokulturellen und geschichtlichen Kontexten, aber auch von institutioneller Logik. Kein kirchliches Dokument würde heute entgegen soziokultureller Veränderungen ein hierarchisches Geschlechterverhältnis einfordern, obwohl hierfür biblische Textstellen „zur Verfügung" stünden und traditionell ein solches Geschlechterverhältnis als unaufhebbar verkündet wurde.

Es ist daher legitim zu fragen, ob unter geänderten Rahmenbedingungen auch im Blick auf „Homosexualität" eine Neubewertung angezeigt ist – trotz vermeintlich anderslautender Bibeltexte. Man könnte hierfür einen Satz des Apostel Paulus heranziehen, der auf den ersten Blick nichts mit dem Thema „Homosexualität" gemein hat. In Röm 15,7 steht: „Nehmt einander an, wie auch Christus uns angenommen hat, zur Ehre Gottes!" Dem Neutestamentler Michael Theobald zufolge formuliert Paulus damit ein Grundgesetz für

206 Thomas Hieke, Kennt und verurteilt das Alte Testament Homosexualität?, in: Goertz (Hg.), „Wer bin ich, ihn zu verurteilen", S. 20f. [Anm. 92]

die Hauskirchen in Rom, das zur wechselseitigen Annahme von jeweils Anderen in der Gemeinde verpflichtet. Das impliziert aber auch: „Bei der vorurteilslosen Beheimatung von schwulen und lesbischen Partnerschaften in der Kirche steht genau dieses ‚ekklesiologische Grundgesetz' der Annahme der jeweils Anderen gerade in ihrer *Unterschiedenheit* auf dem Spiel."[207]

Eine Neubewertung muss, drittens, auf die vorgebliche Eindeutigkeit des naturrechtlichen Arguments verzichten, wonach homosexuelle Handlungen „gegen das natürliche Gesetz" verstoßen, da, so die zentrale Aussage, „die Weitergabe des Lebens beim Geschlechtsakt ausgeschlossen" (KKK 2357) bleibt. Das Problem der zirkulären Begründung, dass aus der Natur moralisch Gesolltes gefolgert wird, das *zuvor* schon durch menschliche Einsicht und Wertung in diese hineininterpretiert wurde, bleibt hier unbeachtet. Es ist niemals einfach die Natur, die als solche eine Norm begründet, sondern der Mensch, insofern er die Natur in bestimmter Weise deutet.

Der kirchlichen Deutung zufolge impliziert der sexuelle Akt seiner Natur nach, so ist erstmals in der Enzyklika *Humanae vitae* zu lesen, einen doppelten Sinngehalt: die Bezeugung personaler Liebe und die Zeugung von Nachkommenschaft. Letzterer verweist, so die Glaubenskongregation im *Schreiben an die Bischöfe der katholischen Kirche über die Seelsorge an homosexuellen Personen*[208], auf eine „komplementäre Vereinigung, die in der Lage wäre, das Leben weiterzugeben" (Nr. 7). Diese biologische Komplementarität wird zugleich als Grundlage der personalen Komplementarität aufgefasst, weshalb die Natur menschlicher Geschlechtlichkeit „auf die eheliche Liebe von Mann und Frau hingeordnet" (KKK 2360) ist. Homosexuelle Handlungen stehen damit im Widerspruch zu „einer

---

207 Michael Theobald, Paulus und die Gleichgeschlechtlichkeit, in: Goertz (Hg.), „Wer bin ich, ihn zu verurteilen", S. 87f. [Anm. 92]

208 Vgl. URL: https://www.vatican.va/roman_curia/congregations/cfaith/documents/rc_con_cfaith_doc_19861001_homosexual-persons_ge.html

wahren affektiven und geschlechtlichen Ergänzungsbedürftigkeit", weshalb sie „in keinem Fall zu billigen" (KKK 2357) sind.

Mit solchen Katechismusaussagen kann kein integratives Klima für homosexuelle Menschen etabliert werden. Mittels naturrechtlicher Argumente wird vielmehr deren Ausschluss aus dem Plan Gottes formuliert, dem zufolge allein „die Ehe heilig ist, während die homosexuellen Beziehungen gegen das natürliche Sittengesetz verstoßen". Diese von der Glaubenskongregation in den *Erwägungen zu den Entwürfen einer rechtlichen Anerkennung der Lebensgemeinschaften zwischen homosexuellen Personen*[209] getätigte Aussage (Nr. 4) bekräftigt die katholische Ausgrenzungstradition gegenüber homosexuellen Personen und verwehrt diesen weiterhin die Möglichkeit, sich in und von der Kirche uneingeschränkt anerkannt fühlen zu können.

Diese unbefriedigende Problemlage ist entscheidend Karol Wojtyła/Johannes Paul II. verdankt. Sein in *Humanae vitae* aufgenommenes Untrennbarkeitsprinzip von zwei Sinngehalten der Sexualität sorgt dafür, dass die traditionell eindimensionale Sicht, wonach der natürliche Sinngehalt der Sexualität in der Zeugung von Nachkommenschaft bestehe, weiterhin maßgeblich und allgemein leicht nachvollziehbar zur Beurteilung von Homosexualität als „contra naturam" herangezogen werden kann. Würden die Sinngehalte von Sexualität nicht in untrennbarer Weise aufgefasst, dann wäre der Sinngehalt der Bezeugung personaler Liebe als solcher auch im Blick auf gleichgeschlechtliche Partnerschaften entfaltbar. Dass dieser personale Sinngehalt stets eine im Biologischen gründende Komplementarität voraussetzt, um eine affektiv erfüllende Beziehung leben zu können, wird zwar lehramtlich unterstellt, lässt sich aber durch Erfahrungen gleichgeschlechtlicher Paare nicht belastbar bestätigen.

209 Vgl. URL: https://www.vatican.va/roman_curia/congregations/cfaith/documents/rc_con_cfaith_doc_20030731_homosexual-unions_ge.html

Es bleibt dabei: Eine Revision des Katechismus der Katholischen Kirche ist unumgänglich, wenn deutlich werden soll, dass Menschen unabhängig von ihrer sexuellen Orientierung uneingeschränkt Gottes Schöpfung sind. Jenseits einer solchen theologischen Anerkennung werden fundamentalistische Bezugnahmen auf die Bibel und das Naturrecht weiterhin als „gut katholisch" assoziiert und prolongieren so ein Exklusionsklima für homosexuelle Menschen.

Intergeschlechtlichkeit (KMI)

Intersexualität, besser: Intergeschlechtlichkeit, beim Menschen besagt, dass dessen physische Konstitution keine Zuordnung zu den binären Kategorien Weiblichkeit oder Männlichkeit, Frau oder Mann erlaubt. Entgegen der oftmals fälschlichen Zuordnung zum Begriff Transsexualität bezeichnet der erstmals 1915 von dem Biologen Richard Goldschmidt[210] verwendete Begriff Intersexualität nicht das Geschlechtsempfinden oder die sexuelle Orientierung, sondern eine Vielzahl an biologischen Geschlechtsvarianten. Der Terminus selbst versteht sich dabei als Sammelbegriff für eine Bandbreite an Phänomenen, die sich auf unterschiedliche biologische Aspekte von Geschlecht beziehen. So können sowohl genetische, hormonelle als auch somatische Bedingungen vorliegen, die eine eindeutige Zuordnung erschweren. Obwohl der zoologische Begriff des Zwitters dieses Phänomen ebenfalls umfasst und früher auch als Bezeichnung für intergeschlechtliche Menschen verwendet wurde, ist eine Ineinssetzung von Intergeschlechtlichkeit und Zwittertum irreführend. Bei intergeschlechtlichen Menschen handelt es sich nicht um doppelgeschlechtliche Wesen, bei denen beide Formen von Keimzellen (Samen- und Eizellen) vorhanden sind, sondern eher um eine zwischengeschlechtliche Form

---

210 Vgl. Ulrike Klöppel, XX0XY ungelöst. Hermaphroditismus, Sex und Gender in der deutschen Medizin. Eine historische Studie zur Intersexualität, Bielefeld 2010, S. 226.

menschlichen Daseins. Zu dem breiten Spektrum an Phänomenen gehören z.B. uneindeutige Genitalien, unerwartete Ausprägungen sekundärer Geschlechtsmerkmale wie etwa ein Bartwuchs bei einer äußerlich eher als weiblich wahrgenommenen Person oder auch hormonelle oder organische Abweichungen vom Bauplan biologisch weiblicher oder männlicher Individuen, wie etwa im Bauchraum verbliebene Hoden, unausgereifte Keimdrüsenanlagen (Gonaden) oder Verformungen der Gebärmutter.

Die Erklärungsbedürftigkeit des Begriffs und auch die mangelnde Wahrnehmung des Phänomens im öffentlichen Bereich rührt von dessen langer Geschichte von Pathologisierung und Tabuisierung bis in die heutige Zeit her. Immer wieder findet man für dasselbe Phänomen unterschiedliche Begriffe, denen mehrheitlich eine negative Konnotation anhaftet. Während Androgynität bereits in der Antike als Schimpfwort für verweiblichte Männer verwendet wird, ist Zwittertum im Mittelalter noch relativ unproblematisch, da mit einer eingegangenen Ehe das Geschlecht unabhängig vom biologischen Status festgeschrieben wurde. Erst nach und nach und im Kontext von Scheidungsprozessen wird auch die Zeugungsfähigkeit für die Ehe und sodann die rechtliche Geschlechtszuordnung von Belang, wofür es weiterer „Spezialist:innen“ wie Priester und Rechtssprecher bedarf. Diese werden immer häufiger beauftragt, das „wahre“ Geschlecht einer Person für die Eheschließung festzustellen.[211]

Als verlässliche Quelle dafür etabliert sich allmählich die Medizin, die durch ihre Fortschritte zunächst in der Anatomie und schließlich in der Genetik immer differenzierter über die Geschlechtlichkeit eines Menschen Auskunft geben kann, gleichzeitig aber auch normativ festlegt, was unter Mann und Frau zu verstehen ist. So lebt der aus der Mythologie stammende Begriff Hermaphroditismus im medizinischen

---

211 Vgl. Christof Rolker, Der Hermaphrodit und seine Frau. Körper, Sexualität und Geschlecht im Spätmittelalter, in: Historische Zeitschrift 297 (3/2013) S. 593–620, hier: 600–614.

Kontext des 16./17. Jahrhunderts wieder auf und gelangt nun vermehrt als Bezeichnung für eine damals als pathologisch verstandene Geschlechtsstörung in den Blick. Grund dafür ist die allmähliche Festschreibung binärer Vorstellungen von Geschlechtlichkeit, die sich im 18. und 19. Jahrhundert noch einmal verschärft, auch deren damit einhergehende moralische Bewertung. Ihren Höhepunkt erreicht die Pathologisierung Mitte des 20. Jahrhunderts. Grund dafür waren die Studien der Psycholog:innen John Money, Joan Hampson und John Hampson und deren Kolleg:innen an der John-Hopkins Universität in Baltimore. Mit der Veröffentlichung des Aufsatzes *Imprinting and the Establishment of Gender Role*[212] vertreten sie die These, dass eine chirurgische Geschlechtszuweisung und eine anschließende Erziehung je nach medizinisch zugewiesenem Geschlecht für die psychosoziale Entwicklung intergeschlechtlicher Kinder zu empfehlen sei. Diese ab den 1950er Jahren mehrheitlich vertretene These – auch Baltimorer Behandlungskonzept genannt – führte dazu, dass intergeschlechtliche Kinder spätestens bis zum zweiten Lebensjahr zwanghaft geschlechtsangleichenden Operationen unterzogen wurden. Legitimiert war diese auch gesellschaftlich gestützte medizinische Behandlungspraxis durch die sog. *Optimal Gender Policy*.[213] Mit solchen Operationen wollten die Psycholog:innen eine möglichst problemlose soziale Eingliederung intergeschlechtlicher Kinder in die Gesellschaft erreichen.

Genau das Gegenteil war jedoch der Fall: Durch die damit ebenfalls einhergehende Tabuisierung gerieten intergeschlechtliche Menschen immer mehr ins soziale Abseits und ihre Existenz wurde schrittweise aus dem kulturellen Gedächtnis gelöscht. Doch nicht nur die soziale Dimension dieser

---

212 John Money u. a., Imprinting and the Establishment of Gender Role, in: A. M.A. archives of neurology and psychiatry 77 (3/1957) S. 333–336.

213 Vgl. Alice D. Dreger/April M. Herndon, Progress and Politics in the Intersex Rights Movement. Feminist Theory in Action, in: GLQ: A Journal of Lesbian and Gay Studies 15 (2/2009) S. 199–224, hier: 202.

medizinischen Praxis war verheerend, sondern auch die daraus resultierende existenzielle Notlage intergeschlechtlicher Individuen. Bis heute ist die Medizintechnik noch nicht so weit ausgereift, dass Genitaloperationen und Operationen an weiteren primären Geschlechtsmerkmalen (z. B. Gonadektomien, Mastektomien, usw.) komplikationslos verlaufen. Deshalb sind physische Einschränkungen (Schmerzen beim Harnlassen, unzureichend abgestimmte hormonelle Substitutionstherapien, usw.) sowie korrektive Folgeoperationen[214] keine seltene Konsequenz. Außerdem leidet die psychische Integrität intergeschlechtlicher Personen durch die verschiedenen Formen von Stigmatisierung, Tabuisierung und Pathologisierung. Intergeschlechtliche Menschen haben im Kontext der *Optimal Gender Policy* Probleme damit, sich und ihren Körper zu akzeptieren, empfinden Scham für ihre körperliche Konstitution und leiden verstärkt an Depressionen, die in nicht wenigen Fällen auch zum Suizid führen. Zudem ist das Aufsuchen von medizinischen Einrichtungen meist mit Traumata behaftet, da das häufige Betrachten und Berühren der Genitalien im Kindesalter als sexualisierte Gewalt erlebt wird.[215]

Aus diesen Gründen geriet diese medizinische Praxis seit den 1990er Jahren erstmals nachhaltig in Form einer *Full Consent Policy* in Kritik. Diese Kritik weist den bisherigen Umgang mit intergeschlechtlichen Individuen zurück und prägt deshalb die Alternativbegriffe Intergeschlechtlichkeit[216] und Varianten der Geschlechtsentwicklung (differences of sex development), um die medizinischen Begriffe Intersexualität und DSD (disorders of sex development)[217] davon abzugren-

---

214 Vgl. Deutscher Ethikrat, Intersexualität, S. 66–70. [Anm. 85]

215 Vgl. Ruth Hechtl, Über Inter*Kinder und Jugendliche. Forschungsdesiderate und Möglichkeiten Sozialer Arbeit, in: soziales_kapital 21 (2019) S. 78.

216 Diese Begriffswahl will vermeiden, dass Intergeschlechtlichkeit dem Phänomen Transsexualität – als einer sexuellen Orientierung – zugeordnet wird und legt den Fokus auf das Vorliegen einer biologischen Variante von Geschlecht.

217 Dieser Sammelbegriff für unterschiedlichste intergeschlechtliche

zen. Auf die von dem Biologen Milton Diamond sowie dem Psychiater H. Keith Sigmundson rein wissenschaftlich initiierte kritische Auseinandersetzung mit der Position von Money[218] folgen alsbald auch aktivistische Bewegungen. So schließen sich Sympathisant:innen zu Vereinen und Organisationen zusammen, um auch rechtlich gegen die nicht mehr länger ertragbaren operativen Maßnahmen vorgehen zu können. Je nach länderspezifischem Kontext sind diese mehr oder weniger erfolgreich, was die Durchsetzung ihrer Anliegen anbelangt. Gefordert wird aber in allen Ländern das Ende von nichtkonsensuellen Genitaloperationen an intergeschlechtlichen Kindern, das Recht auf Autonomie, die Wahrung psychischer Integrität, ein Ende der gesellschaftlichen Diskriminierung und schließlich auch das rechtliche Mittel, um diese Forderungen gesetzeswirksam umsetzen zu können[219], die sog. *Dritte Option.*

Dabei handelt es sich um einen eigenen Geschlechtseintrag für intergeschlechtliche Menschen im Personenstandsgesetz, welcher deren Rechte im privaten wie öffentlichen Bereich sicherstellen soll. So einigt man sich in Deutschland 2018 beispielsweise auf die Eintragungsmöglichkeit „divers“; für Österreich stehen seit 2019 die Möglichkeiten „offen“, „divers“ und „inter“ zur Verfügung. Kritisiert wird daran allerdings

---

Phänomene wird 2005 auf einer Konferenz in Chicago zum Zweck der Vereinfachung und Vereinheitlichung von medizinischen Therapiemaßnahmen geprägt. Vgl. Peter A. Lee u. a., Consensus Statement on Management of Intersex Disorders. International Consensus Conference on Intersex, in: Pediatrics 118 (2/2006) S. e488–e500. Zur daraus resultierenden Problematik falscher Kategorienbildung und mangelnder Sensibilität für Individualität vgl. Katharina Mairinger-Immisch, Mehrdeutige Körper, Kap. 1.2. [Anm. 4]

218 Vgl. Milton Diamond/H. K. Sigmundson, Management of Intersexuality. Guidelines for Dealing with Persons with Ambiguous Genitalia, in: Archives of pediatrics & adolescent medicine 151 (10/1997) S. 1046–1050.

219 Vgl. z. B. die öffentlich zugänglichen Forderungen des Deutschen Vereins: Intersexuelle Menschen e. V., Forderungen Intersexuelle Menschen e. V., 2019. URL: http://www.im-ev.de/forderungen/

die restriktive Umsetzung der Gesetzesentscheidung[220], da die Eintragung der dritten Option nur infolge eines ärztlichen Gutachtens in Anspruch genommen werden kann. Dies wird einerseits von intergeschlechtlichen Menschen aufgrund der bereits geschilderten negativen Erfahrungen im medizinischen Kontext als weiter bestehende Hürde wahrgenommen. Andererseits zeigen sich Rechtswissenschaftler:innen wie auch einige intergeschlechtliche Menschen skeptisch gegenüber dem dritten Geschlechtseintrag, da er weniger dazu verhelfe, geschlechtliche Diskriminierung zu verhindern, sondern vielmehr dazu beitrage, eine weitere Geschlechterrolle essentialistisch festzuschreiben.[221] Außerdem sind mit der Eintragungsmöglichkeit insofern nicht alle Hürden beseitigt, als sämtliche Bereiche, die von einer heteronormativen Logik geprägt und geleitet werden, ebenfalls zur Diskriminierung von Intergeschlechtlichkeit beitragen.

Wie im Kapitel *Natürliche Zweigeschlechtlichkeit?* aufgezeigt wurde, ist es wenig überraschend, dass auch ein römisch-katholisches Umfeld für die Diskriminierung von intergeschlechtlichen Menschen verantwortlich gemacht werden kann. Selbst wenn das katholische Lehramt bislang noch kein explizites Verständnis oder eine Lehre zu diesem Thema verfasst hat, trägt es nichtsdestotrotz durch die unablässige Festschreibung geschlechtsfixierter Ordnungen zur Pathologisierung und Stigmatisierung von Intergeschlechtlichkeit bei. So erwähnt 2019 das Schreiben der Bildungskongregation *Als Mann und Frau schuf er sie* in wenigen Absätzen biologische

220 Tobias Humer/Eva Matt, Dritter Geschlechtseintrag in Dokumenten: Innenministerium plant restriktive Umsetzung. Die Selbstvertretung intergeschlechtlicher Menschen in Österreich ist unzufrieden und fordert Selbstbestimmung statt erneuter Pathologisierung, 2018. URL: https://www.ots.at/pres-seaussendung/OTS_20181025_OTS0112

221 Vgl. Eva Matt, Zur Situation von Menschen mit Intersexualität in Deutschland. Stellungnahme, 2012, S. 7. URL: https://www.ethikrat.org/fileadmin/PDF-Dateien/Stellungnahmen_Sachverstaendige_Intersexualitaet/Matt_-_Expertenbefragung.pdf

Varianten der Geschlechtsentwicklung, tut diese aber gleichermaßen als heilungs- und therapiebedürftiges Phänomen ab. Das verwundert nicht, da das Lehramt das Geschlecht in schöpfungstheologischer Perspektive ausschließlich binär betrachtet. Wo es aber nur männliche und weibliche Geschlechtsidentitäten geben soll, bleibt kein Spielraum für Zwischenstadien. Das genannte Schreiben bemüht sich diesbezüglich auch, biologisch zu argumentieren. Es bleibt dabei aber hinter bereits etablierten Einsichten zurück, wenn es als Fazit der biologischen und medizinischen Wissenschaften festhält, dass

> „der ‚sexuelle Dimorphismus' (oder der sexuelle Unterschied zwischen Männern und Frauen) von den Wissenschaften – wie zum Beispiel von der Genetik, der Endokrinologie und der Neurologie – bestätigt wird. Aus Sicht der Genetik sind die Zellen des Mannes (die die XY Chromosomen enthalten) von der Empfängnis an verschieden von denen der Frau (deren Äquivalent XX ist). Im Übrigen ist es im Fall der sexuellen Unbestimmtheit die Medizin, die therapeutisch eingreift. In diesen besonderen Situationen sind es nicht die Eltern, und noch weniger die Gesellschaft, die eine willkürliche Wahl treffen können, sondern es ist die wissenschaftliche Medizin, die mit therapeutischer Zielsetzung eingreift, das heißt, auf der Grundlage objektiver Parameter in minimal-invasiver Weise handelt, mit dem Ziel, die konstitutive Identität deutlich zu machen." (MF 24)

Im Detail ist an dieser Position zu kritisieren, dass die Differenzierungen humanbiologischer Forschung insofern ignoriert werden, als der genetische Bausatz eines Menschen nicht immer Aufschluss über seine geschlechtliche Identität gibt. Die ehemals als Geschlechtschromosomen (Gonosomen) bezeichneten letzten Chromosomenpaare eines Menschen können auch anders als in der statistisch häufigsten Form (46,XX bzw. 46,XY) vorhanden sein. Es gibt daneben noch eine Vielzahl an Varianten, wie Chromosomenmosaike (46,XY/46,XX), das Fehlen (45,X0; 45,Y0) oder doppelte Vorhandensein (47,XXX; 47,XXY) von Geschlechtschromosomen wie auch weitere Mutationen geschlechtsbestimmender

Faktoren, die ein untypisches äußeres oder inneres Erscheinungsbild der Genitalien, inneren Geschlechtsorgane oder sekundären Geschlechtsmerkmale hervorrufen. Außerdem ist kritisch anzumerken, dass dieses Schreiben den seit den letzten Jahren verstärkt geführten menschenrechtlichen Diskurs ignoriert, der für die Autonomie und physische Integrität intergeschlechtlicher Menschen eintritt. Längst gilt es auf Basis einer *Full Consent Policy* als höchst problematisch, dass intergeschlechtliche Genitalien korrigiert und damit in das Schema von Männlichkeit und Weiblichkeit eingepasst werden müssten, um ein gelingendes Leben ermöglichen zu können. Die Hauptverantwortung für die Umsetzung dieses Plans der Medizin zu überlassen und nicht den Eltern oder gar später dem heranwachsenden Kind selbst, zeugt außerdem davon, dass das katholische Lehramt paternalistische Tendenzen in der Medizin unterstützt, die man mit aktuellen Konzepten wie „Shared Decision Making"[222] oder „Individualisierte Medizin"[223] gerade zu überwinden sucht.

Obwohl mit dem Zweiten Vatikanum der Weg zur freien Gewissensentscheidung geebnet wurde (GS 16–17), tut man sich bis heute schwer damit, die Autonomie der Menschen vollumfänglich anzuerkennen. Wie im oben genannten Beispiel tendiert das kirchliche Lehramt immer wieder dazu, sittliche Fragen normativ und autoritativ zu beantworten, womit es gleichermaßen aber die Moralfähigkeit der katholischen Gläubigen untergräbt. Es ist daher nicht verwunderlich, dass sich auch gläubige intergeschlechtliche Menschen an den rigiden lehramtlichen Geschlechtervorstellungen stoßen. Aus-

222 Darunter ist eine medizinische Grundausrichtung zu verstehen, die der Informationsvermittlung und -weitergabe sowie der Entscheidungsfindung mehr Raum und Zeit gibt und auf diese Weise Patient:innen in für sie relevante Entscheidungsprozesse aktiv einbezieht.

223 Diese medizinische Grundausrichtung legt den Fokus auf die Individualität einzelner Patient:innen, um präventiv wie kurativ die bestmögliche Diagnose und Therapie anbieten zu können, da sich Wirkungsweisen von Medikamenten, Therapien usw. von Mensch zu Mensch erheblich unterscheiden können.

sagen einzelner Betroffener zeigen, dass es sich dabei nicht um Einzelschicksale handelt, sondern um systematische Diskriminierung, die sich über den gesamten internen wie externen Wirkungsbereich des römischen Katholizismus erstreckt. So lassen sich zahlreiche Beispiele anführen, wie intergeschlechtliche Menschen unter heteronormativen Vorstellungen leiden: Sie berichten von Scham und Selbstzweifel, dem Zwang zur Anpassung an geschlechtskonnotierte Konventionen in liturgischen Feierlichkeiten oder auch dem Ausschluss aus dem kirchlichen Leben aufgrund ihrer Intergeschlechtlichkeit.[224] Zudem erfahren sie auf institutioneller Ebene Ausgrenzung, weil der Empfang bestimmter Sakramente oder die Besetzung kircheninterner Stellen an eine eindeutige Geschlechtszuordnung geknüpft ist. Wenngleich es einige wenige theologische Auseinandersetzungen zum Thema Intergeschlechtlichkeit gibt, bleibt dieses für das kirchliche Lehramt weiterhin ein blinder Fleck. Ähnliche Problemlagen zeigen sich auch beim Phänomen Transsexualität.

Transsexualität – Trans:

Der im medizinisch-psychiatrischen Kontext vorwiegend verwendete Begriff Transsexualität – heute ist vermehrt von Transidentität oder Trans: die Rede – benennt primär Menschen, deren biologisches Geschlecht nicht mit dem zuinnerst empfundenen persönlichen Geschlecht übereinstimmt. Er impliziert ebenso nicht-binäre Personen, die sich keiner Geschlechtskategorie zuordnen können bzw. wollen. Demnach existieren hinsichtlich Trans: multiple Selbstdefinitionen und Biographien. Dieser Begriff fungiert daher als „umbrella term" für alle Menschen, die keine Identifikation mit dem biologisch und/oder sozial zugeschriebenen Geschlecht finden.

---

224 Vgl. u.a. Dan C. Ghattas/Ins A. Kromminga, MyIntersexStory, 2019, S. 28. URL: https://oiieurope.org/wp-content/uploads/2019/11/testimonial_broch_21-21cm_for_web.pdf; Sally Gross, Intersexuality and Scripture, in: Theology & Sexuality 11 (1999) S. 65-74.

Die nachfolgend bevorzugt mit dem Begriff Trans: thematisierte Unvereinbarkeit des Erlebens geschlechtlicher Identität mit dem biologischen Geschlecht – also des Erlebens, als Frau in einem männlichen (Trans:frauen) und als Mann in einem weiblichen Körper (Trans:männer) zu sein – verbindet sich häufig, wiewohl nicht zwangsläufig, mit dem Wunsch, den „falschen Körper" durch hormonelle Therapien und/oder chirurgische Eingriffe der empfundenen Geschlechtsidentität anzugleichen.

Solche geschlechtsverändernde Maßnahmen sind freilich erst in jüngerer Zeit zur Option geworden. Das bereits seit der Antike bekannte Phänomen „Transsexualität" war jahrhundertelang derart präsent, dass sich Menschen in Bezug auf Kleidung und Verhalten nicht an ihrem körperlichen Geschlecht orientierten. Erst seit dem 19. Jahrhundert wurde „Transsexualität" – wie auch Homosexualität und mutatis mutandis Intersexualität – im Zuge des sich neu entwickelnden Selbstverständnisses der Medizin als angewandte Naturwissenschaft zum Problem. Es lassen sich jedenfalls „vor 1800 keine Spuren von irgendwelchen größeren gesellschaftspolitischen Debatten über dieses Thema finden"[225]. Wieder waren es die zu jener Zeit einflussreichen Psychiater Richard von Krafft-Ebing und Carl Westphal, die das (von der Homosexualität nur diffus abgegrenzte) Verständnis von „Transsexualität" als erblich bedingte psychiatrische Erkrankung prägten – bis in das letzte Drittel des 20. Jahrhunderts hinein. Für trans: Personen waren und sind damit Ausgrenzung, Stigmatisierung und oftmals auch Gewalt verbunden.

Seit den 1980er Jahren werden trans: Menschen zumindest als Patient:innen akzeptiert. Das in Deutschland 1981 in Kraft getretene Transsexuellengesetz – sowie 1983 der Transsexuellenerlass in Österreich – regelt die Möglichkeit einer Personenstandsänderung in Abhängigkeit der Entscheidung

---

225 Livia Prüll, Das Unbehagen am transidenten Menschen, in: Gerhard Schreiber (Hg.), Transsexualität in Theologie und Neurowissenschaften. Ergebnisse, Kontroversen, Perspektiven, Berlin/Boston 2016, S. 265–293, hier: 267.

psychiatrischer Gutachten. Erst 1995 hat der Sexualforscher Volkmar Sigusch die zentrale Frage gestellt, „ob wir überhaupt berechtigt sind, den Transsexualismus als Krankheit zu betrachten, ob wir nicht wie unsere Vorgänger eine Minderheit pathologisieren, weil uns deren Begehren so unverständlich ist“[226]. Diese Frage, die auf dem Hintergrund der kurz zuvor durch die im ICD-10 (1993) der WHO erfolgten Entpathologisierung von Homosexualität zu lesen ist, hat auch in Bezug auf Trans: ein Umdenken bewirkt, das einem Paradigmenwechsel gleichkommt.

Bedeutsam hierfür waren und sind vor allem neurowissenschaftliche Forschungen, die das Gehirn als wichtigstes Geschlechtsorgan – die Rede ist hier von „Brain Sex“ (Hirngeschlecht) – ausweisen.[227] Demnach ist bei „transsexuellen Menschen […] deren Gehirn *grundsätzlich* geschlechtlich *anders* ausgerichtet als z. B. deren Genitalien oder Chromosomen“[228]. Das stelle eine „besondere Form von Intersexualität“ dar, weshalb nach aktuellem Forschungsstand „eine primär *psychische* Verursachung der Transsexualität auszuschließen“[229] sei. Trans: ist somit nicht länger als eine schwere psychische Krankheit zu begreifen, aber ebenso nicht als eine bloß – mitunter sogar als Willkür unterstellte – selbstbestimmte Form der Umgestaltung eines (gesunden) Körpers. Infolge einer neurointersexuell bedingten Körperdiskrepanz geht es um den existenziellen Konflikt, das biologische Geschlecht nicht als Geschlechtsidentität empfinden zu können.

Dieser konstitutionelle Prädispositionen belegende Forschungsstand blieb nicht ohne Konsequenzen: Sowohl im

---

226 Volkmar Sigusch, Geschlechtswechsel, Hamburg 1995, S. 61.

227 Vgl. Milton Diamond/Hertha Richter-Appelt, „Das wichtigste Sexualorgan sitzt zwischen den Ohren“, in: Zeitschrift für Sexualforschung 21 (4/2008) S. 369–376.

228 Horst-Jörg Haupt, Neurointersexuelle Körperdiskrepanz. Grundsätzliche Überlegungen in Richtung neurophänomenologischer Zugänge zu Mustern geschlechtlicher Vielfalt, in: Schreiber (Hg.), Transsexualität, S. 75–119, hier: 79. [Anm. 225]

229 Ebd., S. 79, 78.

ICD-10 als auch im DSM-4 (2000) war „Transsexualismus“ noch in der Diagnosegruppe der sexuellen Störungen als „Störung der Geschlechtsidentität“ klassifiziert. Dagegen ist im DSM-5 (2013) das diagnostische Erfassen von „Transsexualität“ nur noch als Vorliegen einer Geschlechtsdysphorie („gender dysphoria“) festgehalten – als Vorhandensein einer oft leidvoll wahrgenommenen Diskrepanz zwischen subjektiv empfundener Geschlechtsidentität und zugewiesenem Geburtsgeschlecht. Auch der 2022 in Kraft getretene, als Entwurf bereits 2015 präsentierte ICD-11 nimmt eine Entpathologisierung vor. Der Begriff „Transsexualismus“ wird hier durch den nunmehr im Kapitel „Zustände mit Bezug zur sexuellen Gesundheit“ stehenden Begriff Geschlechtsinkongruenz („gender incongruence“) ersetzt. Begrifflich neutral wird damit eine Inkongruenz zum zugewiesenen Geburtsgeschlecht ausgesagt, die nicht unbedingt mit einem Leidensdruck der körperlichen Geschlechtsveränderung verknüpft sein muss, also auch die Geschlechterbinarität transformierende Formen von Trans: wie genderfluid, non-binary oder agender inkludieren kann. Mitunter sind medizinische Interventionen zur Geschlechtsanpassung ja auch durch die soziokulturelle Dominanz der binären Geschlechterdifferenz veranlasst und gewollt. Doch wie wäre es, fragt Udo Rauchfleisch, „wenn unsere Gesellschaft bereit wäre, Menschen so zu akzeptieren, wie sie sich fühlen und wie sie leben möchten, auch wenn sie die binären Geschlechtergrenzen sprengen“[230]?

Mit den Änderungen im DSM-5 und in der ICD-11 gehört jedenfalls das bisherige Verständnis von „Transsexualität“ als psychische Störung ebenso der Vergangenheit an wie damit verknüpfte gewaltvolle Therapien. Dagegen geht es heute im medizinischen Kontext allein darum, die Symptomatik der Geschlechtsdysphorie bzw. Geschlechtsinkongruenz zu behandeln, nicht aber das Phänomen Trans: als Teil personaler

---

230 Udo Rauschfleisch, Transsexualität – Transidentität – Transdifferenz, in: Psychologie & Gesellschaftskritik 31 (2/3–2007) S. 109–125, hier: 120.

Identität. Trans: ist damit als Variante der Geschlechtsidentität anerkannt. Meist ist daher außerhalb des medizinischen Kontextes von Transidentität, Transgender oder Trans: die Rede, da die naheliegende Assoziation des Wortteils „-sexualität" mit sexuellem Handeln das Phänomen verfehlt.

Dennoch ist für trans: Menschen die Transition, also der Übergang zur Geschlechtskongruenz, oft mit Hürden verbunden, denen nach wie vor das historische Erbe von „Transsexualität" als psychiatrische Krankheit anhaftet.[231] Die fortbestehende Fremdbestimmung durch Medizin, Psychiatrie und Recht wird daher wiederholt kritisiert und stattdessen die Anerkennung von Selbstbestimmung gefordert. Es könne nicht sein, so die Trans:frau Cornelia Kunert, dass im Falle der Geschlechtsidentität die Dritte-Person-Perspektive von Expert:innen die maßgebliche ist. Entscheidend sei doch „die erkenntnistheoretische Autorität über das eigene Leben". Demnach bedarf das „fundamentale Erleben der eigenen Geschlechtsidentität keiner anderen Begründung als die Selbsterfahrung und kann auch durch kein anderes Kriterium bestätigt werden als durch das gelebte Leben der transsexuellen Person selbst"[232]. Kunert fordert daher: „*case management* statt Zwangspsychotherapie, keine Gutachten mehr, kein entwürdigender Alltagstest mehr und Hormonsubstitution auf Verlangen mit medizinischer Betreuung und Beratung, Personenstandsänderung ohne Hürden."[233]

In diesem Sinne soll in Deutschland noch 2023 das bisherige – vom Bundesverfassungsgericht in mehrfacher Hin-

---

231 Zu diesen Hürden gehört unter anderem „die Einholung zweier vom Gericht bestellter Gutachten von ‚Sachverständigen'" oder der sog. Alltagstest, „bei dem eine Person als ‚Erprobung' des Lebens in der anvisierten Geschlechtsrolle eine bestimmte Zeit in dieser leben muss." Gerhard Schreiber, Jenseits der Geschlechterbinarität. Transsexualität, Theologie und Kirche, in: Marriage, Families & Spirituality 23 (2017) S. 52–69, hier: 63.

232 Cornelia Kunert, Geschlechtsidentität und Bewusstsein. Naturwissenschaftliche Fragen und philosophische Positionen, in: Schreiber (Hg.), Transsexualität, S. 597–633, hier: 628, 629. [Anm. 225]

233 Ebd., S. 628.

sicht als verfassungswidrig kritisierte – Transsexuellengesetz durch ein Selbstbestimmungsgesetz (SG) abgelöst werden. Der am 23. August 2023 vom Bundeskabinett beschlossene Entwurf zum SG[234] will trans: und inter: sowie nichtbinären Personen erleichtern, ihren Geschlechtseintrag ändern zu können. Inwieweit der Deutsche Bundestag dem Entwurf zustimmen wird, bleibt abzuwarten. Im Blick auf die diesbezüglich wohl weiterhin strittig geführte Debatte ist jedenfalls auf die Vermeidung von vorurteilsbeladenen Argumentationssträngen zu achten. Wenn der Entwurf zum SG einen Wechsel des Geschlechtseintrages und des Vornamens vereinfachen will, damit die geschlechtliche Selbstbestimmung nicht weiterhin unzumutbar eingeschränkt ist, dann besagt „vereinfachen" eben nicht Willkür, deren Möglichkeiten gesetzlich auszuschließen sind, und „unzumutbar" verlangt nach Kriterien der Zumutbarkeit, die speziell auch im Blick auf Minderjährige anzuwenden sind, da bei den meisten Kindern die Geschlechtsdysphorie mit der Pubertät verschwindet und sie in dieser Phase einer adäquaten Begleitung bedürfen.[235]

Eine „rechte" Rhetorik, die in der Regel nur den möglichen Missbrauch einer geschlechtlichen Selbstbestimmung argumentiert – etwa, dass Männer mit dem SG sich vor dem Standesamt „einfach" als Frauen erklären lassen, um sich in Frauenräume (öffentliche Toiletten, Umkleideräume oder Frauengefängnisse) einschleichen zu können –, vermag zwar Ängste zu schüren, doch lassen sich diese durch Erfahrungen anderer Länder, die bereits ein SG haben, nicht nachvollziehen. Auch von mehrmaligen Änderungen des Geschlechtseintrages wird aus diesen Ländern nicht nennenswert be-

234 URL: https://www.bmfsfj.de/bmfsfj/aktuelles/alle-meldungen/bundeskabinett-beschliesst-den-entwurf-zum-selbstbestimmungsgesetz--229610

235 Vgl. Wilhelm F. Preuss, Geschlechtsdysphorie, Transidentität und Transsexualität im Kindes- und Jugendalter. Diagnostik, Psychotherapie und Indikationsstellungen für die hormonelle Behandlung. München [3]2021.

richtet.[236] Abgesehen davon ist die dieser Rhetorik zugrunde liegende Vorstellung, dass trans: Personen mal eben ihr Geschlecht so einfach ändern, falsch und abstrus. Das Deutsche Institut für Menschenrechte unterstützt jedenfalls die „Ablösung des Transsexuellengesetzes durch eine Regelung zum Geschlechtseintrag im Personenstand auf der Basis der Selbstbestimmung“[237].

Katholischerseits existieren zum Thema Trans: kaum gewichtige Stellungnahmen. Einerseits begrüßen das *Zentralkomitee der deutschen Katholiken* und der *Bund der Deutschen Katholischen Jugend* die geplante Einführung des SG.[238] Andererseits ist in rechtskatholischer Rhetorik davon die Rede, dass, so der ehemalige Präfekt der Kongregation für die Glaubenslehre, Kardinal Gerhard Ludwig Müller, „Transgender ein großes Verbrechen an der Menschheit und an jungen Kindern“[239] ist. In bekannt wissenschaftlicher Unredlichkeit schreibt auch Gabriele Kuby noch im November 2017 in *Die Tagespost* von „Menschen mit einer psychischen Störung der Geschlechtsidentität (Transsexualität), welche als solche in der offiziellen Diagnoseliste ICD 10 geführt wird“[240]. Sie ignoriert dabei den zwei Jahre zuvor offiziell vorgestellten Entwurf des neuen ICD-11, was in (nicht nur) wissenschaftlichen Kontexten völlig inakzeptabel wäre.[241]

---

236 Vgl. URL: https://www.lsvd.de/de/ct/6417-Selbstbestimmungsgesetz#kritik-tsg

237 Vgl. URL: https://www.institut-fuer-menschenrechte.de/themen/sexuelle-orientierung-und-geschlechtsidentitaet/schutz-vor-diskriminierung-und-gewalt-1

238 Vgl. URL: https://www.zdk.de/veroeffentlichungen/pressemeldungen/detail/-Ein-guter-Tag-fuer-die-Menschenwuerde-ZdK-Praesidentin-begruesst-Entwurf-fuer-Selbstbestimmungsgesetz-1576H/; https://www.bdkj.de/aktuelles/artikel/bdkj-unterstuetzt-gesetzesentwurf-der-bundesregierung-zum-selbstbestimmungsgesetz

239 URL: https://www.youtube.com/watch?v=hMBuaVvdSYo

240 URL: https://www.die-tagespost.de/politik/drittes-geschlecht-per-erlass-art-183100

241 So ist etwa im nur 14 Monate nach Kubys Tagespostbeitrag veröffentlichten *Handbuch Interdisziplinäre Geschlechterforschung* ganz selbst-

Jenseits des wissenschaftlichen Forschungsstandes und folglich extrem irritierend argumentiert auf lehramtlicher Ebene das Schreiben der Bildungskongregation *Als Mann und Frau schuf er sie.* Hier wird in Nr. 25 ausgesagt, dass Transgender „den konstitutiven Unterschied von Mann und Frau zu überwinden" versucht, wobei das „Oszillieren zwischen männlich und weiblich letztlich zur bloß ‚provokatorischen' Demonstration gegen die sogenannten ‚traditionellen Schemata'" werde. Die geforderte „öffentliche Anerkennung der Freiheit der Wahl des Geschlechts" (MF 14; vgl. MF 11) wird also erkennbar als autonome Willkür unbegrenzter Wahlmöglichkeiten begriffen.

Anders irritierend erweist sich eine Aussage von Papst Franziskus im Rahmen einer Pressekonferenz am 2. Oktober 2016. Er berichtet von einem spanischen Trans:mann, der sich operieren ließ und danach geheiratet hat – und den er mit seiner Frau empfangen hat. Franziskus betont hier die Notwendigkeit der pastoralen Begleitung, wobei ihm das „Problem der Moral" stets präsent und gewichtig bleibt, denn „Sünde ist Sünde". Man muss daher dieses auch „menschliche Problem [...] lösen, so gut man kann, immer mit der Barmherzigkeit Gottes"[242]. Ganz ähnlich betont er am 25. Juli 2023 im „Popecast" gegenüber der trans: Person Giona, dass „Gott uns

verständlich im (zumindest 6 Monate vor Veröffentlichung einzureichenden) Artikel über Trans: zu lesen, dass für die „11. Fassung der ICD zu erwarten ist, dass transgeschlechtliche Phänomene als Geschlechtsinkongruenz klassifiziert und einem separaten Kapitel außerhalb des Bereichs psychischer Störungen zugeordnet werden". Vgl. Josch Hoenes/Utan Schirmer, Art. Transgender/Transsexualität. Forschungsperspektiven und Herausforderungen, in: Beate Kortendiek/Birgit Riegraf/Katja Sabisch (Hg.), Handbuch Interdisziplinäre Geschlechterforschung, Wiesbaden 2019, S. 1203–1212, hier: 1207.

242 Papst Franziskus, Pressekonferenz zum Abschluss der Apostolischen Reise nach Georgien und Aserbaidschan (02.10.2016). URL: http://w2.vatican.va/content/francesco/de/speeches/2016/october/documents/papa-francesco_20161002_georgia-azerbaijan-conferenza-stampa.html

so liebt, wie wir sind". Somit ist „der Herr immer an unserer Seite; er geht immer mit uns. […] Auch wenn wir Sünder sind, kommt er zu uns, um uns zu helfen."[243]

Entlang der Matrix einer heteronormativen Schöpfungsordnung sind solche Aussagen von Franziskus zwar nachvollziehbar, doch irritierend ist, dass ihm aus der Begleitung von trans: Personen kein Korrektiv oder zumindest eine Infragestellung der Moralordnung erwächst. Somit ist weiterhin alles von dieser Matrix Abweichende entweder Sünde, Perversion oder Krankheit, niemals aber eine Variante der Geschlechtsidentität. Was dieser Papst einerseits immer wieder provoziert, andererseits aber kaum je einlöst, sind – über die pastorale Begleitung im Einzelfall hinaus – Perspektiven einer katholischen Morallehre, die auch LGBTIQ-Personen zu integrieren vermag.

243 URL: https://www.vaticannews.va/de/papst/news/2023-07/popecast-podcast-papst-franziskus-wjt-jugendliche-trans-gott.html

Kapitel 3
Weiterführende Perspektiven

In diesem Kapitel, das weiterführende Perspektiven erörtert, wird zuerst im Anschluss an ein Buch des israelischen Philosophen Avishai Margalit der Frage nachgegangen, inwieweit die katholische Kirche dem Anspruch der Anständigkeit genügt. Diesbezüglich werden bekannte Defizite im Blick auf Laien allgemein und sodann speziell auf Frauen sowie queere Menschen benannt. Danach ist zu zeigen, dass diesem Anspruch nur nachgekommen werden kann, wenn der Primat des naturrechtlichen Denkens aufgegeben wird zugunsten des Primats der Liebe. Nur so kann eine Würdigung des wunderbar komplexen Lebens gelingen und zugleich die konstruktiv-kritische Integration menschenrechtlicher Diskurse erfolgen, welche Geschlechtergerechtigkeit und Anerkennung für queere Menschen auch innerkirchlich zumuten.

Anspruch Anstand

Jede Gesellschaft steht unter dem Anspruch, eine anständige Gesellschaft zu sein. Dieser Anspruch gilt nicht nur für die säkulare Gesellschaft, sondern auch für die katholische Kirche, die sich bis zum Zweiten Vatikanum offiziell auch als *societas* (dt. Gemeinschaft, Gesellschaft) verstanden hat. In scholastischer Tradition stehend hat Papst Pius XI. in der Enzyklika *Divini illius magistri* (1929) drei notwendige Gemeinschaften bzw. Gesellschaften aufgezählt, „die voneinander verschieden, aber nach Gottes Willen einvernehmlich verbunden sind“ (DzH 3685): die häusliche (lat. *societas domestica*), die bürgerliche (lat. *societas civilis*) und die kirchliche (lat. *societas ecclesia*), wobei zum einen die beiden erstgenannten Gesellschaften der natürlichen und die letztgenannte der übernatürlichen Ordnung angehören und zum anderen die erstgenannte eine unvollkommene (lat. *societas imperfecta*), die beiden anderen in je unterschiedlicher Hinsicht eine vollkommene Gesellschaft (lat. *societas perfecta*) sind.

Den zwei in ihrem je eigenen Bereich vollkommenen Gesellschaften – vollkommen ist hier nicht moralisch zu verstehen, sondern in Bezug auf die zur Verfügung stehenden Mittel, die zur Erreichung des jeweiligen Ziels der beiden Sozietäten notwendig sind – entsprechen auch zwei Gewalten, die staatliche und die kirchliche, welche entlang ihrer Rechtsordnungen, des staatlichen und kirchlichen Rechts, in ihrem Zuständigkeitsbereich klar voneinander abgegrenzt sind. Die *societas civilis* besitzt alles Notwendige für das ihr bestimmte Ziel: das Gemeinwohl des irdischen Lebens. Der *societas ecclesia* steht ebenso alles zur Verfügung, um das ihr bestimmte Ziel erreichen zu können: das ewige Heil der Menschen. Dagegen ist die häusliche Gemeinschaft, die Familie, zwar „von Gott selbst zu dem Zwecke gebildet und eingerichtet, für die Hervorbringung und Erziehung der Nachkommenschaft zu sorgen“, sie ist aber „eine unvollkommene Gemeinschaft, weil sie nicht über all jene Mittel verfügt, mit denen sie ihren höchst edlen Zweck vollkommen erreichen kann“ (DzH 3685).

Obzwar die Lehre von zwei vollkommenen und einer unvollkommenen Gesellschaft seit dem letzten Konzil aufgrund eines modifizierten Verstehens von Kirche in ihrem Verhältnis zur Welt kaum noch eine Rolle spielt, wirken innerkirchlich dennoch einzelne Inhalte subtil, aber nachhaltig weiter. Das ist hier nicht weiter zu vertiefen, wird aber am Ende dieses Kapitels in Bezug auf die Menschenrechte noch Thema sein. Vorerst sollte nur gezeigt werden, dass Kirche– wiewohl sich ihr Verständnis darin nicht erschöpft – auch in ihrer Sozialgestalt bzw. als Institution wahrzunehmen ist. Als solche unterliegt sie dem Anspruch der Anständigkeit, sofern „die übelste Weise, das Evangelium zu verflüssigen“ auch als Übel identifiziert wird, was besagt, dem „Primat der Liebe als Antwort auf die ungeschuldete Initiative der Liebe Gottes“ (AL 311) Hindernisse entgegenzustellen.

Avishai Margalits Idee der anständigen Gesellschaft

Die Idee einer anständigen Gesellschaft ist für den Philosophen Avishai Margalit (*1939) „als eine Gesellschaft zu beschreiben, in der niemand herabgesetzt und gedemütigt wird“[244]. Im Buch *Politik der Würde* (PdW), das im englischen Original adäquater mit *The Decent Society* („Die anständige Gesellschaft“) betitelt ist, entfaltet er diese Idee makroethisch, d. h., er thematisiert Anständigkeit nicht auf mikroethischer Ebene hinsichtlich der Beziehungen zwischen Individuen[245], sondern darauf hin, inwieweit die Gesamtheit der Institutionen und Strukturen einer Gesellschaft anständig sind, diese also Menschen nicht demütigen. Demütigung verweist auf soziale Bedingungen, „die einer Person einen rationalen Grund geben, sich in ihrer Selbstachtung verletzt zu sehen“ (PdW 21). Selbstachtung wiederum begreift Margalit in Anlehnung an Immanuel Kants Würdekonzept. Demnach hat jeder Mensch einen Wert an sich und ist daher von anderen Personen niemals bloß als Mittel zu irgendeinem Zweck, sondern jederzeit zugleich als Selbstzweck zu behandeln. Somit geht es bei der Verletzung der Selbstachtung um den inneren Wert einer Person, darum, „ihr die Menschlichkeit abzusprechen, was wiederum bedeutet, sie so zu behandeln, als ob sie kein Mensch wäre, sondern bloß ein Ding, Werkzeug, Tier, Untermensch oder Mensch zweiter Klasse“ (PdW 126). Ein solches „Als-ob-Verhalten“ verweigert nicht nur, Menschen als vollwertige Menschen zu sehen, es impliziert auch – ganz im Sinne von Judith Butler – die Disposition zum Ausschluss von Menschen oder Gruppen von Menschen aus der Gemeinschaft intelligibler Subjekte.

Für Margalit verläuft der Prozess der Demütigung primär nicht entlang bewusster Entscheidungen, sondern gründet in Haltungen, „die tiefer verwurzelt und grundlegender sind

244 Avishai Margalit, Politik der Würde. Über Achtung und Verachtung, Berlin 2012, S. 10.

245 Vgl. hierzu: Peter Bieri, Eine Art zu leben. Über die Vielfalt menschlicher Würde, München 2013.

als Ansichten oder Meinungen" (PdW 113). Er inkludiert ebenso Stigmata, die „das Kainsmal für die Menschlichkeit des Menschen [sind]. Es ist, als wären die Stigmatisierten für ihre Mitmenschen mit einem Etikett versehen, das sie weniger menschlich erscheinen läßt" (PdW 109). Folglich ist „ein ‚astigmatisches' Sehen" (PdW 112) herausgefordert. Margalit veranschaulicht die Idee einer anständigen Gesellschaft im Kontrastverfahren anhand zahlreicher Beispiele institutioneller Demütigung, etwa in Bezug auf Arbeitslosigkeit, Wohltätigkeit oder Strafvollzug.

Erwähnenswert ist noch Margalits Klärung der Frage, ob bereits eine tolerante oder letztlich nur eine pluralistische Gesellschaft anständig sein kann. Eine tolerante Gesellschaft duldet

> „zwar eine Vielfalt konkurrierender Lebensweisen, begreift diese Vielfalt aber nicht als Wert. Eine pluralistische Gesellschaft hingegen toleriert konkurrierende Lebensweisen nicht nur, sondern hält deren Existenz ausdrücklich für wertvoll." (PdW 175)

Zwar kann mitunter auch Toleranz „eine hinreichende Bedingung für die anständige Gesellschaft" (PdW 175) sein. Trotzdem entspricht der Pluralismus als Haltung dem Grundsatz einer anständigen Gesellschaft deutlich mehr, weil hier aufgrund der Anerkennung von Vielfalt das „Prinzip der wohlwollenden Interpretation zugunsten der Schwächeren" (PdW 181) eine starke Geltung aufweist. Eine anständige Gesellschaft ist zudem bereit, zuzulassen, dass „die verletzliche Minderheit selbst entscheiden soll, was als Demütigung zu gelten hat" (PdW 179). Sie wird sich daher „im Zweifelsfall stets auf die Seite der Schwächeren" (PdW 180) stellen.

Margalits Entwurf einer anständigen Gesellschaft ist nach dessen eigenen Angaben nicht als eine Theorie im strengen Sinne zu begreifen, da er „zu einem wesentlichen Teil auf der Analyse von Begriffen aus dem semantischen Feld von Achtung und Demütigung" (PdW 274) beruht. Ein Nachdenken über solche Begriffe stellt stets eine „systematische

Verbindung von Vernunft und Gefühl“ her, reflektiert also über „Begriffe mit Empfindungsgehalt“ (PdW 276), die sich für eine Theoriebildung nur bedingt eignen. Dennoch ist „ihnen auch Sachgehalt zuzusprechen“ (PdW 277), weshalb Margalits Entwurf auch produktiv auf das katholische Feld bezogen werden kann.

Die katholische Kirche – eine anständige Gesellschaft?

Die Idee einer anständigen Gesellschaft hat nach Margalit auch Religionen als „identitätsstiftende Gruppen“ (vgl. PdW 142ff.) bzw. als Institutionen innerhalb einer Gesellschaft einzubeziehen. Dabei gehe es zum einen darum, „wie die gesamtgesellschaftlichen Institutionen die identitätsstiftenden Gruppen behandeln“, und zum anderen, „wie die Institutionen der identitätsstiftenden Gruppen mit ihren eigenen Mitgliedern umgehen. In beiden Fällen dürfen keine Demütigungen zugefügt werden.“ (PdW 265f.) Während es im ersten Fall um das moderne Verhältnis von Staat und Kirche geht, was hier nicht weiter aufzugreifen ist, verweist der zweite Fall das Thema der Anständigkeit in den binnenkirchlichen Bereich, also darauf, inwieweit die katholische Kirche durch ihre Lehre und Rechtsordnung die ihr zugehörigen gläubigen Menschen erniedrigt bzw. in ihrer Selbstachtung verletzt. Dieses weite Thema ist prägnant in dreifacher Hinsicht zu entfalten: im Blick auf den „Stand jener Christgläubigen, die man Laien nennt“ (LG 30), sodann innerhalb dieses Standes speziell im Blick auf Frauen und auf LGBTIQ-Personen.

... im Blick auf jene, „die man Laien nennt“

Die ersten drei Kapitel der konziliaren Kirchenkonstitution *Lumen gentium* verdeutlichen die Kirche zunächst als Mysterium, dann als Volk G|ttes und schließlich in ihrer hierarchischen Verfassung. Das vierte Kapitel ist der „Stellung und Sendung“ (LG 30) der Laien gewidmet, nachdem das, was im zweiten Kapitel bereits „über das Volk Gottes gesagt wurde, in gleicher Weise an Laien, Ordensleute und Kleriker" (LG 30) adressiert war.

Das vorkonziliare Erbe enthält ein hierarchisches Verständnis von Kirche, das in der Zentrierung auf den Klerus nur ein passives Verständnis von christgläubigen Laien kennt. Das Leitbild von Kirche war das einer Herde unter ihrem Hirten im Sinne einer Zwei-Klassen-Gesellschaft von Klerus und Laien. Deutlich wurde das unter anderem in der sog. tridentinischen Messe, die als Klerikerliturgie *für* das katholische Volk gefeiert wurde. Kurzum: Aufgabe der Laien war „to pray, to obey and to pay", ansonsten machte

> „der Klerus allein die Kirche aus. Er hat alles, alle Vollmacht, die der Kirche gegeben ist, ihm fehlt nichts, was die Kirche bestimmt. Die Laien bringen sachlich der Kirche nichts hinzu, was nicht der Klerus alleine und für sich auch schon hätte."[246]

Folglich war – und ist oft heute noch – die Außenwahrnehmung von Kirche tendenziell laienlos. Sie erscheint vielen vor allem als „Amtskirche", bestenfalls sekundär auch als „Volk G|ttes".

Das sollte auf und mit dem Zweiten Vatikanum anders werden, da hier allen – erst im dritten Kapitel von *Lumen gentium* genannten – Unterscheidungen der Dienste und Ämter vorausgehend, das gemeinsame Volk-G|ttes-Sein als „das sichtbare Sakrament" (LG 9) zum leitenden Verständnis von Kirche erklärt wurde. Markant ist diesbezüglich, im Unterschied zum Hierarchiemodell von Kirche, vom Communiomodell die Rede, weil Kirche als Volk G|ttes besagt, dass nicht schon der Klerus allein die Kirche ausmacht, sondern erst alle Glaubenden zusammen, insofern in ihnen „der eine und gleiche Geist wirkt" (1 Kor 12,11; vgl. LG 7). Das Konzil hat dieses Communiomodell bewusst den Aussagen zur hierarchischen Verfassung der Kirche vorangestellt, um zu ver-

246 Peter Neuner, Der Laie und das Gottesvolk, Frankfurt a. M. 1988, S. 113.

deutlichen, dass diese „geistgewirkte Gleichrangigkeit aller im Glauben das Fundament jeder kirchlichen Lebensordnung und Struktur“[247] bildet.

Doch die im vierten Kapitel erneut betonte „wahre Gleichheit in der allen Gläubigen gemeinsamen Würde und Tätigkeit zum Aufbau des Leibes Christi“ erfolgt sogleich mit dem Verweis auf den „Unterschied, den der Herr zwischen den geweihten Amtsträgern und dem übrigen Gottesvolk gesetzt hat“ (LG 32). Das Schema der Über- und Unterordnung von Klerus und Laien erfährt damit trotz aller Modifikationen eine vorkonziliar nachwirkende Fortsetzung. Primäre Ursache dafür ist, dass das Konzil hintereinander zwei Ekklesiologien völlig unvermittelt zur Aussage bringt. Das im dritten Kapitel von *Lumen gentium* dargelegte Hierarchiemodell wird „unter vollkommener Ausblendung des im II. Kapitel noch dominierenden Leitgedankens einer Volk-Gottes-Ekklesiologie konzipiert“[248]. Angesichts einer nach dem Konzil in vielerlei Hinsicht tendenziell der neuscholastischen Identitätslogik verhafteten Rezeptionsgeschichte wird sodann 1983 ein die konziliaren Vorgaben umsetzendes Kirchenrecht promulgiert, wo in can. 207 §1 der Laie lediglich der Abgrenzung zum Kleriker dient, ohne eine inhaltlich positive Nennung zu erfahren. Die kirchenrechtliche Stellung der Laien sei „katastrophal“, meint lapidar Thomas Sternberg, der bis Ende 2021 amtierende Präsident des Zentralkomitees der deutschen Katholiken.[249]

Trotz aller Neuerungen auf dem Konzil, die nachkonziliar zunächst ein starkes Engagement von Laien in vielfältigen

---

247 Medard Kehl, Die Kirche. Eine katholische Ekklesiologie, Würzburg 1992, S. 106.

248 Johanna Rahner, Klerus und Laien. Genese und Transformation eines typisch katholischen Paradigmas, in: Markus Graulich/Dies. (Hg.), Synodalität in der katholischen Kirche. Die Studie der Internationalen Theologischen Kommission im Diskurs, Freiburg i. Br./Basel/Wien 2020, S. 170–195, hier: 184.

249 URL: https://www.katholisch.de/artikel/31827-sternberg-stellung-der-laien-im-kirchenrecht-ist-katastrophal

kirchlichen Feldern ausgelöst hatten, ist daher alsbald Ernüchterung eingetreten – auch infolge multipler Grenzerfahrungen hinsichtlich einer selbstständigen Mitverantwortung von Laien in der Kirche. So können Laien z. B. keinerlei relevante kirchliche Entscheidungen ohne „Absegnung" durch Kleriker treffen, da ihnen nur eine beratende Funktion zukommt. Der Kirchenrechtlerin Sabine Demel zufolge erweist sich darum die wahre Gleichheit aller Gläubigen in der Ausgestaltung der Dienste und Ämter in der Kirche als „im höchsten Maße unbefriedigend", denn die

> „sogenannten Gremien der Mitverantwortung des ganzen Gottesvolkes sind rechtlich unzureichend konzipiert. Sie sind im Anschluß an das II. Vatikanische Konzil als institutioneller Raum geschaffen worden, in dem sich die Teilhabe des ganzen Gottesvolkes an der Sendung der Kirche artikulieren soll. [...] Doch in der rechtlichen Ausgestaltung ist für alle diese repräsentativen Einrichtungen des Volkes Gottes ausschließlich eine Mitwirkung in der Form der Beratung vorgesehen; es ist also keinerlei Mitentscheidungskompetenz rechtlich verankert. Daher ist festzuhalten: Das, was die Lehre von der wahren Gleichheit aller Gläubigen kraft der Taufe verlangt, nämlich einen Kommunikationsprozeß von Bischof oder Pfarrer mit dem jeweiligen ihm zur Leitung anvertrauten Volk Gottes, ist dadurch rechtlich nicht garantiert."[250]

Darum wird, so Demel weiter, „nach wie vor den Klerikern in nahezu allen kirchlichen Angelegenheiten eine derart unersetzliche Rolle zugesprochen, daß der je eigene Anteil der anderen Gläubigen, also der Laien, nicht zum Tragen kommt"[251]. Vor allem wichtige Ämter in der Kirche werden nur äußerst selten von Laien ausgeübt. Die konziliare Lehre von der wahren Gleichheit aller Gläubigen tritt somit

---

250 Sabine Demel, Laien-(Ohn-)Macht in der katholischen Kirche? Das deutschschweizerische Modell im Kontext kirchenrechtlicher Reformforderungen, in: Orientierung 72 (4/2008) S. 42–48, hier: 44.

251 Ebd.

> „nur sehr eingeschränkt in Erscheinung. Anders gesagt: Die Laien sind bisher nur in der abstrakten Theorie zu aktiv Handelnden, zu Protagonisten gemacht worden, bei den konkreten, kirchlichen Lebensvollzügen sind sie aber weiterhin in die Statistenrolle verwiesen."[252]

Demel fordert daher innerhalb der Kirche „deutlich mehr Ausübungsrechte, Mitspracherechte und Mitgestaltungsrechte für Laien"[253].

Oft wird das laikale Dilemma der fehlenden Mitentscheidungskompetenz in der Kirche mit dem Hinweis zu entschärfen versucht, dass Laien primär „der Weltcharakter in besonderer Weise eigen" (LG 31) ist. Wird damit eine deskriptive Aussage verbunden, wonach Laien ihre kirchliche Sendung *de facto* weithin in den „normalen Verhältnissen des Familien- und Gesellschaftslebens" (LG 31) ausüben, dann ist dagegen nichts einzuwenden. Wird darin aber eine theologisch-normative Aussage gesehen, welche die Sendung der Laien dem Weltdienst, jene der geweihten Amtsträger dem Heilsdienst zuordnet, dann ist das zurückzuweisen. Mit derart gegensätzlichen Zuordnungen wäre die in der Volk-G|ttes-Theologie zum Ausdruck gebrachte geistgewirkte Einheit aller Glaubenden nicht mehr ernst genommen.

Außerdem ist die Welt Wirkbereich der ganzen Kirche. Der Dienst von Laien in der Welt ist deshalb kein rein weltlicher Dienst, er ist Heilsdienst und so zugleich kirchlicher Dienst. Wenn aber das „Apostolat der Laien Teilnahme an der Heilssendung der Kirche selbst" (LG 33) ist, dann haben Laien ihren vornehmlichen Platz nicht nur außerhalb der Kirche, sondern „ihre Vollmacht und ihr Recht sehr wohl auch *in* der Kirche"[254], d.h., auch Laien müssen dann „mitverantwortlich *in* der Kirche und nicht nur in den von der Kirche unterschiedenen ‚weltlichen' Lebensbereichen ihre Berufung

252 Ebd.

253 Ebd.

254 Peter Neuner, Der Laie und das Gottesvolk, S. 131. [Anm. 246]

als Christen erfüllen“[255]. Eine Lösung des laikalen Dilemmas über den Weg der Zuordnung zum Weltdienst würde zudem Laien als gespaltene Personen begreifen, deren Aufgabe

> „in der Kirche aus Passivität und in der Welt aus Aktivität bestehe. Das ist im Grunde genommen das alte Muster der patriarchalen Trennung von Klerus und Laien, von lehrender und hörender Kirche. Diese Auffassung ist jedoch nicht konzilsverträglich.“[256]

Das laikale Dilemma beruht auf einer Konzilsunverträglichkeit, die freilich viel zu selten als Krankheit diagnostiziert wird, da das alte Muster des Klerikalismus keineswegs der Vergangenheit angehört. Papst Franziskus beklagt im Apostolischen Schreiben *Evangelii gaudium* (EG), dass Laien in der Kirche oft „aufgrund eines übertriebenen Klerikalismus, der sie nicht in die Entscheidungen einbezieht, keinen Raum gefunden haben, um sich ausdrücken und handeln zu können“ (EG 102). Wiederholt warnt er daher vor den Gefahren eines Klerikalismus, der ihm jene „innerkirchliche Dominanz der Priester über die Laien“[257] bezeichnet, welche die vom Konzil ausgelöste, letztlich aber „aus dem Evangelium selbst“ kommende „Bewegung der Erneuerung“ verdunkelt – speziell das erneuerte Kirchenverständnis, denn das „Bild der Kirche, das mir gefällt, ist das des heiligen Volkes Gottes“[258]. Wenig erstaunlich lehnt er auch „klerikalisierte Laien“ ab, diese seien „eine Pest in der Kirche“[259]. Dagegen verdeutlicht aber Franziskus in seiner mehrfachen Kritik am Synodalen

---

255 Medard Kehl, Die Kirche, S. 123. [Anm. 247]

256 Leo Karrer, Die Stunde der Laien. Von der Würde eines namenlosen Standes, Freiburg i. Br. 1999, S. 105.

257 Philipp Müller, Franziskus‘ Kampf gegen den Klerikalismus. Narzissmus und Machtbestrebungen in der Kirche, in: Stimmen der Zeit 143 (4/2018) S. 237–244, hier: 238.

258 Antonio Spadaro, Das Interview mit Papst Franziskus. Hg. v. Andreas R. Batlogg, Freiburg i. Br. 2013, S. 43.

259 URL: https://www.katholisch.de/artikel/44026-papst-franziskus-der-laie-muss-laie-bleiben

Weg in Deutschland ein Verständnis von Synodalität, das zu besagen scheint:

> „Alle Gläubigen sollen in irgendeiner Weise beraten dürfen oder zumindest befragt werden. Am Ende kann das Volk Gottes aber sagen, was es will – die Entscheider sind der Papst beziehungsweise die Bischöfe.“[260]

Wie dem auch sei: Solange Laien in der katholischen Kirche angesichts ihrer in der Taufe gründenden wahren Gleichheit nicht entsprechend gewürdigt und mit Rechten der Mitverantwortung ausgestattet sind, wird für viele von ihnen ein dynamisch fortschreitender Entfremdungsprozess infolge von Enttäuschungen und Verletzungen mit und in der Kirche unaufhaltsam sein. Jene, die bleiben, werden nicht selten aufgerieben und zermürbt – etwa bezüglich des Missbrauchsskandals oder mancher Aspekte der kirchlichen Lehre.

Stellvertretend sei hierzu der Journalist Raoul Löbbert zitiert:

> „Katholisch zu sein zermürbt. Ständig ist man im Verteidigungsmodus. Einerseits muss man einer ungläubiger werdenden Gesellschaft erklären, warum man überhaupt an Gott glaubt. Und andererseits meint man, ständig alles, was einen noch in dieser Kirche hält, gegen eine Institution verteidigen zu müssen, die sich über Jahrhunderte antrainiert hat, von oben herab mit den Menschen zu reden, und sich umso verzweifelter an die Macht klammert, je mehr ihr diese aus den Händen gleitet.
>
> Jedes Jahr dasselbe: Wir Katholiken werden weniger. Als einer der Übriggebliebenen denke ich an die, die Abschied nehmen, und empfinde Neid. Wie können sie einfach so gehen, frage ich mich. Wie können sie so tun, als hätten sie mit dieser Kirche nie etwas zu tun gehabt, als seien sie keine getauften Christen? Wie sie würde ich mich auch gerne in ein Davor und ein Da-

---

260 URL: https://www.katholisch.de/artikel/43272-reale-beteiligung-des-gottesvolks-ist-bei-franziskus-nicht-drin

nach spalten können. Doch der Katholizismus ist zu sehr Teil meiner selbst."[261]

Unter jenen, die nicht bleiben, sondern austreten, mögen viele sein, die seit Jahren keinen Bezug zur Kirche mehr hatten. Doch auch andere Austrittsmotive werden vom Limburger Bischof Georg Bätzing in einer Predigt an Allerheiligen 2022 genannt:

> „Andere wollen bewusst ein Zeichen setzen und signalisieren mit dem Kirchenaustritt ihr Unverständnis über den Missbrauch und seine jahrzehntelange Vertuschung in der Kirche. Finanzskandale, Intransparenz und das unsensible Gebaren mancher Kirchenleute quittieren wieder andere mit ihrer Entscheidung. Deutlich zugenommen hat die Zahl derer, die sich jahre- und jahrzehntelang für die Kirche engagiert haben, die nun aber gehen, weil sie enttäuscht sind, weil sie nicht erkennen können, dass sich die Kirche in wichtigen Fragen wirklich bewegt. […] Sie wollen und können nicht mehr mit."[262]

Auf Dauer bleibt ein nachhaltiger Geschmack von Unanständigkeit zurück, wenn engagierten Laien permanent ihre reale Ungleichheit im kirchlichen System gespiegelt wird. Erlangt aber die gesellschaftlich wachsende Sensibilität für menschenrechtliche Diskurse, für Geschlechtergerechtigkeit und Nichtdiskriminierung, wie sie vor allem über „weltliche" Laien in kirchliche Prozesse Eingang finden, keine angemessene Ausgestaltung in kirchlicher Theorie und Praxis, sind laikale Frustrationen vorprogrammiert.

---

261 Raoul Löbbert, Katholisch sein macht mürbe, in: Die Tageszeitung (18.08.2019). URL: https://taz.de/Verhaeltnis-von-Glaeubigen-zur-Kirche/!5615809/

262 Bischof Georg Bätzing, Predigt an Allerheiligen 2022. URL: https://bischof.bistumlimburg.de/fileadmin/redaktion/Portal/OnlineRedaktion/Bischof_Baetzing/2022_Predigten_Baetzing/Predigt_Allerheiligen_2022.pdf

„Entsprechend erleben viele kirchlich Engagierte, vor allem Frauen, es als widersprüchlich, sich für das Evangelium von der universalen Menschenliebe Gottes und für Gerechtigkeit einzusetzen und gleichzeitig ein kirchliches System mitzutragen, das diese Botschaft zwar verkündet, aber in ihren Leitungsstrukturen systematisch verrät. [...] Die Kirche wird diese Missstände nur überwinden können, wenn sie die strukturellen Ursachen des Unrechts beseitigt. Denn die fehlende Partizipation ist ein Hindernis, ‚das Evangelium überhaupt zu entdecken'. Deshalb erleben wir eine Krise der Glaubensvermittlung, eine Krise, die durch die Vorherrschaft eines klerikal-institutionellen Kirchenmodells verursacht wird."[263]

Die Vorherrschaft eines Communiomodells von Kirche, das der wahren Gleichheit aller Gläubigen gerecht werden würde, stellt auch Jahrzehnte nach dem Ende des Konzils ein Desiderat dar. Die damit verbundenen Implikationen werden im Sinne von Avishai Margalit von nicht wenigen Laien als unanständig erfahren. Das gilt speziell für Frauen. Hierzu vermerkt Christiane Florin mit spitzen Worten, die zugleich zum nächsten Abschnitt überleiten:

„Auch da wünsche ich mir, dass jene, die Nicht-Männern die Gleichberechtigung verweigern, das Lügen sein lassen. Sie sollen nicht immer Jesus, den Mann, vorschieben und seine männlichen Apostel, wenn sie eigentlich sagen wollen: ‚Mich stören die Weiber'.

Sie sollen nicht weichgespült-verständnisvoll daherreden, als gehe es um Ungerechtigkeitsempfindensminderung. Die lange Geschichte der kirchlichen Frauenverachtung, der Frauenfeindlichkeit, der Gewalt in Worten und Werken ist eine Tatsache, kein subjektives Gefühl."[264]

---

263 Daniel Kosch, Mitverantwortung heisst Mitentscheiden (I). URL: https://www.feinschwarz.net/mitverantwortung-heisst-mitentscheiden/

264 Lassen Sie mich nicht lügen! Dankrede von Christiane Florin (7.Mai 2023). URL: https://www.feinschwarz.net/lassen-sie-mich-nicht-luegen/

… im Blick auf Frauen

Die sog. „Frauenfrage" bzw. die Frage nach Geschlechtergerechtigkeit gilt mittlerweile als wichtige, wenn nicht als *die* Zukunftsfrage der katholischen Kirche. Eine von vier Thesen zu Gegenwart und Zukunft der Kirche widmet etwa der Religionssoziologe Michael N. Ebertz dieser Frage. Er spricht von Benachteiligung und Diskriminierung, von struktureller Gewalt und tiefer Ungerechtigkeit, die Frauen im Kontext eines klerikalen Stockwerk-Denkens erfahren.[265] Vereinzelt markieren auch Bischöfe, wie z. B. Georg Bätzing, derzeit Vorsitzender der Deutschen Bischofskonferenz, die Gleichberechtigung von Frauen als „dringendste Zukunftsfrage"[266] der katholischen Kirche. Schließlich weiß auch Papst Franziskus, dass die „Frau für die Kirche unabdingbar" ist, weshalb auch „mehr über eine gründliche Theologie der Frau"[267] nachgedacht werden müsse. Nur zwei Sätze später spricht er aber vom weiblichen Genius, der kirchlich benötigt werde, was nicht wenigen sogleich das Frauenbild von Papst Johannes Paul II. aufsteigen und diese folglich hoffen lässt, dass eine solche Theologie der Frau besser nie geschrieben werden würde.

Christiane Florins Buch *Der Weiberaufstand* ist jedenfalls wesentlich dem Umstand verdankt, dass „Frauenfrage auf katholisch heißt: Männer antworten, bevor Frauen etwas wissen wollten."[268] Weiterhin wird *die* Frauenfrage vor allem aus klerikaler Sicht zu klären versucht, meist nur „im Licht des Evangeliums" unter Absehung „der menschlichen Erfahrung", die unvermeidbar auch die Anliegen feministischer Bewegungen sowie der Gender/Queer Studies inklu-

---

265 Michael N. Ebertz, Entmachtung. 4 Thesen zu Gegenwart und Zukunft der Kirche, Ostfildern 2021, S. 46–61.

266 URL: https://www.katholisch.de/artikel/24730-baetzing-frauenfrage-wird-wichtigste-herausforderung-meiner-amtszeit

267 Antonio Spadaro, Das Interview, S. 56. [Anm. 258]

268 Christiane Florin, Der Weiberaufstand. Warum Frauen in der katholischen Kirche mehr Macht brauchen, München 2017, S. 17f.

dieren würde. Mit männlicher Definitionshoheit wird somit ein Wesen der Frau etabliert, wie es nachkonziliar vor allem Johannes Paul II. dargelegt hat und bis heute über Benedikt XVI. bis hin zu Franziskus nicht abgelegt worden ist. Aus „Frauensicht" löst das nicht selten Verärgerung, zumindest aber Verwunderung aus, dass hier nach wie vor „Männer glauben, sie könnten ‚das' Wesen ‚der' Frau definieren, ohne wahrzunehmen, dass es nicht einen Typus Frau, sondern viele, unterschiedliche Frauen gibt und diese sich durchaus selbst definieren können, wenn das überhaupt nötig sein soll"[269].

Obzwar Papst Franziskus es für einen Akt der Gerechtigkeit hält, Frauen auch an entscheidenden Stellen in der Kirche stärker einzubeziehen, hält er unverändert daran fest, dass Frauen ganz anders als Männer sind, „weil sie anders denken und denken lassen, weil sie Mütter sind, was anders ist"[270]. Diese Andersheit kann bei Franziskus durchaus schräge Ausdrucksweisen annehmen, wenn Frauen z. B. unterstellt wird, im Zusammenhang mit der Abtreibung „einen Auftragsmörder anzuheuern"[271], wenn Theologinnen „das Sahnehäubchen auf der Torte"[272] sind oder Priester gemahnt werden, sich als Männer zu verhalten und „keine geschwätzigen al-

---

269 Gisela Muschiol im Interview (11.10.2022), Beziehungsstatus kompliziert: Das Konzil und die Frauen. URL: https://www.katholisch.de/artikel/41425-beziehungsstatus-kompliziert-das-konzil-und-die-frauen

270 URL: https://www.domradio.de/artikel/blick-auf-papst-franziskus-und-die-frauen-der-kirche

271 Papst Franziskus, Generalaudienz am 10. Oktober 2018. URL: https://www.vatican.va/content/francesco/de/audiences/2018/documents/papa-francesco_20181010_udienza-generale.html

272 Ansprache von Papst Franziskus an die Mitglieder der Internationalen Theologischen Kommission am 5. Dezember 2014. URL: https://www.vatican.va/content/francesco/de/speeches/2014/december/documents/papa-francesco_20141205_commissione-teologica-internazionale.html

ten Frauen"[273] zu sein. Solche Aussagen werden zu Recht als frauenfeindlich, verletzend, patriarchal und sexistisch kritisiert, selbst wenn zuzugestehen ist, dass es sich dabei oft um spontane Äußerungen des Papstes handelt.

Die Betonung der Andersheit dient aber letztlich immer auch der Bekräftigung des Neins zum Frauenpriestertum und dürfte darin ihr zentrales Motiv finden. Ganz auf der Linie der Vorgängerpäpste betont Franziskus wiederholt[274], dass in der katholischen Kirche nur das petrinische Prinzip mit Weiheämtern konform gehen könne. Frauen dagegen sind dem marianischen Prinzip zugeordnet, das dem Papst zufolge sogar wichtiger sei, weil die Kirche Frau, Mutter und Braut ist.

Die wichtigsten Argumente, die lehramtlich gegen die Zulassung von Frauen zum Priesteramt vorgebracht werden, fasst nach dem Konzil erstmals die von der Glaubenskongregation 1976 veröffentlichte Erklärung *Inter insigniores* (II) zusammen. Verwiesen wird hier, erstens, auf das biblisch bezeugte Vorbild Jesu, der nur Männer zu Apostel berufen und keine Frauen in seinen engeren Zwölfer-Kreis aufgenommen hat, ferner auf die konstante Praxis der Kirche, wonach allein Männer zu Priestern geweiht worden sind, und schließlich, drittens, auf die durchgängige Lehrmeinung der Kirche, die stets am Ausschluss der Frauenordination festgehalten hat. Ein viertes, durchaus zentrales Argument betont, dass „der Priester bei der Ausübung seines Amtes nicht in eigener Person" handelt, sondern „*in persona Christi*" als dessen „Ikone", d. h., „er repräsentiert Christus, der durch ihn handelt" (II 5). Wenn aber im Priesteramt Christus gegenüber seiner Kirche sakramental repräsentiert wird, dann müsse das auch eine natürliche Ähnlichkeit (lat. *naturalis similitudo*) implizieren, da man andernfalls im Priester „nur schwerlich das Abbild Christi erblicken [würde]. Christus selbst war und bleibt nämlich ein

273 URL: https://www.vaticannews.va/de/papst/news/2022-11/papst-franziskus-audienz-lateinamerikanische-priesterseminare.html

274 Vgl. URL: https://www.osservatoreromano.va/de/news/2022-12/ted-048/das-petrinische-und-das-marianische-prinzip-in-der-kirche.html

Mann.“ (II 5) Für das priesterliche Handeln *in persona Christi*, des Bräutigams der Kirche, wird also das Mannsein als unverzichtbarer Aspekt der sakramentalen Repräsentanz festgehalten. Darum gilt: Nicht die Weihe allein macht den Menschen zum Priester, sondern nur die Weihe männlicher Menschen. Folglich anerkennt die katholische Kirche Berufungen zum Priestersein nur für Männer, nicht aber für Frauen. Im Kirchenrecht heißt es dazu prägnant: „Die heilige Weihe empfängt gültig nur ein getaufter Mann.“ (CIC can. 1024)

Diese Argumente für den Ausschluss der Frauen vom priesterlichen Amt gelten in der theologischen Debatte zwar weithin als schwach, werden aber, davon unbeirrt, kirchenlehramtlich durchgehend hochgehalten. Ohne hier auf Details dieser Debatte eingehen zu können: Schwach erscheint beispielsweise der argumentative Hinweis auf den Zwölfer-Kreis, der ja im Blick auf die zwölf männlich benannten Stämme Israels primär ein symbolischer Hinweis auf das neue Israel sein will. Ein wortwörtlicher Biblizismus ist aber zu vermeiden, denn auch ein patriarchales Geschlechterverständnis wie auch die Sklaverei sind biblisch als Säulen der gesellschaftlichen Ordnung überliefert, und beides würde heute im Sinne des Evangeliums nicht mehr akzeptiert werden. Auch der argumentative Verweis auf die Tradition erweist sich insofern als ungenügend, als sich die kirchliche Ämterstruktur erst in den frühen christlichen Jahrhunderten entwickelt hat. Zudem gab es in der frühesten Kirche nachweislich auch Diakoninnen.[275] Nachdenkprozesse zur möglichen Wiederaufnahme dieser alten Tradition hat Papst Franziskus zwar offiziell angestoßen, diese stehen aber vor dem Problem, dass das dreistufige Weiheamt – Diakonat (Diakonweihe), Presbyterat (Priesterweihe) und Episkopat (Bischofsweihe) – nur Männern vorbehalten ist und die Diakonweihe (mit Ausnahme des erst 1968 eingeführten ständigen Diakonats für Männer) als Vorstufe zur Priesterweihe gilt. Folglich müsste für Frauen, da sie nach

275 Vgl. URL: https://www.vaticannews.va/de/kirche/news/2018-01/wer-waren-die-diakoninnen-in-der-fruehen-kirche-.html

katholischer Lehre keine Priesterin und auch keine Bischöfin sein können, wohl ein Diakonat eigener Art angedacht werden. Auch das Zölibatsgesetz existiert erst seit dem Zweiten Laterankonzil von 1139. Es war unter anderem auch durch die Vorstellung der kultischen Reinheit des Priesters motiviert, die im Blick auf das Menstruationsblut der Frau offenbar als gefährdeter eingestuft wurde als die Pollution des Mannes.

Das Argument der natürlichen Ähnlichkeit, das auf den ersten Blick ähnlich reflexionsstabil erscheint wie die Alltagstheorie der natürlichen Zweigeschlechtlichkeit, wird ebenso kontrovers diskutiert. Zum einen wird kritisch angemerkt, dass hier das in der Tradition so gewichtige Argument der (stets auch natürlich begründeten) Inferiorität von Frauen – deren Status der Unterordnung und reduzierte G|ttebenbildlichkeit – weiterhin als Ausschlussgrund der Frau vom Weiheamt nachwirkt, was heute aber nur noch als eine *worst practice*-Argumentation aufrecht zu erhalten wäre. Zum anderen wird die als Maß der Ähnlichkeit herangezogene biologische Komponente als inadäquat kritisiert. Warum etwa ist für die sakramentale Repräsentanz nur das Mannsein Jesu relevant, das Judesein aber nicht? Warum ist die Hautfarbe nicht bedeutsam?[276] Würde dagegen ein Frauenpriestertum nur, wie der Wiener Theologe Jan-Heiner Tück meint, eine dem modernen Prinzip der Geschlechtergerechtigkeit entspringende „Logik funktionaler Gleichstellung“ bedeuten und damit die „Logik sakramentaler Repräsentation“, welche die Sinndimension der natürlichen Ähnlichkeit voraussetzt, aufgegeben werden? Tück fragt:

> „Wie soll eine Frau den ‚Bräutigam‘ und ‚Herrn‘ der Kirche in der Liturgie symbolisch angemessen zur Darstellung bringen? Würde sie in persona Christi die Worte rezitieren: ‚Das ist mein Leib für euch‘ – verstieße das nicht gegen die Logik der sakramentalen Repräsentation? Anwälte der Frauenordination

276 Vgl. hierzu umfassend: Margit Eckholt/Johanna Rahner (Hg.), Christusrepräsentanz. Zur aktuellen Debatte um die Zulassung von Frauen zum priesterlichen Amt, Freiburg i. Br. 2021.

würden das verneinen und warnend Plakate wie Biologismus und Essentialismus hochhalten, um das symboltheologische Motiv abzuwehren."[277]

Wie aber lässt sich in dieses biologisch fundierte „symboltheologische Motiv" ohne Irritation integrieren, dass, wie im ersten Kapitel erwähnt, nicht nur die Frau Braut ist, sondern als Teil des Volkes G|ttes auch der Mann „in den Begriff der ‚Braut' einbezogen" (MD 25) ist. Nach ältester kirchlicher Lehre handelt der Priester darum nicht nur *in persona Christi*, sondern auch *in persona ecclesiae*. Infolge dieser sakramentalen Repräsentation der Kirche

> „ergäbe sich aber – immer unter der ja gemachten Voraussetzung, dass die ‚naturalis similitudo' eine Geschlechtsspezifität aufweisen müsste –, dass der weiblich gedachten Ekklesia auch die Priesterin entsprechen müsste, weil nur sie den Anforderungen des Handelns ‚in persona ecclesiae' zu entsprechen vermöchte"[278].

Hinzu kommt, dass die Brautmetaphorik nur eines von vielen Kirchenbildern ist, das zudem auf dem Zweiten Vatikanum eine untergeordnete Rolle spielt, insofern es durch das Bild der Kirche als Volk G|ttes relativiert, wenn nicht sogar weitgehend ersetzt wurde. Dieses Bild inkludiert aber das „gemeinsame Priestertum der Gläubigen" (LG 10), das zwar „dem

---

277 Jan-Heiner Tück, Den Bräutigam darstellen. Was spricht gegen die Priesterweihe von Frauen?, in: Herder Korrespondenz 75 (1/2021) S. 21–25, hier: 24.

278 Ulrich Lüke, Sexuelle Diskriminierung in der Kirche? Humanwissenschaftliche und theologische Anfragen ‚an das nur Männern vorbehaltene Priesteramt', in: Eberhard Schockenhoff (Hg.), Liebe, Sexualität und Partnerschaft. Die Lebensformen der Intimität im Wandel, München 2019, S. 168–187, hier: 184f.
In der Erklärung *Inter insigniores* wird dieses Problem zwar gesehen, argumentativ aber mehr als fragwürdig umgangen. Es heißt hier: „Es ist wahr, dass der Priester die Kirche repräsentiert, die der Leib Christi ist, er tut das jedoch gerade deshalb, weil er zuvor Christus selbst repräsentiert, der das Haupt und der Hirt der Kirche ist." (II 5)

Wesen und nicht bloß dem Grade nach" (LG 10) vom hierarchischen Priestertum unterschieden wird, nichtsdestotrotz aber darauf verweist, dass auch Frauen grundsätzlich *in persona Christi* handeln können. Gemäß dem Galaterbrief (3,27) haben alle, die auf Christus getauft sind, Christus als Gewand angelegt und repräsentieren ihn auf diese Weise. Lehramtlich wird diese Perspektive zur Weiterentwicklung des Amtsverständnisses nicht aufgegriffen, sondern die Brautmetaphorik unverändert fortgeschrieben. Doch nur einen Vers im Galaterbrief weiterlesend zeigt sich, dass im Blick auf die christliche Heils- und Erlösungsperspektive Geschlechterkategorien irrelevant sind. Da gibt es „nicht mehr Juden und Griechen, nicht Sklaven und Freie, nicht männlich und weiblich; denn ihr alle seid einer in Christus Jesus" (Gal 3,28). Wo es um diese Perspektive geht, da sind Männer und Frauen der Christus-Repräsentanz fähig – auch der amtlichen.[279] Es wäre daher hoch „an der Zeit, diese heilsgeschichtliche Verflüssigung von dualen Geschlechterstereotypen endlich auch amtstheologisch ernst zu nehmen"[280]. Geschlechtergerechtigkeit würde – der Konjunktiv ist bislang nach wie vor angezeigt – derart auch in der katholischen Kirche Realität werden. Bis es einmal so weit sein könnte, ist mit dem Biologen und Theologen Ulrich Lüke zumindest auf das Dilemma hinzuweisen, dass

> „der Priester einerseits ‚in persona Christi' mit einer männlich orientierten ‚naturalis similitudo' seinen Dienst tun soll und es andererseits und zugleich ‚in persona ecclesiae' mit einer dann weiblich orientierten ‚naturalis similitudo' tun können müsste. Es erscheint sinnvoll und notwendig, das kirchenamtlich im-

---

279 Die Erklärung *Inter insigniores* weiß um diese Auslegungsmöglichkeit von Gal 3,28, weist sie aber entschieden zurück: „Doch bezieht sich dieser Text keinesfalls auf die Ämter der Kirche. Er bekräftigt nur die universelle Berufung zur Gotteskindschaft, die für alle die gleiche ist." (II 6)
Dazu ist anzumerken, dass es keinen einzigen Bibeltext gibt, der sich auf die Ämter der Kirche in der heutigen Form bezieht.

280 Matthias Remenyi/Thomas Schärtl, Doppelte Buchführung, in: Herder Korrespondenz 75 (3/2021) S. 46–48, hier: 48.

> mer wieder bemühte und überzogen ausgedeutete Argument der ‚naturalis similitudo' von seiner geschlechtsspezifischen Konnotation zu lösen; denn das Handeln ‚in persona Christi' darf nicht zum Handeln ‚in sexu Christi' verkommen."[281]

Lüke analysiert die „naturalis similitudo" sowohl in theologischer als auch in biologischer Hinsicht als ein „untaugliches Argument gegen die Frauenordination und verdächtig, mehr oder weniger bewusst oder auch unbewusst nur zur Kaschierung einer ihm eigentlich zugrunde liegenden sexuellen Diskriminierung benutzt worden zu sein"[282]. Je mehr dieser Verdacht zutrifft, desto klarer wäre der einen zentralen Aspekt der sog. „Frauenfrage" darstellende Ausschluss der Frau vom Priesteramt als ein Merkmal der unzureichenden Anständigkeit des katholisch-kirchlichen Systems zu identifizieren.

Umso nötiger ist es, auf Lebenszeugnisse von Frauen zu hören, in der diese ihre Berufung zur Diakonin und/oder Priesterin dokumentieren.[283] Auch wenn eine solche Berufung lehramtlich bislang nicht anerkannt wird, so bringen diese Lebenszeugnisse dennoch Bewegung in die katholische „Frauenfrage". Sie fordern ein nicht abdrängbares Nachdenken über Geschlechtergerechtigkeit in der Kirche heraus, das nicht jenseits einer Modifizierung des Amtsverständnisses stattfinden wird können.

... im Blick auf queere Personen

Neben dem Missbrauchsskandal und der kirchlichen Ungleichstellung von Frauen gehört die „systematische Ab-

---

281 Ulrich Lüke, Sexuelle Diskriminierung in der Kirche?, S. 186f. [Anm. 278]

282 Ebd., S. 187.

283 Vgl. Philippa Rath (Hg.), „Weil Gott es so will". Frauen erzählen von ihrer Berufung zur Diakonin und Priesterin, Freiburg i. Br. 2021; Philippa Rath/Burkhard Hose (Hg.), Frauen ins Amt! Männer der Kirche solidarisieren sich, Freiburg i. Br. 2022; Ida Raming u. a. (Hg.) Zur Priesterin berufen. Gott sieht nicht auf das Geschlecht. Zeugnisse römisch-katholischer Frauen, Thaur/Wien/München 1998.

wertung von queeren Menschen, ihren Beziehungen, ihrer Sexualität" zu den „TOP 3 der katholischen Menschenverachtung"[284]. Ist das zu hart formuliert? Offenbar ist auch im Blick auf diese Personen die Anständigkeit der katholischen Kirche nicht auszuweisen. Das wurde bereits im Schlussabschnitt des zweiten Kapitels gezeigt und ist hier nicht nochmals aufzugreifen.

Darüber hinaus zu nennen ist aber die auf Basis der Initiative *#OutInChurch* erstellte und am 24. Januar 2022 ausgestrahlte ARD-Dokumentation *Wie Gott uns schuf*, in der 125 beruflich oder ehrenamtlich in der katholischen Kirche tätige Personen ihr Coming-out als lesbisch, schwul, bi, trans:, inter, queer und non-binär darlegen.[285] Im datumsgleich veröffentlichten Manifest *Für eine Kirche ohne Angst* ist unter anderem zu lesen:[286]

> „Die meisten von uns haben mannigfach Erfahrungen mit Diskriminierung und Ausgrenzung gemacht – auch in der Kirche. Eine solche Diskriminierung ist ein Verrat am Evangelium … […]
> Angesichts dieser Zustände wollen wir nicht länger schweigen. Wir fordern eine Korrektur menschenfeindlicher lehramtlicher Aussagen – auch in Anbetracht weltweiter kirchlicher Verantwortung für die Menschenrechte von LGBTIQ+ Personen. Und wir fordern eine Änderung des diskriminierenden kirchlichen Arbeitsrechts … […]
> Alle in der Kirche, insbesondere die Bischöfe in ihrer Leitungsfunktion, sind verantwortlich, eine Kultur der Diversität zu schaffen, so dass LGBTIQ+ Personen ihren Beruf und ihre Berufung in der Kirche offen und angstfrei leben können und dabei Wertschätzung erfahren. […]

---

284 Regina Laudage-Kleeberg, Obdachlos katholisch. Auf dem Weg zu einer Kirche, die wieder ein Zuhause ist, München 2023, S. 11.

285 In der ARD Mediathek ist diese Dokumentation noch bis 24.01.2027 nachzusehen.

286 Vgl. URL: https://outinchurch.de/manifest/

> Eine Kirche, die in ihrem Kern die Diskriminierung und die Exklusion von sexuellen und geschlechtlichen Minderheiten trägt, muss sich fragen lassen, ob sie sich damit auf Jesus Christus berufen kann."

Die ARD-Dokumentation, das Manifest und ein hierzu verfasstes Buch[287] haben nicht nur innerhalb der katholischen Kirche Betroffenheit und Aufmerksamkeit ausgelöst. Manches ist seither in Bewegung geraten. Bereits erwähnt wurde die seit 2023 geltende Neufassung des kirchlichen Arbeitsrechts, die erkennbare Ansätze einer Wertschätzung für queere Menschen aufweist. Der Münchner Kardinal Reinhard Marx kündigte in einem Interview mit dem Magazin *Stern* sogar an, die Haltung der katholischen Kirche gegenüber queeren Menschen verändern und deshalb auch die entsprechende kirchliche Lehre „weiterbringen" zu wollen.[288]

Dieses Weiterbringenwollen wurde aber tiefgehend frustriert auf der vierten Versammlung des Synodalen Weges (8.–10. September 2022), wo der Grundtext des Synodalforums IV *Leben in gelingenden Beziehungen – Grundlinien einer erneuerten Sexualethik* (LGB)[289] wegen der Sperrminorität der Bischöfe keine Zustimmung erhalten hat, d. h., er hat, obwohl dem Text 82,8 % Prozent der anwesenden Delegierten zustimmten, die notwendige Zweidrittel-Mehrheit der Bischöfe (61,1 % der anwesenden Bischöfe stimmten dafür) knapp verfehlt.

Die verweigerte Zustimmung begründeten einzelne Bischöfe vor allem damit, dass der Text im Widerspruch zur kirchlichen Lehre stehe und so die Einheit mit der Weltkirche preisgebe. Er sei auch unvereinbar mit der christlichen An-

---

287 Michael Brinkschröder u. a. (Hg.), Out in Church. Für eine Kirche ohne Angst, Freiburg i. Br. 2022.

288 URL: https://www.katholisch.de/artikel/33712-kardinal-marx-will-katholische-lehre-zu-queeren-menschen-veraendern

289 URL: https://www.synodalerweg.de/fileadmin/Synodalerweg/Dokumente_Reden_Beitraege/SV-IV/SV-IV_Synodalforum-IV-Grundtext-Lesung2.pdf

thropologie, die keine Abkehr von der binären Geschlechterordnung zulasse. In diesem Sinne beklagt etwa der Passauer Bischof Stefan Oster bei einigen Themen des Synodalen Weges eine „offene Konfrontation mit dem Lehramt" und „den Abschied von […] wesentlichen Inhalten des christlichen Menschenbildes"[290].

So wie Kardinal Marx von einer Veränderung der Haltung *und* der Lehre spricht, geht auch dieser Grundtext davon aus, dass „die Neuausrichtung der Pastoral nicht ohne wesentliche Neuakzentuierungen der kirchlichen Sexuallehre möglich sein wird" (LGB 2). Betont wird „der christliche Primat der Liebe" (LGB 8). Dieser stellt alle Menschen als G|ttes Abbild „auf die gleiche Stufe, unabhängig von sexueller oder geschlechtlicher Identität" (LGB 7). Die Kirche muss daher die sexuelle Orientierung und geschlechtliche Identität von Menschen „als unantastbaren Teil der je einzigartigen Gottesebenbildlichkeit" (LGB 13) würdigen.

Von einem Primat der Natur ist in diesem Text nicht die Rede. Zeigt sich darin bereits eine offene Konfrontation mit dem Lehramt? Jedenfalls ist auf der vierten Synodalversammlung der (gegenüber einem Grundtext mindergewichtigere) Handlungstext *Lehramtliche Neubewertung von Homosexualität* mit 92,39 % angenommen worden. Das war ebenso erstaunlich wie die auf der fünften und letzten Versammlung des Synodalen Weges (09.–11. März 2023) mit 95,51 % Ja-Stimmen erfolgte Annahme des Handlungstextes *Umgang mit geschlechtlicher Vielfalt*. Erstaunlich, auch wenn es sich abermals „nur" um einen Handlungstext handelt, weil hier dem Papst in Gemeinschaft mit dem Bischofskollegium sehr direkt empfohlen wird, dafür Sorge zu tragen, dass

- die „normativ naturrechtspositivistische Geschlechteranthropologie und ihre Legitimation durch Rekurs auf biblische Schöpfungstexte" zu überprüfen sei „mit den Erkenntnissen moderner Bibelwissenschaft und Theologie";

290 Vgl. URL: https://stefan-oster.de/bischof-oster-die-einheit-bewahren-ein-interview-ueber-den-synodalen-weg/

- die „Abwertung trans- und intergeschlechtlicher Menschen insbesondere durch die Unterstellung einer ‚Gender-Ideologie' zu unterbinden" ist;
- die „körperliche Unversehrtheit und Integrität intergeschlechtlicher Menschen von der Kirche zu achten" ist und
- sich die Kirche von „sogenannten Konversionstherapien an transgeschlechtlichen (wie auch homo- und bisexuellen) Menschen unmissverständlich zu distanzieren hat, da durch diese Bemühungen die körperliche und psychische Integrität und Gesundheit der jeweiligen Menschen sowie ihr Glaube und Gottvertrauen massiv gefährdet werden"[291].

Inwieweit solche Empfehlungen kurz- und mittelfristig eine substantielle Veränderung bewirken können, steht noch dahin. Damit bleibt auch die Frage offen, ob es der Kirche als Institution künftig gelingen wird, queeren Menschen gegenüber anständig zu sein. Hierfür bedarf es jedenfalls einer Theologie, die – wie der abgelehnte Grundtext auf dem Synodalen Weg – vom Primat der Liebe ausgeht. Ein Primat der Natur, das sollte aus den bisherigen Ausführungen ersichtlich geworden sein, lässt gegenüber queeren Menschen keine kirchliche Kultur der Anständigkeit entfalten.

Menschsein im Horizont der Selbstmitteilung G|ttes

Zu den Grundwahrheiten einer Geschlechteranthropologie gehört für Karol Wojtyła/Johannes Paul II. die im Plan G|ttes gründende unauflösbare Verflechtung zweier Ordnungen: der „Ordnung der Natur, deren Ziel die Fortpflanzung ist", und der „Ordnung der Personen, die in ihrer Liebe

291 Handlungstext „Umgang mit geschlechtlicher Vielfalt", S. 5. URL: https://www.synodalerweg.de/fileadmin/Synodalerweg/Dokumente_Reden_Beitraege/SV-V/SV-V_Synodalforum-IV_Handlungstext.UmgangMitGeschlechtlicherVielfalt_Lesung2.pdf

zum Ausdruck kommt“ (LV 195). In ethischer Hinsicht geht er von einer Priorität der Naturordnung aus und trifft damit eine anthropologische Vorentscheidung. Er entwickelt so, das gesteht Karol Wojtyła offen ein, eine „eigene Konzeption des Menschen als Person“[292], die darauf zielt, die bestehende kirchliche Lehre vertiefend zu begründen. Diese zunächst 1960 in *Liebe und Verantwortung* vorgelegte „eigene Konzeption“ ist aber nach dem Konzil als allgemein verbindliche kirchliche Lehre im Bereich der Ehe-, Familien- und Sexualmoral fixiert worden. Sie prägt bis heute diesbezügliche lehramtliche Aussagen, unbeschadet der Tatsache, dass auch Johannes Paul II. „das Wesen und die Aufgaben der Familie letztlich von der Liebe her bestimmt“ (FC 17) begreift, dass Benedikt XVI. zum Thema der christlichen Liebe bereits im ersten Jahr seiner Amtszeit die Enzyklika *Deus caritas* est (2005) verfasst hat, und Papst Franziskus im Apostolischen Schreiben *Amoris* laetitia (2016) so ausführlich und variantenreich wie nie zuvor die Freude der Liebe in Ehe und Familie entfaltet.

Vom Primat der Natur

Speziell in ethischen Fragen wird die personale Ordnung der Liebe weiterhin von der vorkonziliar naturrechtlichen Tradition überschattet – und so als sekundär erachtet. Empfängnisverhütung, Masturbation oder Homosexualität werden darum unverändert als naturwidrig und zugleich im Widerspruch zu G|ttes Willen begriffen. Die hier zugrunde liegende binäre Entweder-oder-Logik – gemäß oder gegen die Natur bzw. dem Willen G|ttes entsprechend oder nicht – ermöglicht zwar (die gewollte) Eindeutigkeit, diese findet aber weder in der Natur selbst noch in der Frage nach dem Willen G|ttes einen hinreichenden Ausgangspunkt. Was im Feld

292 Karol Wojtyła, Die personalistische Konzeption des Menschen, in: Ernst Wenisch (Hg.), Elternschaft und Menschenwürde. Zur Problematik der Empfängnisregelung, Vallendar-Schönstatt 1984, S. 27–43, hier: 29.

des natürlich Vorgegebenen dem Menschen normativ aufgegeben ist, lässt sich nicht einfach „von der Natur her", sondern nur „vom Menschen her" mittels seiner Vernunft bestimmen. Ebenso ist der Wille G|ttes niemals unmittelbar, sondern nur mittels der menschlichen Vernunft zugänglich. Andernfalls könnte es keinen Zweifel und keine Suche nach G|tt geben. Zudem wäre z. B. die Paradoxie unaufhebbar, der zufolge ein Mensch, wenn er schwer erkrankt ist und dieses Schicksal als G|ttes Willen begreift, nicht wünschen dürfte, gesund zu werden, da er sonst gegen den Willen G|ttes aufbegehren würde oder ein doppelter Wille G|ttes unterstellt werden müsste, was freilich der gewollten Eindeutigkeit entgegensteht. G|ttes Willen gibt es, wie die Natur auch, nur in menschlich vermittelter Form.

Der Primat der Natur dient der Eindeutigkeit, nicht aber der Anständigkeit gegenüber Frauen und queeren Menschen. Statt einer natural formierten binären Ordnung, welche bestehende Komplexität tendenziell ausschließt, bedarf es einer pluralen Ordnung realer Beziehungen. Zwar nicht an queere Menschen formuliert, hat Papst Franziskus sehr richtig vermerkt, dass dort, wo „wir akzeptieren, mit dem konkreten Leben der anderen ernsthaft in Berührung zu kommen, [...] das Leben für uns wunderbar komplex" (EG 270; AL 308) wird. Dieser wunderbaren Komplexität versucht Franziskus mit der Logik der *pastoralen* Barmherzigkeit zu entsprechen. Das ist ein notwendiger, aber nicht hinreichender Zugang. Diese Entsprechung ist nämlich nicht nur auf der Ebene der pastoralen Haltung, sondern auch auf der Ebene der kirchlichen Lehre einzulösen.

Dafür ist es nötig, insbesondere für die hier vorliegende Thematik, den Primat der personalen Logik der Liebe anzuerkennen und zugleich dessen naturrechtliche Überschattung abzuwehren, was nicht besagt – vorweg sei diesem möglichen Missverständnis vorgebeugt –, dass damit „Natur" für bedeutungslos erklärt und so zum bloßen „Rohmaterial" (VS 48) des Projekts menschlicher Freiheit degradiert werden würde. Sogar Papst Franziskus fordert dazu auf, freilich in allgemeiner Weise, dass die „Lehre der Moraltheologie nicht aufhören dürfte, […] die höchsten und zentralsten Werte des Evangeliums hervorzuheben und zu ihnen zu ermutigen, speziell den Primat der Liebe als Antwort auf die ungeschuldete Initiative der Liebe Gottes“ (AL 311).

Sowohl der Papst als auch der Synodale Weg in Deutschland betonen den Primat der Liebe – doch in unterschiedlicher Reichweite. Während es Franziskus darum geht, der „bedingungslosen Liebe in der Seelsorge Raum zu geben“ (AL 311), betont der Grundtext des Synodalforums IV, dass eine solche Pastoral „nicht ohne wesentliche Neuakzentuierungen der kirchlichen Sexuallehre möglich sein wird“ (LGB 2). Offenbar irritieren allgemeine pastorale Weisungen weniger, da man sie auch weichgespült lesen kann. Geht es dagegen um die konkrete Ausformulierung wichtiger Neuakzentuierungen, dann wird oft erst klar lesbar, dass Neues dem Alten gegenübersteht – und der Widerspruch zur kirchlichen Lehre lässt sich dann recht einfach markieren. Betrifft dieser Widerspruch aber die „höchsten und zentralsten Werte des Evangeliums“ (AL 311)?

Die Elastizität zwischen Lehre und Pastoral impliziert Grenzen der Überdehnung, die erreicht sind, wenn die kirchliche Lehre sich in der pastoralen Praxis nicht mehr adäquat widerspiegelt. Grundsätzlich gilt der von Johannes Paul II. formulierte Anspruch, dass „die konkrete pastorale Führung der Kirche stets mir ihrer Lehre verbunden sein“ (FC 33) muss. Doch was grundsätzlich gilt, bedarf gegebenenfalls einer Neuakzentuierung. Ein solcher Fall ist bereits seit Jahrzehnten mit der kirchlichen Ehe- und Sexuallehre samt der ihr zugrunde liegenden essentialistisch-naturrechtlichen Anthropologie gegeben, die – nochmals sei es mit dem Manifest von *#OutInChurch* gesagt – „in ihrem Kern die Diskriminierung und die Exklusion von sexuellen und geschlechtlichen Minderheiten“ enthält. Das ist nicht hinzunehmen, vor allem nicht im Blick auf die „höchsten und zentralsten Werte des Evangeliums“ (AL 311), die auch aus lehramtlicher Sicht unstrittig im *Kontext* der Liebe zu verorten sind, in ihrer normativen Konkretisierung aber nicht dem *Primat* der Liebe folgen. Dieser Primat, den Franziskus auf pastoraler Ebene mit einer auf maximale Inklusion ausgerichteten Dynamik bezeugt – er selbst spricht von der „Logik der Integration“ (AL 299) –, kann und darf nicht ohne Resonanz auf der Ebene der Lehre bleiben. Sofern daher die kirchliche Lehre eine integrative Praxis behindert, und das trifft nicht nur hinsichtlich queerer Menschen zu, bedarf diese Lehre einer Erneuerung. Deren Zurückweisung mit aus dem Machtüberschuss der kirchlichen Hierarchie gespeisten Autoritätsargumenten funktioniert freilich nach wie vor. Damit werden aber Diskurse nicht mehr auf der Grundlage allgemein nachvollziehbarer und wissenschaftlich ausweisbarer Argumente geführt.

Manche meinen freilich, dass solche Diskurse im Bereich des Glaubens als nachrangig oder gar vernachlässigbar anzusehen wären, da entweder *autoritativ* die Übereinstimmung mit kirchenlehramtlichen Vorgaben als entscheidend eingefordert wird oder *argumentativ* im Sinne des großen Denkers Blaise Pascal (1623–1662) vorgebracht wird, dass das „Herz seine Gründe [hat], die die Vernunft nicht kennt“, und es allein „das Herz ist, das Gott fühlt, und nicht die Vernunft“[293]. Gewiss: Erfahrung und Begriff sind nicht deckungsgleich. Der Glaube kann von der Vernunft nie vollendet eingeholt oder gar begründet werden. Doch die Verschiedenheit von Glaube und Vernunft besagt niemals Beziehungslosigkeit und minimiert nicht die Bedeutung der Vernunft. Sie meint nur: „Nicht zu allen Einsichten kommt man auf den Wegen der Vernunft. Aber um solche Einsichten anderen einsichtig zu machen, steht nichts anderes als die Vernunft zur Verfügung.“[294] Der Glaube ist darum vernunftfähig zu gestalten. Er ist sogar vernunft*bedürftig*, will man ihn „unterscheidbar halten von Unvernunft, Willkür und Aberglaube“[295]. Auch

293 Blaise Pascal, Gedanken. Nach der endgültigen Ausgabe übertragen von Wolfgang Rüttenauer, Basel (o.J.), S. 48.

294 Hans-Joachim Höhn, Gott · Offenbarung · Heilswege. Fundamentaltheologie, Würzburg 2011, S. 40.

295 Ebd.

der den Primat der Liebe und die Geistesgaben betonende Apostel Paulus will „lieber fünf Worte mit meinem Verstand reden […] als zehntausend Worte in Zungen stammeln" (1 Kor 14,19).

Im folgenden Abschnitt zum Primat der Liebe ist daher vorausgesetzt, dass über Liebe als Erfahrung unumgänglich auch nachgedacht und sie so auf den Begriff gebracht wird. Erfahrung und Begriff durchdringen sich wechselseitig, ohne aufeinander reduziert werden zu können.

… zum Primat der Liebe

Vor allem im Neuen Testament ist Liebe „ein Beziehungsbegriff ersten Ranges. Der Begriff Liebe kann je nach Kontext die emotionale und willentliche Zuwendung Gottes zu den Menschen, der Menschen zu Gott und der Menschen zueinander beschreiben."[296] Speziell Paulus entwickelt eine profilierte Liebestheologie. Erinnert sei vor allem an das Hohelied der Liebe in 1 Kor 13, wo er Papst Franziskus zufolge „einige Merkmale der wahren Liebe" (AL 90) benennt, oder daran, dass „die Liebe Gottes ausgegossen ist in unsere Herzen durch den Heiligen Geist, der uns gegeben ist" (Röm 5,5). Folglich ist uns aufgetragen, „einander in Liebe" (Gal 5,13) zu dienen. Diese ethische Relevanz der Liebe, insbesondere das Doppelgebot der Liebe (Mk 12,28–34), einschließlich des Gebots der Feindesliebe (Mt 5,44), bildet „die Mitte und das Zentrum der Ethik Jesu"[297]. Für Paulus ist es sodann die selbsthingebende Liebe Christi, wel-

296 Jens-Christian Maschmeier/Peter Wick, Art. Agape, in: WiBiLex (Das wissenschaftliche Bibellexikon im Internet). URL: https://www.bibelwissenschaft.de/wibilex/das-bibellexikon/lexikon/sachwort/anzeigen/details/agape/ch/d6e3607b52740114fac653e494679b13/

297 Udo Schnelle, Das Liebesgebot im Neuen Testament: Jesus, Paulus und Johannes, in: Klaus Tanner (Hg.), „Liebe" im Wandel der Zeiten. Kulturwissenschaftliche Perspektiven, Leipzig 2005, S. 21–34, hier: 23.

che den Anspruch des Liebesgebots präzisiert, denn „die Liebe Christi drängt uns“ (2 Kor 5,14). Ferner betont Paulus die Freiheit als wesentliche Voraussetzung der Liebe. „Zur Freiheit hat uns Christus befreit“ (Gal 5,1). Christ:innen sind demnach „zur Freiheit berufen“ (Gal 5,13), einer Freiheit, die sich in der Nachfolge Christi vollzieht, wo primär „nicht mehr ich [lebe], sondern Christus in mir [lebt]“ (Gal 2,20), also „die Lebenden nicht mehr für sich leben, sondern für den, der für sie starb und auferweckt wurde“ (2 Kor 5,15).

Nicht zuletzt im Rückgriff auf diesen neutestamtlichen Beziehungsbegriff ersten Ranges hat das Zweite Vatikanum zu einer erneuerten theologischen Denkform gefunden, die nicht mehr länger von einer starren Naturrechtslogik, sondern von einer personalen Beziehungslogik gespeist war, wie sie biblisch im Verhältnis der liebenden Zuwendung G|ttes zu den Menschen zum Ausdruck gelangt. Diese Erneuerung ist kurz im Blick auf das Verständnis von Offenbarung und von Ehe aufzuzeigen.

G|ttes Selbstoffenbarung als Liebe

Offenbarung als *der* Grundbegriff jeglichen theologischen Nachdenkens verweist auf die Frage, wie das Verhältnis G|ttes zur Welt zu konzipieren sei. Vor dem Konzil war Offenbarung neuscholastisch im Sinne eines „Instruktionsmodells“ begriffen, als g|ttliche Mitteilung einzelner Glaubens- und Moralwahrheiten, die der Mensch von sich aus mittels der Vernunft nicht erkennen und daher nur gehorsam annehmen kann. Das Konzil korrigiert dieses Verständnis und verdeutlicht Offenbarung als Selbstmitteilung G|ttes. „Gott hat in seiner Güte und Weisheit beschlossen, sich selbst zu offenbaren …“, heißt es in der Dogmatischen Konstitution *Dei Verbum* (DV 2). Offenbarung wird hier nicht als Instruktion von Sachwahrheiten *über* G|tt, sondern als personale Wahrheit im Sinne eines „Kommunikationsmodells“ verstanden, insofern G|tt *sich selbst* als Liebe mitteilt.

„In dieser Offenbarung redet der unsichtbare Gott aus überströmender Liebe die Menschen an wie Freunde und verkehrt mit ihnen, um sie in seine Gemeinschaft einzuladen und aufzunehmen“ (DV 2).

Das Konzil versteht „Offenbarung als Kommunikations- und Beziehungsgeschichte: als Geschichte eines offenbarenden Sich-Beziehen-Gottes auf die Menschen, die in der darin eröffneten Beziehung ihr Heil finden können“[298]. In dieser kommunikativen Bestimmung von Offenbarung wird G|tt als beziehungsstiftende Liebe verdeutlicht, die zum Sich-Beziehen des Menschen auf G|tt einlädt. Die wahre Tiefe der Offenbarung leuchtet im gänzlich G|tt entsprechenden Menschen Jesus Christus auf, der „zugleich der Mittler und die Fülle der Offenbarung ist“ (DV 2). Christus macht, so heißt es an anderer Stelle in *Gaudium et spes*, „in der Offenbarung des Geheimnisses des Vaters und seiner Liebe dem Menschen den Menschen selbst voll kund und erschließt ihm seine höchste Berufung“ (GS 22). G|ttes Selbstmitteilung intendiert und verheißt somit die Menschwerdung des Menschen. Als Angebot der Liebesgemeinschaft adressiert sie die Sehnsucht des Menschen nach Liebe, die allein ein „Leben in Fülle“ (vgl. Joh 10,10) verspricht. Folglich wird in theologischer Sicht der Mensch umso mehr Mensch, je näher er G|tt kommt und hierin seiner Würde gewahr wird. „Die Ehre Gottes ist der lebendige Mensch, das Leben des Menschen aber ist die Anschauung Gottes“, bekennt Bischof Irenäus von Lyon (um 135–200).

Dieses Offenbarungsverständnis begreift den Menschen als das freie Gegenüber G|ttes, als „auf Erden die einzige von Gott um ihrer selbst willen gewollte Kreatur“ (GS 24). Liebe und Freiheit gehören, obzwar formal unterscheidbar, zusammen. G|ttes freie Selbstmitteilung als Wort der Liebe vollzieht sich als Gemeinschaft erst durch die freie Antwort des Menschen. Eine solche Antwort gäbe der Mensch nicht

298 Jürgen Werbick, Den Glauben verantworten. Eine Fundamentaltheologie, Freiburg i. Br. 2000, S. 295.

selbstbestimmt, wenn er hierin nicht der Bestimmung seines Lebens gewiss sein würde. In Analogie dazu würden sich zwei Menschen in der Ehe nicht aus freien Stücken lebenslang binden wollen, wenn die Liebe nicht eine Verheißung von Gemeinsamkeit implizieren würde, die mit Freiheit und nicht mit Gefängnis assoziiert wird. Einen Menschen lieben, heißt wollen, dass dieser frei ist und als freier zu bejahen ist. Im Horizont einer befreienden Liebe können Menschen sein und werden. Der Religionsphilosoph Martin Buber (1878–1965) drückt das prägnant so aus:

> „Ich werde am Du; Ich werdend spreche ich Du. Alles wirkliche Leben ist Begegnung."[299]

Das „Du" verweist für Buber zuletzt auf das g|ttliche „Du", da nur dieses befreiende Liebe wirklich zusichern kann, der Mensch hingegen infolge seiner Endlichkeit immer gefährdet ist, seine Liebe in verkrümmter Form auch besitzergreifend, in auf sich bezogener Selbstmächtigkeit, auszugestalten und so zum Gefängnis für andere zu werden. Nur die Relation der unbedingten Zuwendung G|ttes vermag die bedingten Formen menschlicher Zuwendung immer wieder neu aufzubrechen und kann in diesem Aufbruch die Unbedingtheit im Bedingten aufleuchten lassen. G|tt wird so zur befreienden Freiheit der menschlichen Freiheit, lässt diese gleichsam in die höchstmögliche Form gelangen. Es sind diese Erfahrungen im Modus der Unbedingtheit, welche die Bedingtheit menschlicher Existenz als selbstbestimmte anerkennen lassen. Im Bezogensein auf G|ttes Relation unbedingter Zuwendung zum Menschen gründet das Eigensein des Menschen. In der Theologie ist in diesem Sinne von „theonomer Autonomie" oder auch von „relationaler Autonomie" die Rede.

Befreiende Liebe als Begriff verweist aber auf eine Erfahrung, die begrifflich uneinholbar ist. G|ttes Selbstmitteilung ist bleibend Geheimnis, das uns trägt und so unser Dasein

---

299 Martin Buber, Ich und Du, in: Ders., Das dialogische Prinzip, Heidelberg [5]1984, S. 7–136, hier: 15.

als gewolltes verstehbar werden lässt. Geheimnis besagt zudem, dass dem Erkennen G|ttes und damit auch dem „Begriff ‚Gott' nicht ein Ergreifen Gottes, durch das der Mensch sich des Geheimnisses bemächtigt, sondern ein Sich-ergreifen-Lassen von einem anwesenden und sich immer entziehenden Geheimnis"[300] entspricht. Im Anschluss an diverse Bibeltexte[301] ist darum in der Tradition von der „belehrten Unwissenheit" (lat. *docta ignorantia*) die Rede oder von der „Analogie" aller theologischen Begriffe, womit gemeint ist, dass bei aller Ähnlichkeit zugleich eine je größere Unähnlichkeit in den Aussagen über G|tt festzuhalten ist. Diese je größere Unähnlichkeit entbindet aber nicht von der Aufgabe, das ähnlich Sagbare zu wagen und zu bezeugen, wohl wissend, dass G|tt als Geheimnis nicht univok aussagbar ist. Für den französischen Theologen Henri de Lubac (1896–1991) ist deshalb das Erkennen G|ttes nicht mit einem Sammler, der göttliche Wahrheiten anhäuft und verteidigt, ebenso nicht mit einem Künstler, der ein wie auch immer geartetes Bild von G|tt entwirft, sondern mit einem Schwimmer zu vergleichen,

> „der sich, um sich über Wasser zu halten, im Meer voranbewegt und mit jedem Zug einer neuen Welle zu begegnen hat. Unaufhörlich stößt er die sich immer neu bildenden Vorstellungen zur Seite, wobei er wohl weiß, dass sie ihn tragen, dass aber bei ihnen zu verweilen sein Untergang wäre."[302]

---

300 Karl Rahner, Grundkurs des Glaubens. Einführung in den Begriff des Christentums, Freiburg i. Br. ^{8}1977, S. 63.

301 So will beispielsweise das alttestamentliche Bilderverbot: „Du sollst dir kein Kultbild machen" (Ex 20,4; Dtn 5,8) die Verborgenheit in der Offenbarung Gottes wahren, denn Israels Gott ist „ein verborgener Gott" (Jes 45,15), der den Menschen unbegreiflich bleibt (vgl. Ps 139,6; Hi 36,26).
Im Neuen Testament heißt es etwa, dass Gottes Gedanken und Wege unergründlich sind (vgl. Röm 11,33f.), und niemand ihn je gesehen hat (vgl. Joh 1,18). Auch Jesus Christus, der „Mittler zwischen Gott und den Menschen" (1 Tim 2,5), ist „Bild des unsichtbaren Gottes" (Kol 1,15).

302 Henri de Lubac, Auf den Wegen Gottes, Einsiedeln 1992 (frz. Erstausgabe 1956), S. 100.

Daraus folgt: Das G|ttesbild meiner Vorstellung ist nicht zum Aufhängen oder Verteidigen gedacht, sondern bildet einen Beziehungsweg ab, der je neu zu gehen ist. G|ttes Wahrheit ist Weg-Wahrheit, sie wird im Gehen des Weges je neu entdeckt und verstanden – als zugemutetes Wort der Liebe.

Ehe und Familie als „Gemeinschaft der Liebe"

Noch ein kurzer Blick auf das erneuerte Eheverständnis. Traditionell ist im Anschluss an Augustinus (354–430) der primäre Zweck der Ehe in deren natürlicher Grundlage, der Zeugung und Erziehung von Nachkommenschaft, gesehen worden. Die Liebe war nur sekundär von Belang. Sie leistete für das theologische Verständnis der Ehe keinen substantiellen Beitrag, da das Ehesakrament als ein von Christus gestifteter *Vertrag* verstanden wurde, der inhaltlich die Unauflöslichkeit und Monogamie, das wechselseitige Verfügungsrecht über den Körper sowie die Ausrichtung auf Nachkommenschaft inkludierte. Allein der rechtmäßige Konsens, nicht aber die Liebe, war daher zur Gültigkeit des Ehesakraments nötig. Noch in den Jahren vor dem Konzil wurden Entwürfe von (damals nur männlichen) Theologen, welche die Liebe als zentralen Ehezweck etablieren wollten, entschieden abgelehnt.

Dennoch: Trotz vieler Widerstände wurde 1965 in der Pastoralkonstitution *Gaudium et spes* eine Ehelehre verabschiedet, die nunmehr die Liebe als zentrale Kategorie des Verstehens von Ehe und Ehesakrament benennt. Gleich zu Beginn des Textes werden Ehe und Familie als „Gemeinschaft der Liebe“ (GS 47) bezeichnet. Der in ihrer personalen, sozialen und theologischen Dimension entfalteten ehelichen Liebe ist sogar eine ganze Nummer gewidmet (GS 49). Die genannten Widerstände hatten aber so manche Kompromissaussagen zur Folge, vor allem in den Abschnitten zur Fruchtbarkeit der Ehe und zur Geburtenregelung (vgl. GS 50f.). Hier finden sich weiterhin traditionell naturrechtlich formulierte Aussagen, die nach dem Konzil erneut wirkmächtig werden sollten. Joseph Ratzinger, damals Konzilstheologe von Kardinal Frings, hält

1966 in seinem Konzilskommentar schlicht fest, dass in der Ehelehre „der *generativen* Betrachtung eine *personale* entgegentritt“[303]. Deutlich positionierter schreibt 1977 der Theologe Walter Kasper, dass dem Konzil eine „befriedigende Integration der verschiedenen Dimensionen der Ehe in eine personale Perspektive [...] noch nicht gelungen“[304] ist. Was noch nicht gelungen ist, sollte Kasper zufolge wohl nachkonziliar erreicht werden. Doch zunächst die Enzyklika *Humanae vitae* und sodann vor allem das Pontifikat von Johannes Paul II. schafften es nachhaltig, diese befriedigende Integration einzubremsen – zugunsten einer in normativen Fragen wiedererstarkten Naturordnung. Nicht nur in diesem Themenbereich wurden Aufbrüche des Konzils in der Folgezeit „im Sprung gehemmt“, um einen treffenden Buchtitel des im Mai 2023 verstorbenen Wiener Weihbischofs Helmut Krätzl zu zitieren.[305]

Zahlreiche um eine solche Integration bemühte Theolog:innen wurden kirchlich ausgebremst. Erinnert sei nur an das von der Professorin und katholischen Ordensfrau Margaret A. Farley 2006 veröffentlichte Buch *Just Love*[306], das unter anderem Leitlinien einer gerechten Liebe auch für gleichgeschlechtliche Beziehungen thematisiert. International bekannt wurde diese Publikation, weil es hierzu 2012 seitens der Kongregation für die Glaubenslehre eine Notifikation gab, in der kritisiert wurde, dass Farleys Buch „kein richtiges Verständnis von der Rolle des Lehramts der Kirche“ und „ein unzulängliches Verständnis für den objektiven Charakter des natürlichen Sittengesetzes“ zeige und darum „weder in der Beratung noch in der Ausbildung und auch nicht im ökumenischen und interreligiösen Dialog als zulässige Darlegung

303 Joseph Ratzinger, Die letzte Sitzungsperiode des Konzils, Köln 1966, S. 52.

304 Walter Kasper, Zur Theologie der christlichen Ehe, Mainz ^{2}1981, S. 22.

305 Helmut Krätzl, Im Sprung gehemmt. Was mir nach dem Konzil noch alles fehlt, Mödling ^{2}1998.

306 Vgl. Margaret A. Farley, Just Love. A Framework for Christian Sexual Ethics, New York 2006.

der katholischen Lehre bezeichnet und verwendet werden"[307] kann. So weit, so bekannt.

Auch im deutschsprachigen Raum gab und gibt es vielfältige Bemühungen, den auf dem Konzil nur partiell implementierten Primat der Liebe in die katholische Ehe- und Sexuallehre einzuschreiben, oft benannt als Perspektivenwechsel von der Sexualmoral zur Beziehungsethik. Unter Johannes Paul II. und Benedikt XVI. gab es diesbezüglich aber nur verhärtete Fronten, auf die hier nicht weiter einzugehen ist.[308] Bezüglich jüngerer Veröffentlichungen, die für den Primat der Liebe argumentieren, bleibt abzuwarten, wie nachhaltig die unter Papst Franziskus entstandenen offeneren Diskursräume auch lehramtlich Auswirkungen zeitigen.[309] Es reicht jedenfalls nicht aus, wenn, wie das seit Jahrzehnten der Fall ist, seitens der Theologie in Bezug auf dieses Thema der „Korrekturbedarf gegenüber der Tradition"[310] beständig eingemahnt, dieser aber seitens des Lehramts, wenn nicht abgemahnt, so doch beständig ignoriert wird.

Nicht selten wird in diesem Zusammenhang auf den Zeitgeist verwiesen, der als Gift der Anpassung, wie Kardinal Gerhard Ludwig Müller beklagt, „die Gebote Gottes

---

307 URL: https://press.vatican.va/content/salastampa/it/bollettino/pubblico/2012/06/04/0330/00772.html#TRADUZIONE%20IN%20LINGUA%20TEDESCA

308 Vgl. dazu: Dietmar Mieth, Nicht einverstanden. Meine Erfahrungen als Laientheologe und Ethiker, Freiburg i. Br. 2020.

309 Vgl. etwa: Christoph Breitsameter/Stephan Goertz, Vom Vorrang der Liebe. Zeitenwende für die katholische Sexualmoral, Freiburg i. Br. 2020; Martin M. Lintner, Christliche Beziehungsethik. Historische Entwicklungen – Biblische Grundlagen – Gegenwärtige Perspektiven, Freiburg i. Br. 2023; Eberhard Schockenhoff, Die Kunst zu lieben. Unterwegs zu einer neuen Sexualethik, Freiburg i. Br. 2021.

310 Vgl. Stephan Ernst, Korrekturbedarf gegenüber der Tradition. Zur notwendigen Weiterentwicklung der Sexual- und Beziehungsethik, in: Konrad Hilpert/Jochen Sautermeister (Hg,), Kirchliche Sexualmoral vor dem Abgrund? Theologische Perspektiven zum Synodalen Weg, Freiburg i. Br. 2023, S. 135–156.

relativieren und die Glaubenslehre umdeuten"[311] wolle. Nun: Es sollte wenigstens Einigkeit darüber bestehen, dass auch die Naturrechtslehre ein „Eindringen des damaligen Zeitgeistes in die christliche Offenbarungsbotschaft"[312] darstellt und darum deren heutige (oft vehement forcierte) Verteidigung im vor allem rechtskatholischen Segment einem Hüten des Zeitgeistes früherer Jahrhunderte entspricht. Darum ist dem Mainzer Bischof Peter Kohlgraf für seine Klarstellung zu danken, dass die „Kirche und ihre großen Theologen immer auch zeitgeistig" waren, es darum niemals „die eine Form der christlichen Lehre" gegeben hat, sondern verschiedene Ausformungen, die „sich teilweise sogar heftig widersprechen"[313]. Große Theologie sei Kohlgraf zufolge immer durch den Dialog mit dem Zeitgeist entstanden, ohne dabei gedankenlos intellektuelle Moden einfach zu bestätigen. Folglich ist jede Kritik, die Neuakzentuierungen der kirchlichen Sexuallehre sogleich als zeitgeistige Anpassung an moderne Strömungen und Philosophien diskreditiert, weil ihr z. B. *die* „Gender-Ideologie" zugrunde liegt, scharf zurückzuweisen und mit der Bringschuld starker Argumente zu konfrontieren. Solche Argumente werden freilich kaum je eingebracht. Somit dient „Zeitgeist" meist als Totschlagargument gegen jegliche Erneuerung – meist auf dem Hintergrund einer kleinen Theologie, die aber nicht als wahrhaft katholisch akzeptierbar ist.

Würdigung des wunderbar komplexen Lebens

Im Horizont der Selbstmitteilung G|ttes wird der Mensch als geliebtes Geschöpf ansichtig. Die biblische Aussage „Du liebst alles, was ist, und verabscheust nichts von dem, was du gemacht hast" (Weish 11,24), findet theologisch in der Lehre

311 URL: https://www.katholisch.de/artikel/24081-kardinal-mueller-anpassung-an-den-zeitgeist-ist-gift-fuer-die-kirche

312 Eberhard Schockenhoff, Die Kunst zu lieben, S. 101. [Anm. 309]

313 Vgl. URL: https://www.domradio.de/artikel/katholisch-sein-ohne-denkverbote-bischof-kohlgraf-sieht-zeitgeist-kirche-und-theologie

von der *creatio ex amore* (dt. Schöpfung aus Liebe) ihren Ausdruck. Sie besagt zum einen, dass G|tt die Welt und in ihr die Menschen aus frei-gebender Liebe geschaffen hat, also in relationaler Autonomie, da Liebe stets eine Beziehung stiftet, die das Gegenüber der Liebe frei-setzt in ihr Eigensein, das wiederum in der Relation zur beziehungsstiftenden Liebe ihr Ziel findet. Sie verweist zum anderen darauf, dass alles, was in dieser Schöpfung lebt und da ist, von G|tt unbedingt bejaht ist, weshalb nichts und niemand aus dieser Bejahung herausfallen kann. Diese Bejahung bezieht sich immer auf eine Vielfalt. Sie erstreckt sich über Sonne, Mond und Sterne bis hin zu Pflanzen und Tieren auf der Erde und im Wasser und ebenso auf den Bereich menschlichen Lebens, der in sich nochmals „wunderbar komplex“ (EG 270; AL 308) ist.

Theologisch-ethisch besteht darum die Herausforderung, dieser Vielgestaltigkeit gerecht zu werden. Angesichts dessen, dass Menschen unbestreitbar orientierende Ordnungen für ihr Leben und Handeln suchen und benötigen, scheint eine vielgestaltigkeitstaugliche Ethik nicht gerade die bevorzugte Option darzustellen. Dem menschlichen Ordnungsbedürfnis kommt deutlich mehr die der Entweder-oder-Logik dienende katholische Naturrechtsethik entgegen. Nun ist Ordnung zwar das sprichwörtlich halbe Leben, der Ethik muss es in ihren Reflexionen aber um das ganze, konstitutiv auch Komplexität implizierende Leben gehen. Der katholischen Naturrechtsethik gelingt das im Blick auf queere Menschen nur derart, dass sie diese außerhalb der ordnungsstiftenden und Normalität suggerierenden Alltagstheorie von Zweigeschlechtlichkeit verortet. Im Verweisungszusammenhang mit der Schöpfungsordnung gelten dann homosexuelle Personen als „objektiv ungeordnet“ und inter: sowie trans: Personen werden mehr oder weniger subtil weiterhin pathologisiert. In dem Maß aber diese Ordnungslogik außerhalb der katholischen Sphäre nicht mehr geteilt wird, muss entweder Widerständigkeit gegen dieses „Außerhalb“ gezeigt werden oder aber der neuscholastisch formierte Naturrechtsansatz aufgegeben werden.

Von einer solchen Aufgabe ist die katholische Gender-Kritik weit entfernt. Vielmehr bezeugt diese einen vorkonziliaren „eliminatorischen Katholizismus“ (Rainer Bucher). Dieser ist aber mit dem auf dem Zweiten Vatikanum dynamisierten Primat der Liebe unverträglich geworden, weshalb es nicht wirklich verwundert, dass dieses Konzil in der Anti-Gender-Literatur mitunter offen bekämpft oder wenigstens ignoriert wird, wie das etwa bei Gabriele Kuby der Fall ist, die in ihrem Buch *Die globale sexuelle Revolution* dieses Konzil nirgendwo aufgreift oder zitiert.

Das „vergessene“ Konzil

Somit wird in der katholisch geführten Genderdebatte völlig „vergessen“, dass das Konzil im Dekret über die Priesterausbildung *Optatam totius* (OT) dazu auffordert, im Rahmen der philosophischen Studien nicht nur das „stets gültige philosophische Erbe“, sondern unter anderem auch „die philosophischen Forschungen der neueren Zeit“ zu berücksichtigen, um deren „Wahrheitsgehalt festhalten, die Irrtümer aber in ihren Wurzeln erkennen und widerlegen“ (OT 15) zu können. Worin der Wahrheitsgehalt der Gender/Queer Studies liegen könnte, wird in lehramtlichen Aussagen nirgendwo erwähnt, wohl deshalb, weil ein solcher gar nicht zu entdecken erwartet wird. Finden sich hier aber nur Irrtümer? Und falls ja, sucht man diese in ihren Wurzeln zu erkennen und argumentativ zu widerlegen?

Das Schreiben der Bildungskongregation *Als Mann und Frau schuf er sie* trägt den Untertitel *Für einen Weg des Dialogs zur Gender-Frage im Bildungswesen*. Ein ernsthafter Dialog mit den Gender/Queer Studies wird aber im gesamten Text nicht erkennbar. Kuby kritisiert dieses Schreiben bereits für die Absicht eines Dialogs[314], denn gegenüber Ideologen sei kein

314 Gabriele Kuby, Dialog mit Ideologen? URL: https://www.gabriele-kuby.de/post/2019/06/17/dialog-mit-ideologen

Dialog angezeigt, sondern Widerstand – so lautet die Parole des betont rechtskatholischen Segments, in dem alsbald auch lehramtliche Dokumente, speziell auch viele des Zweiten Vatikanums, als zu liberal gelten und von vermeintlich wahrer Katholizität (im vorkonziliaren Sinne) wegführen.

Das Konzil, dessen unumkehrbare Bedeutung Papst Franziskus wiederholt betont,[315] fordert aber zu einem konstruktiv-kritischen Dialog mit aktuellen Philosophien auf. Dabei meint ein solcher Dialog, zumal wenn er auf wissenschaftlicher Ebene geführt wird, keinesfalls unkritische Zeitgeistanpassung. Er besagt darum auch nicht Standpunktlosigkeit. Ein eigenes Profil ist Voraussetzung für die Kommunikationsfähigkeit mit anderen Positionen, die aber, will ein Dialog ernst gemeint und sinnvoll sein, stets auch in ihren Stärken wahrzunehmen sind, welche gegebenenfalls sogar zur Klärung und Läuterung der eigenen Position beitragen können. Wer dagegen der Auffassung ist, dass die Identität der eigenen Position am wirksamsten durch Differenzmarkierungen nach außen erlangt wird, verlässt nicht nur den Dialograum eines verständnisorientierten Vorgehens, sondern blendet auch aus, dass das „entscheidend" Christliche primär nicht über Unterschiede deutlich wird, denn das

> „entscheidend Christliche besteht in der Botschaft, dass alle Menschen unterschiedslos Adressaten einer unbedingten Zuwendung Gottes sind. In diesem Universalismus etwas alle Menschen Verbindendes zur Geltung zu bringen, darin liegt seine Identität."[316]

---

315 So hält er bereits zu Amtsbeginn 2013 im Interview mit Antonio Spadaro fest: „Das Zweite Vatikanum war eine neue Lektüre des Evangeliums im Licht der zeitgenössischen Kultur. Es hat eine Bewegung der Erneuerung ausgelöst, die aus dem Evangelium selbst kommt. Die Früchte waren enorm. [...] Die Dynamik der aktualisierten Lektüre des Evangeliums von heute, die dem Konzil eigen ist, ist absolut unumkehrbar." Antonio Spadaro, Das Interview, S. 57. [Anm. 258]

316 Hans-Joachim Höhn, Gott, S. 315. [Anm. 294]

Das „entscheidend" Christliche verdankt sich – so Papst Paul VI. 1964 in der Enzyklika *Ecclesiam suam* (ES)[317] – einem Dialog der Liebe, einem „Dialog, der von Gott ausgeht und zu einer wunderbar vielgestaltigen Zwiesprache mit dem Menschen wird" (ES 72). Die hierin gründende Identität christlichen Glaubens bezeugt besonders die vom Geist des Dialogs getragene Pastoralkonstitution *Gaudium et spes*. Deren Titel *Kirche in der Welt von heute* benennt sehr wohl eine unaufhebbare Differenz von Kirche und Welt, in der Kirche aber nicht – wie vorkonziliar üblich – im strikten Gegenüber zur Welt begriffen wird, sondern in „innigster Verbindung" (GS 1) mit ihr.[318]

Diese schöpfungstheologisch und christologisch neu vertiefte Einsicht hat zur Folge, dass das Außen der Kirche, die Welt, nunmehr bedeutsam wie auch unausweichlich für das Verständnis des Innen ist, für die Kirche selbst. Gemäß dem Konzilskommentar von Hans-Joachim Sander vollzieht die Kirche damit einen Ortswechsel in ihrer Glaubensdarstellung nach außen. Nicht mehr länger gibt die Kirche „einfach Lehren in ein Außen ihrer selbst weiter", vielmehr wird „das Außen zur Entdeckungsgröße für die Darstellung des Innen des Glaubens", insofern *Gaudium et spes* erstmals auf lehramtlicher Ebene die Welt von heute als einen „Ort qualifiziert, an dem die Kirche sich selbst, die Menschen, mit denen sie es zu tun hat, und sogar Eckpunkte ihres Glaubens findet"[319]. In Sanders Terminologie geht es hier um die Wo-Identität der

317 Papst Paul VI., Enzyklika Ecclesiam suam (06.08.1964) URL: https://www.vatican.va/content/paul-vi/de/encyclicals/documents/hf_p-vi_enc_06081964_ecclesiam.html

318 Gleichermaßen hält Papst Paul VI. in der Enzyklika *Ecclesiam suam* fest: „Aber diese Unterscheidung bedeutet nicht Trennung. Sie ist weder Gleichgültigkeit noch Furcht noch Verachtung. Wenn die Kirche den Unterschied hervorhebt, der zwischen ihr und der Menschheit besteht, so stellt sie sich nicht in Gegensatz zu ihr, sondern verbindet sich vielmehr mit ihr." (ES 65)

319 Hans-Joachim Sander, Theologischer Kommentar zur Pastoralkonstitution über die Kirche in der Welt von heute, in: Peter Hünermann/Bernd Jochen Hilberath (Hg.), Herders Theologischer Kom-

Kirche, die stets in wechselseitiger Voraussetzung zur in der Konzilskonstitution *Lumen gentium* thematisierten Wer-Identität von Kirche zu sehen ist. Denn

> „Identität lässt sich nicht nur finden, wenn man sich die Frage stellt, wer man ist, sondern sich dem aussetzt, wo man steht. Diese Wo-Bestimmung der eigenen Identität macht aus dem Glauben ein Projekt in der Geschichte, dessen Kontext die Kirche nicht selbst erzeugen und bestimmen kann, den sie gleichwohl anerkennen muss und in die Sprache des Glaubens eintragen kann."[320]

Da die Wo-Bestimmung von Kirche nicht schon vom Innen her absehbar ist, weil sie vom Außen stets neu zugemutet wird, eröffnet diese auch Identitätsprobleme und Sprachlosigkeit – und fordert in der Konsequenz eine offene Identität und kreative Sprachkompetenz heraus. Das bewirkt oft Verunsicherung und darum mitunter den Rückzug in die Wer-Identität von Kirche, wodurch nicht selten „der Tunnelblick einer Unglücksprophetie entwickelt [wird], der die Anwesenheit Gottes im Außen nicht entdecken kann"[321]. Dadurch kommt es zur Verschließung gegenüber dem Außen, von dem man sich möglichst abzugrenzen hat, weshalb es dann primär nur mehr im negativen Modus Relevanz für die Darstellung des Innen des Glaubens erlangt. Das Neue an *Gaudium et spes*, nämlich „keine Ausschließungen als Basis der Glaubensdarstellung zu nehmen"[322], wird damit verwirkt.

Doch dieses konziliare Kriterium der Nicht-Ausschließung resultiert „einzig aus Liebe zur Wahrheit" und umfasst, da G|tt „Ursprung und Ziel aller" Menschen ist, sogar jene, „die Gegner der Kirche sind und sie auf verschiedene Weise verfolgen" (GS 92). Erst ein dermaßen veränderter Blick auf andere Weltanschauungen, wie ihn seinerzeit das Konzil ge-

---

mentar zum Zweiten Vatikanischen Konzil. Bd. 4, Freiburg i. Br. 2005, S. 581–886; hier: 618, 624, 708.

320 Ebd., S. 587.

321 Ebd., S. 834.

322 Ebd., S. 828.

genüber dem Atheismus bezeugte (vgl. GS 19–21), befähigt dazu, „dass selbst die Feindschaft zur Kirche als eine Herausforderung begriffen wird, die die Kirche pastoral befördert; sie kann an dieser Feindschaft nur wachsen und ihre eigenen Fehler begreifen“[323].

Heute wären auch die Gender/Queer Studies als Herausforderung zu begreifen, obwohl diese nicht explizit jene Feindschaft zur Kirche bzw. deren Geschlechteranthropologie auszeichnet, die aus lehramtlicher Sicht oft angenommen wird. Das würde zunächst bedeuten, sich pauschaler Vorwürfe im Sinne einer „Gender-Ideologie“ zu enthalten, zumal diese einer wissenschaftlichen Prüfung nicht standhalten, was leicht der diesbezüglich universitär geführten theologischen Debatte entnehmbar wäre.[324] Die katholische Kritik an einer entkörperlichten Versprachlichung der Geschlechtsidentität, die frei wählbar und somit jederzeit veränderbar ist, geht ins Leere. Sie zielt auf Adressat:innen, die in der scientific community nicht existieren, sondern allenfalls im überdimensional konzipierten Szenario einer bedrohlichen Verschwörungstheorie. Diesem Szenario fehlt aber der unbefangene Blick, weshalb stattdessen „eine aprioristische Verurteilung, eine beleidigende und gewohnheitsmäßige Polemik“ (ES 81) zur Regel werden. Diese Regelgewordenheit kennt keine wissenschaftliche Redlichkeit mehr, sondern suhlt sich in alltagstheoretischen Phrasen.

Gender/Queer Studies als Herausforderung zu sehen besagt auch, diese als Wachstumspotential für die Darstellung theologischer Positionen wahrnehmen zu können. Das setzt

---

323 Ebd., S. 696.

324 Pars pro toto sei hier verwiesen auf: Laubach (Hg.), Gender [Anm. 78]; Katharina Klöcker/Thomas Laubach/Jochen Sautermeister (Hg.), Gender – Herausforderung für die christliche Ethik, Freiburg i. Br. 2017; Gunter Prüller-Jagenteufel/Sharon Bong/Rita Perintfalvi (Hg.), Towards Just Gender Relations. Rethinking the Role of Women in Church and Society, Göttingen 2019; Christian Ströbele u. a. (Hg.), Theologie – gendergerecht? Perspektiven für Islam und Christentum, Regensburg 2021.

voraus, zentrale Anliegen der Gender/Queer Studies in ihren Stärken aufschließen und nicht vorweg bezüglich ihrer Schwächen wegschließen und gänzlich ausschließen zu wollen. Dieser Aufschließungsprozess legt gegebenenfalls Fehler und Schwächen offen, die zugunsten der eigenen Position aber oft unter Verschluss gehalten und verdrängt werden. Konkret gilt es etwa die Schwächen einer essentialistisch-naturrechtlichen Anthropologie in den Blick zu nehmen. Einem Artikel des damals (1964) noch jungen Theologen Joseph Ratzinger zufolge ist auch auf „‚ideologische' Elemente" in der Naturrechtslehre zu achten, insofern mit dieser eine „Vernachlässigung des Geschichtlichen zugunsten des Spekulativen" sowie „eine starke Option in Richtung auf das Konservative"[325] bewirkt werden will. Obzwar Ratzinger in späteren Jahren diese Position nicht mehr bestätigt, wie im ersten Kapitel des Buches gezeigt wurde, bleibt dennoch die Frage aufrecht, inwieweit die katholische Kritik an der „Gender-Ideologie" sich nicht maßgeblich aus naturrechtlich-ideologischen Elementen speist. Übrigens: Die von Ratzinger genannten ideologischen Elemente wären noch zu ergänzen durch eine „mächtige Tendenz zur Exklusion zuungunsten der Inklusion".

Gleichheit der Personwürde – Recht der Person

Das Zweite Vatikanum hat den Übergang vom ungeschichtlich statischen zum dynamischen, vom konservativ naturalen zum personalen und vom exklusivistischen Weg in der Neuzeit zum inklusivistischen Vollzug von Kirche in der Welt von heute angestoßen. Es hält als das „entscheidend" Christliche die „engste Verbundenheit der Kirche mit der ganzen Menschheitsfamilie" (GS 1) fest, also die Solidarität mit allen Menschen, speziell im Blick auf deren „Freude und Hoffnung, Trauer und Angst" (GS 1), welche unumgänglich den Dialog (vgl. GS 3) und das

325 Joseph Ratzinger, Naturrecht, Evangelium und Ideologie in der katholischen Soziallehre. Katholische Erwägungen zum Thema, in: Klaus von Bismarck/Walter Dirks (Hg.), Christlicher Glaube und Ideologie, Mainz 1964, S. 24–30, hier: 29.

Forschen „nach den Zeichen der Zeit“ (GS 4) voraussetzt sowie die fundamentale Gleichheit aller Menschen.

> „Da alle Menschen [...] nach Gottes Bild geschaffen sind, [...] da sie, als von Christus Erlöste, sich derselben göttlichen Berufung und Bestimmung erfreuen, darum muß die grundlegende Gleichheit aller Menschen immer mehr zur Anerkennung gebracht werden.“ (GS 29)

Explizit ist hier in Anlehnung an die Präambel der Allgemeinen Erklärung der Menschenrechte, aber auch in Kontinuität mit *Pacem in terris* (1963), der letzten Enzyklika von Papst Johannes XXIII., in der dieser ein umfassendes Bekenntnis zu den Menschenrechten ablegte, von der „Gleichheit der Personwürde“ die Rede. Deshalb muss „jede Diskriminierung in den gesellschaftlichen und kulturellen Grundrechten der Person, sei es wegen des Geschlechts oder der Rasse, der Farbe, der gesellschaftlichen Stellung, der Sprache oder der Religion, überwunden und beseitigt werden, da sie dem Plan Gottes widerspricht“ (GS 29). Als „beklagenswerte Tatsache“ verweist hier das Konzil auf die noch immer anzutreffende Verweigerung von Grundrechten der Frau.

Aus heutiger Sicht wären ebenso queere Menschen anzuführen, denen vielerorts nach wie vor Grundrechte vorenthalten werden. Doch zweifellos sind auch sie nach G|ttes Bild geschaffen und darum kein – nochmals sei Bischof Kohlgraf zitiert – „Schadensfall der Schöpfung, alle sind geliebt, Gott hat sie alle so gewollt“[326]. Die Herausforderung, queere Menschen *gleichermaßen* als Geschöpfe G|ttes anzuerkennen, ist in der katholischen Kirche bestenfalls anfanghaft angenommen. Der (abgelehnte) Grundtext des Synodalforums IV bildet hier eine selten so klar formulierte Ausnahme, wenn er schöpfungstheologisch alle und somit auch queere Menschen „auf die gleiche Stufe“ (LGB 7) gestellt sieht und daher festhält,

---

326 URL: https://www.katholisch.de/artikel/41426-bischof-kohlgraf-ueber-queere-menschen-gott-hat-sie-alle-so-gewollt

aus der biblischen Aussage, dass G|tt den Menschen „männlich und weiblich erschuf“ (Gen 1,27), folge nicht,

> „dass inter* und trans* Personen abgewertet werden dürfen. Sie sind selbstverständlich Teil der biblischen Schöpfung, keine – womöglich pathologische – Minusvariante, die therapeutisch korrigiert werden müsste“ (LGB 13f.).

Eine solche Gleichheit erschließt sich dem Blick der Liebe. In ihm wird deutlich, dass alle Menschen um ihrer selbst willen von G|tt gewollt sind. Um ihrer selbst willen besagt, dass Liebe das Wohlwollen des anderen als anderen will. Liebe ist daher eng verbunden mit der Haltung der Ehrfurcht, die „alles zu sich selbst ermutigt“ (Romano Guardini), da ihr eine Scheu innewohnt, sich des anderen zu bemächtigen und somit dem jeweiligen Eigensein Raum verschafft. Ehrfürchtige Liebe eröffnet den Blick für die grundlegende Gleichheit in Verschiedenheit. In konkreten Begegnungen lässt dann dieser Blick „das Leben für uns wunderbar komplex“ erscheinen, wie Papst Franziskus vermerkt.

Wo Menschen um ihrer selbst willen anerkannt sind, erfahren sie sich gewürdigt. Das erste Kapitel des ersten Hauptteils von *Gaudium et spes* (GS 12–22) entfaltet facettenreich die Würde der menschlichen Person, die für das Konzil letztlich „in Gott selbst gründet und vollendet wird“ (GS 21), in der Gesellschaft aber vielfältig gefährdet ist und darum der Stärkung bedarf. „[V]or allem durch die Heilung und Hebung der menschlichen Personwürde“ soll und kann die Kirche „viel zu einer humaneren Gestaltung der Menschheitsfamilie und ihrer Geschichte beitragen“ (GS 40). Die „Pflicht, nach den Zeichen der Zeit zu forschen“ (GS 4), soll daher die Solidarität vor allem mit jenen Menschen sichern, die um die Anerkennung ihrer Würde ringen.

Mit dieser Betonung der menschlichen Personwürde vollzieht das Konzil einen – auf dem erneuerten Offenbarungsverständnis beruhenden – Paradigmenwechsel. So wird entgegen der bisher geltenden Ansicht in der Konzilserklärung über die Religionsfreiheit *Dignitatis humanae* (DH) das „Recht auf religiöse Freiheit" ausgesagt, welches „auf die Würde der menschlichen Person selbst gegründet [sei]" (DH 2). Dieses auf der Menschenwürde basierende Recht schütze die Gewissensfreiheit, sofern zum einen niemand gezwungen werden kann, „gegen sein Gewissen zu handeln" (DH 2), und zum anderen die religiöse Wahrheit, auch wenn sie vom Konzil „verwirklicht nur in der katholischen, apostolischen Kirche" geglaubt wird, Menschen nur „in ihrem Gewissen berühren und binden kann" (DH 1). Für den Verfassungsrechtler und Rechtsphilosophen Ernst-Wolfgang Böckenförde (1930–2019) besagt dieses Recht der Person geradezu

> „eine Verkehrung jedes Naturrechts, das in anderen Bereichen der Kirche beharrlich geltend gemacht wurde und wird. Denn Subjekt im Sinne des Rechts war hier nicht der Mensch als Person, sondern ‚die Wahrheit', und damit ein abstrakter Begriff. Der Mensch war zum Objekt dieses Wahrheitsbegriffes erniedrigt. Recht kam nicht dem Menschen als Menschen zu"[327].

Mit *Dignitatis humanae* ist für Böckenförde aber der „prinzipielle Schritt vom ‚Recht der Wahrheit' zum ‚Recht der Person' getan"[328] worden. Insofern das Konzil klarstellt, dass G|tt vom Menschen „durch die Vermittlung seines Gewissens erkannt und anerkannt" (DH 3) wird, hat es das auf der Menschenwürde basierende Freiheitsrecht bestätigt und damit einen unverzichtbaren Teil des modernen Freiheitsgedankens.

Aus theologisch-ethischer Sicht gehört darum die Würdigung des Menschen zur zentralen Aufgabe von Kirche. Konkret besagt das immer die Würdigung von Vielfalt. Eine naturrechtlich fundierte Ethik wird dieser Aufgabe nicht gerecht, da sie Kategorien der Eindeutigkeit herstellt, die der Zumutung von Vieldeutigkeit entgegenwirken sollen. Eine solche Ethik ist, wie überwiegend Menschen eben auch,

---

327 Ernst-Wolfgang Böckenförde, Einleitung zur Textausgabe der „Erklärung über die Religionsfreiheit", in: Heinrich Lutz (Hg.), Zur Geschichte der Toleranz und Religionsfreiheit, Darmstadt 1977, S. 401–421, hier: 405.

328 Ebd., S. 406.

tendenziell ambiguitätsintolerant, also an einem Weniger an Vielfalt und Mehrdeutigkeit interessiert. Sie steht daher gewollt im Dienst des rechtskatholischen bis fundamentalistischen Spektrums der Kirche, das sich den Ambiguitätsanforderungen der Moderne weithin verweigert. Doch wenn Kirche ihrem Auftrag „in der Welt von heute" nachkommen will, trifft sie ebenso beständig wie unvermeidbar auf eine Welt, die voll von Ambiguität ist, die also eindeutig mehrdeutig ist. In ihrem Beitrag „zu einer humaneren Gestaltung der Menschheitsfamilie und ihrer Geschichte" (GS 40) muss die Kirche daher eine ambiguitätssensible Ethik fördern, in welcher „Ambiguität als Bereicherung und nicht als Makel empfunden wird"[329] und folglich das Leben „wunderbar komplex" (EG 270) gedeihen darf.

Theologisch kann eine solche Ethik nur entlang des Primats der Liebe entfaltet werden, worin Menschen ihrer Würde in unbedingter Weise gewahr werden. G|ttes Offenbarung lässt „die Würde der menschlichen Person in ihrem ganzen Umfang ans Licht treten" (DH 9). Dieser christlich gedeutete Begriff der Menschenwürde erweist sich aber aus kirchenlehramtlicher Sicht, wie der nächste Abschnitt zeigen wird, weiterhin nur bedingt anschlussfähig an jene menschenrechtlichen Diskurse, die in den letzten Jahrzehnten in westlichen Demokratien zu einer grundlegenden Anerkennung queerer Menschen geführt haben. Das liegt am soeben zitierten „ganzen Umfang", demzufolge dem Begriff der Menschenwürde alsbald *das* christliche Menschenbild hinzufügt wird und damit – das ist nun hinlänglich bekannt – eine essentialistisch-naturrechtliche Perspektive.

329 Vgl. Thomas Bauer, Die Vereindeutigung der Welt. Über den Verlust an Mehrdeutigkeit und Vielfalt, Stuttgart 2018, S. 119.

Integration menschenrechtlicher Diskurse

Im weltlichen Bereich bildet der Begriff der Menschenwürde das Fundament zur Begründung der Menschenrechte wie umgekehrt diese Rechte die Menschenwürde gewährleisten und schützen.

Zentrale Entwicklungsschritte

Die historische Entwicklung der Menschenrechte verdankt sich der herrschaftskritischen Forderung nach einem Recht auf Gleichheit, die aber im Zuge der französischen und amerikanischen Revolutionen im späten 18. Jahrhundert zunächst nur auf bürgerliche und politische Rechte von freien Männern bezogen war. Der Ausschluss von Frauen, Sklaven und Leibeigenen aus der Gleichheitsdebatte sollte noch viele Jahrzehnte als relativ problemlos gelten. Während Sklaverei und Leibeigenschaft in den USA und in Europa bereits im 19. Jahrhundert abgeschafft worden sind, ist die Gleichstellung der Geschlechter (engl. *gender equality*) schrittweise erst im 20. Jahrhundert gesetzlich verankert worden. Mittlerweile gilt in den meisten Ländern die Ungleichbehandlung der Frauen als Diskriminierung. Nach wie vor verweist aber der *Gender Inequality Index* auf viele afrikanische, asiatische und südamerikanische Länder.[330]

Als Reaktion auf das durch die nationalsozialistische Ära verursachte unsagbare menschliche Leid wurde am 10. Dezember 1948 die *Allgemeine Erklärung der Menschenrechte* (AEMR) von der Generalversammlung der Vereinten Nationen in Paris feierlich verabschiedet. Die hier erklärten bürgerlichen, politischen, wirtschaftlichen, sozialen und kulturellen Rechte gründen auf der in der Präambel gleich zu Beginn ausgesagten „Anerkennung der angeborenen Würde und der gleichen und unveräußerlichen Rechte aller Mitglieder der

330 Vgl. URL: https://hdr.undp.org/data-center/thematic-composite-indices/gender-inequality-index#/indicies/GII

Gemeinschaft der Menschen". Artikel 1 stellt nochmals klar, dass „alle Menschen frei und gleich an Würde und Rechten geboren" sind, weshalb Artikel 2 zufolge auch alle Menschen „Anspruch auf alle in dieser Erklärung verkündeten Rechte und Freiheiten" haben, und zwar „ohne irgendeinen Unterschied, etwa nach Rasse, Hautfarbe, Geschlecht, Sprache, Religion, politischer oder sonstiger Anschauung, nationaler oder sozialer Herkunft, Vermögen, Geburt oder sonstigem Stand". Die Gleichheit, die allen Menschenrechten als zentrales Prinzip zugrunde liegt, wird in Artikel 7 sogar als eigenständiges Recht verkündet:

> „Alle Menschen sind vor dem Gesetz gleich und haben ohne Unterschied Anspruch auf gleichen Schutz durch das Gesetz. Alle haben Anspruch auf gleichen Schutz gegen jede Diskriminierung, die gegen diese Erklärung verstößt, und gegen jede Aufhetzung zu einer derartigen Diskriminierung."

Auf der Basis dieser Allgemeinen Erklärung wurde sodann vom Europarat am 4. November 1950 in Rom die *Konvention zum Schutze der Menschenrechte und Grundfreiheiten*, kurz: Europäische Menschenrechtskonvention (EMRK), unterzeichnet. Über die Einhaltung der darin vereinbarten Grund- und Menschenrechte wacht der unabhängige Europäische Gerichtshof für Menschenrechte (EGMR) in Straßburg. Über das Instrument der Individualbeschwerde ist der EGMR auch vielfach mit von queeren Menschen behaupteten Verletzungen dieser Rechte befasst und entscheidet die Beschwerden im Sinne der EMRK mit völkerrechtlich bindender Kraft.

Zentrale Grundlage für die in den letzten Jahrzehnten beständig erfolgte Ausweitung der rechtlichen Anerkennung von queeren Menschen bildet Artikel 14 (Diskriminierungsverbot) in Verbindung mit Artikel 8 (Recht auf Achtung des Privat- und Familienlebens) der EMRK. Artikel 8 umfasst vor allem auch das Recht auf Selbstbestimmung in der Gestaltung privater Beziehungen. Die in Artikel 14 der EMRK aufgezählten Diskriminierungsverbote[331] stimmen mit Artikel 2 der AEMR überein, sind aber keineswegs abschließend ausgesagt („insbesondere" steht in Artikel 14 EMRK) und somit offen für Erweiterung. Deshalb zielen zahlreiche spezifische Strategien nunmehr auch auf den Schutz der Rechte von LGBTIQ-Personen. So verweist etwa der am 1. Dezember 2009 in Kraft getretene *Vertrag von Lissabon*, ein völkerrechtlicher Vertrag zwischen den Mitgliedstaaten der Europäischen Union, in Artikel 2 auch auf jene „Rechte der Personen, die Minderheiten angehören". Der dazugehörige *Vertrag über die Arbeitsweise der Europäischen Union* nennt sodann in Artikel 10 explizit auch die Diskriminierung aufgrund „der sexuellen Ausrichtung", welche die EU bei „der Festlegung und Durchführung ihrer Politik und ihrer Maßnahmen [...] zu bekämpfen" habe. Zuvor hat bereits die am 7. Dezember 2000 proklamierte *Charta der Grundrechte der Europäischen Union* in Artikel 21 das Diskriminierungsverbot auch wegen „der sexuellen Ausrichtung" festgehalten.

Zu nennen sind in diesem Zusammenhang auch die sog. *Yogyakarta-Prinzipien* zur Anwendung der Menschenrechte in Bezug auf die sexuelle Orientierung und geschlechtliche Identität.[332] Sie wurden 2006 im indonesischen Yogyakarta von international anerkannten Menschenrechtsexpert:innen verabschiedet und stellen klar, so im Geleitwort Heiner Bielefeldt, damals Direktor des Deutschen Instituts für Menschenrechte in Berlin, dass „Lesben, Schwule, Bisexuelle und

---

331 Artikel 14 EMRK lautet: „Der Genuss der in dieser Konvention anerkannten Rechte und Freiheiten ist ohne Diskriminierung insbesondere wegen des Geschlechts, der Rasse, der Hautfarbe, der Sprache, der Religion, der politischen oder sonstigen Anschauung, der nationalen oder sozialen Herkunft, der Zugehörigkeit zu einer nationalen Minderheit, des Vermögens, der Geburt oder eines sonstigen Status zu gewährleisten."

332 Die Yogyakarta-Prinzipien. Prinzipien zur Anwendung der Menschenrechte in Bezug auf die sexuelle Orientierung und geschlechtliche Identität. Hg. von der Hirschfeld-Eddy-Stiftung, Berlin 2008. URL: http://yogyakartaprinciples.org/wp-content/uploads/2016/10/German_Translation.pdf

Transgender einen Anspruch auf gleichberechtigte Inklusion in das System des Menschenrechtsschutzes haben, der in allen konkreten menschenrechtlichen Gewährleistungen zu berücksichtigen ist". Demgemäß wird in der Einführung sogleich im ersten Absatz festgehalten:

> „Alle Menschen sind frei und gleich an Würde und Rechten. Die Menschenrechte sind universell, unteilbar und bedingen einander. Die sexuelle Orientierung und geschlechtliche Identität sind Teil der Würde und des Daseins eines jeden Menschen und dürfen nicht als Grundlage für Diskriminierung oder Misshandlung dienen."[333]

Dieser Absatz zeigt, dass es nicht um die Etablierung neuer Rechte für queere Menschen geht, sondern darum, den universellen Geltungsanspruch der bestehenden Menschenrechte für wirklich alle Menschen einzufordern. Zehn Jahre später wurden die Prinzipien um das Thema Intergeschlechtlichkeit aktualisiert (Yogyakarta-Prinzipien plus 10). Die Yogyakarta-Prinzipien sind zwar nicht rechtsverbindlich, werden aber in der Auslegung menschenrechtlicher Normen angemessen berücksichtigt.

Ohne hier weitere Details erörtern zu können, kann grundlegend festgehalten werden: Gegenwärtige menschenrechtliche Diskurse bezeugen die Geltung der Grund- und Freiheitsrechte für *alle* Menschen, somit auch unabhängig von sexueller Orientierung und geschlechtlicher Identität, die kein sachlich begründbares Diskriminierungsmerkmal darstellen. Das besagt zugleich, dass in solchen Diskursen ein

---

333 Der Begriff „sexuelle Orientierung" bezeichnet in den Yogyakarta-Prinzipien „die Fähigkeit eines Menschen, sich emotional und sexuell intensiv zu Personen desselben oder eines anderen Geschlechts oder mehr als einen Geschlechts hingezogen zu fühlen und vertraute und sexuelle Beziehungen mit ihnen zu führen".
Unter „geschlechtlicher Identität" wird verstanden „das tief empfundene innere und persönliche Gefühl der Zugehörigkeit zu einem Geschlecht, das mit dem Geschlecht, das der betroffene Mensch bei seiner Geburt hatte, übereinstimmt oder nicht übereinstimmt".

essentialistischer Naturbegriff keine Rolle spielt. Da dieser in Geschlechterfragen die normative Rede von gleich *und* ungleich vertieft, erweist er sich in Bezug auf (nicht nur) queere Menschen als diskriminierend, da er kein egalitäres Inklusionskonzept realisieren lässt, wenn, wie z. B. kirchenlehramtlich üblich, die personale Dimension der naturalen argumentativ nachgeordnet wird.

Affinitäten und Differenzen

Das katholische Verständnis von Naturrecht steht mittlerweile im prekären Verhältnis zur menschenrechtlichen Entwicklung, die seit der Aufklärung die von Natur aus gleiche Freiheit und Autonomie aller Menschen betont und in weiterer Folge auf der Menschenwürde basierende Grund- und Menschenrechte etabliert, die nunmehr als zentraler Maßstab ethischen Urteilens gelten. Der säkulare Freiheitsdiskurs entfaltet sich als menschenrechtliche Logik, und das von Beginn an herrschaftskritisch nicht nur gegen die politische Herrschaftsform des Absolutismus, sondern auch gegen die Macht der katholischen Kirche.

Darum existieren trotz großer Affinitäten zwischen Menschenrechten und Christentum auch gravierende Differenzen. Die Affinitäten zeigen sich vor allem im Blick auf die G|ttebenbildlichkeit des Menschen (Gen 1,27) oder auf die vorhin genannte Aussage zur Anerkennung der grundlegenden Gleichheit aller Menschen in *Gaudium et spes* (GS 29). Gravierende Differenzen bestehen aber speziell im Bereich von Genderfragen. Während die katholische Geschlechteranthropologie weiter ungebrochen entlang eines essentialistisch-naturrechtlichen Denkformats entfaltet wird, welches G|ttes Plan ausdrückt und somit als Daseinsordnung verstanden auch das Psychische und Geistige des Menschen als Mann und Frau prägt, besteht Heiner Bielefeld zufolge der kritische Anspruch der Menschenrechte „genau darin, dass sie systematisch bei der Freiheit des Menschen ansetzen, die sie einerseits voraussetzen, um sie andererseits rechtsinstitutionell zu befestigen und politisch zu fördern"[334]. Das impliziert im Blick auf LGBTIQ-Personen, dass deren Schutz vor Diskriminierung „in den letzten Jahren zunehmend als menschenrechtlicher Standard etabliert worden ist, auch wenn es nach wie vor massive, oft religiös konnotierte Widerstände dagegen gibt"[335]. In menschenrechtlicher Logik soll nämlich die in der Freiheit des Menschen gründende Autonomie gerade auch im Blick auf sexuelle Ausrichtung und geschlechtliche Identität Anerkennung finden und „als *gleiche Freiheit aller*"[336] rechtsinstitutionell konzipiert werden. Hierin verdeutlicht sich der „Durchbruch eines politisch-rechtlichen Freiheits- und Gleichheitsethos, das historisch und systematisch in mancher Hinsicht im Widerspruch zu traditionellen religiösen Wertvorstellungen steht"[337], insbesondere auch zur katholischen Kirche.

In grundsätzlicher Hinsicht zeigt sich dieser Widerspruch darin, dass seitens des Heiligen Stuhls, in dessen Namen die katholische Kirche internationale Verträge schließt, bis heute keine Ratifizierung der UN-Menschenrechtskonvention erfolgt ist. Somit gibt es auch keinen Beitritt zum Europarat, der eine Annahme der EMRK und damit auch Akzeptanz des EGMR voraussetzen würde, wodurch sich die Kirche – schwer vorstellbar – einer weltlichen Gerichtsmacht unterwerfen würde. Den Hintergrund dieser Distanzierung bildet nach wie vor die historische Auffassung von zwei je unterschiedlich perfekten Gesellschaften, der bürgerlichen und der kirchlichen. So sehr daher aus heutiger katholischer Sicht eine auf den Menschenrechten gründende politische Ordnung im weltlichen Bereich als wichtig und unterstützenswert gilt, so

334 Heiner Bielefeldt, Weder Kulturkampf noch Vereinnahmung. Zum Verhältnis von Menschenrechten und Religion(en), in: Martin Baumeister u. a. (Hg.), Menschenrechte in der katholischen Kirche. Historische, systematische und praktische Perspektiven, Paderborn 2018, S. 17–36, hier: 25.

335 Ebd., S. 21.

336 Ebd., S. 26.

337 Ebd., S. 18.

handelt es sich hierbei aber – aus (fortwirkender) vorkonziliarer Sicht – um freiheitlicher Autonomie entspringende *menschliche* Rechte und nicht um von G|tt her definierte Rechte. Dem kirchlichen Verständnis zufolge ist aber göttliches Recht (lat. *ius divinum*) dem menschlichen Recht (lat. *ius humanum*) übergeordnet, weshalb die Ordnung einer menschlichen Gesellschaft primär von G|tt her zu strukturieren sei. Konkret geht es beim *ius divinum* einerseits um das positive göttliche Recht (lat. *ius divinum positivum*), das in der Offenbarung von G|ttes Wort gründet, und andererseits um das natürliche göttliche Recht (lat. *ius divinum naturale*), das in der als Schöpfung G|ttes begriffenen Naturordnung gründet. Im Kern stellt die Geltendmachung dieser zweifachen Ausprägung des *ius divinum*, oft auch G|ttes Wille genannt, die entscheidende und bis heute wirksame Barriere gegenüber den Menschenrechten, zum *ius humanum*, dar.

Diese Barriere leuchtet im Kontext der Neuscholastik unmittelbar ein. Der menschenrechtlichen Dynamik des 19. und der ersten Hälfte des vergangenen Jahrhunderts stellte die Kirche in antimodernistischer Logik ein überzeitlich vorgegebenes *ius divinum* entgegen. Bürgerliche Freiheits- und Gleichheitsideale sowie Religions-, Presse-, und Gewissensfreiheit wurden zurückgewiesen und als unvereinbar mit der göttlichen Wahrheit behauptet. Es dürfe keine Freiheit für den Irrtum geben, lautete die Parole. Doch mit dem Zweiten Vatikanum wurde der vorhin von Böckenförde zitierte „prinzipielle Schritt vom ‚Recht der Wahrheit' zum ‚Recht der Person' getan". Ist dieser Schritt aber hinreichend realisiert worden? Unbestritten hat Papst Johannes XXIII. während des Konzils mit der Enzyklika *Pacem in terris* Barrieren abgebaut, indem er die AEMR als einen „Akt von höchster Bedeutung" (PT 75) würdigte. Doch mit den Pontifikaten von Johannes Paul II. und Benedikt XVI. wurden so manche Barrieren sukzessive wieder aufgebaut.

Für Johannes Paul II. bildete vor allem das Jahr 1989 mit dem Zusammenbruch des Kommunismus in Mittel- und Osteuropa eine wichtige Zäsur. Diesem Zusammenbruch,

„an dem der Heilige Stuhl mitgewirkt hatte, folgte nicht der gewünschte Aufbau demokratischer, christlich geprägter Ordnungen. Johannes Paul II. betrachtete die Allgemeine Erklärung der Menschenrechte in diesem Zusammenhang immer pessimistischer und misstrauischer. Er machte die Charta der Vereinten Nationen dafür verantwortlich, dass die zeitgenössische Demokratie eine säkularistische, subjektivistische und relativistische Richtung einschlug, während er in der von der Kirche vertretenen Auffassung vom natürlichen Gesetz den Ursprung der authentischen Menschenrechte sah, auf die sich die demokratische Ordnung aller Länder gründen sollte.“[338]

Auch Benedikt XVI. bezeugt primär einen kritischen Zugang zu den Menschenrechten. Erinnert sei hier an seine wiederholt vorgetragene Mahnung, die Tradition des g|ttlichen Naturrechts zu achten, denn, so hält er 2014 fest, der „Gedanke der Menschenrechte bleibt tragfähig letzten Endes nur, wenn er im Glauben an den Schöpfergott festgemacht ist“, losgemacht davon endet die „Multiplikation der Rechte [...] in einem nihilistischen ‚Recht‘ des Menschen, sich selbst zu verneinen – Abtreibung, Suizid, Produktion des Menschen als Sache werden zu Rechten des Menschen, die ihn zugleich verneinen“[339].

Die derart propagierte christliche Sicht der Menschenrechte teilt Papst Franziskus im Vorwort des soeben zitierten Buches. Konkret kritisiert er die „‚Kolonisierung‘ des Gewissens durch eine Ideologie, welche die Grundwahrheit leugnet, wonach der Mensch als Mann und Frau existiert, denen der Auftrag der Weitergabe des Lebens zugeteilt ist“,

---

338 Danielle Menozzi, Katholische Kirche und Menschenrechte. Von der Französischen Revolution bis zur Gegenwart, in: Baumeister u. a. (Hg.), Menschenrechte, S. 89–101, hier: 98. [Anm. 334]

339 Joseph Ratzinger/Benedikt XVI., Die Multiplikation der Rechte und die Zerstörung des Rechtsbegriffs. Elemente zur Diskussion des Buches von Marcello Pera *La Chiesa, i diritti umani e il distacco da Dio*, in: Ders. Die Freiheit befreien: Glaube und Politik im dritten Jahrtausend (Hg. v. Pierluca Azzaro/Carlos Granados), Freiburg i. Br. 2018, S. 11–17, hier: 16.

und dass damit verbundene „angebliche ‚Rechte' des Menschen alle auf seine Selbstzerstörung ausgerichtet"[340] sind. An anderer Stelle, in der Neujahrsansprache 2018 für die am Heiligen Stuhl akkreditierten Diplomaten[341], äußert er zum 70-jährigen Jubiläum der AEMR die Sorge, „dass im Laufe der Zeit, vor allem im Anschluss an die sozialen Unruhen der 68er-Jahre, die Interpretation einiger Rechte fortschreitend derart abgeändert wurde, dass diese eine Vielzahl ‚neuer Rechte' einschließt, die oft im Widerspruch zueinander stehen". Derart bestehe „die paradoxe Gefahr, dass im Namen der Menschenrechte moderne Formen von *ideologischer Kolonisierung* […] entstehen". Diese paradoxe Gefahr gründe in einer „reduktionistischen Sicht der menschlichen Person", in der die gemeinsame Natur des Menschen als Grundlage der Menschenrechte kaum mehr in Bezug auf „die zentrale Stellung der Würde des Menschen, der von Gott gewollt und als sein Abbild ihm ähnlich geschaffen ist", gesehen wird.

Ein theologisch gedeutetes Natur- und Menschenrecht bildet somit weiterhin in zumindest mancher Hinsicht einen grundsätzlichen Gegensatz zur menschenrechtlichen Logik der säkularen Gesellschaft. Konkret geht es dabei vor allem um (1) reproduktive Rechte (Empfängnisverhütung, Schwangerschaftsabbruch, Reproduktionstechnologien), um (2) das Recht, über den eigenen Tod bestimmen zu können (assistierter Suizid, Euthanasie), und um (3) die Rechte von LGBTIQ-Personen. Bezüglich dieser jeweiligen Rechte, die hier im Blick auf die erst- und zweitgenannten nicht weiter thematisiert werden können[342], hat in den letzten Jahrzehnten – zumindest in westlichen Gesellschaften – ein breiter und inten-

340 Papst Franziskus, Vorwort, in: Joseph Ratzinger/Benedikt XVI., Die Freiheit befreien, S. 7–9, hier: 8. [Anm. 339]

341 Vgl. URL: https://www.vatican.va/content/francesco/de/speeches/2018/january/documents/papa-francesco_20180108_corpo-diplomatico.html

342 Vgl. hierzu das Kapitel 2 (S. 150–235) und Kapitel 4 (S. 261–313) in: Gerhard Marschütz, theologisch ethisch nachdenken. Band 2: Handlungsfelder, Würzburg ^{2}2016.

siver Diskurs stattgefunden, der partiell bis dato keineswegs abgeschlossen und daher kontinuierlich weiterzuführen ist.

An diesem Diskurs hat sich die katholische Kirche sehr oft nicht mit der Kraft des besseren Arguments beteiligt, sondern letztlich mit autoritativer Rechthaberei das *ius divinum* zu verteidigen versucht. Genau daraus ergibt sich jene paradoxe Sachlage, die im Bereich des Genderthemas besagt:

> „Was im Staat Diskriminierung wäre, gilt in der Kirche als Konsequenz der lehramtlichen Geschlechteranthropologie, die nach kirchlichem Selbstverständnis nicht bloße Meinung oder gar ‚Erfindung' von Papst und Bischöfen ist, sondern deren geistbegabte Auslegung von Gottes Plan für Frau und Mann. Allerdings hat die Kirche diesbezüglich ein Vermittlungsproblem."[343]

Eine Lösung dieses Vermittlungsproblems würde die Klärung des Konflikts zwischen dem *ius divinum* und dem *ius humanum* voraussetzen, also zwischen einem überpositiven und einem positiven, vom Menschen gesetzten, Recht. Auf Details dieser komplexen Materie ist hier nicht einzugehen. Hinzuweisen ist nur darauf, dass auch das g|ttliche Recht nicht einfach *vor*gegeben ist, sondern in seiner inhaltlichen Bestimmung stets der vernünftigen Einsicht *auf*gegeben ist und derart gleichsam in positives Recht transformiert wird. Unmissverständlich erklärt in diesem Sinne das Konzil, dass „die Gebote des göttlichen Gesetzes vom Menschen durch die Vermittlung seines Gewissens erkannt und anerkannt" (DH 3) werden.

Unmissverständlich wäre darum auch klarzustellen, dass ebenso die Natur nur entlang menschlicher Vermittlung als moralisch relevant erkannt und anerkannt wird. Auf den Punkt gebracht spricht der Theologe Karl-Wilhelm Merks deshalb von der „*Menschlichkeit des ius divinum*". Ihm ist das

343 Bernhard Sven Anuth, Gottes Plan für Frau und Mann. Beobachtungen zur lehramtlichen Geschlechteranthropologie, in: Eckholt (Hg.), Gender studieren, S. 171–188, hier: 172. [Anm. 115]

ius divinum „lediglich ein anderer Name für das wahrhaft humane *ius humanum*", denn das

> „Göttliche [...] erscheint nicht *neben* dem Menschlichen, sondern gerade im Menschlichen. Das *ius divinum* ist damit durch und durch menschlich."[344]

Wird dieses durch und durch Menschliche der g|ttlichen Wahrheit und damit auch das im Gewissen allen Menschen aufgegebene „Suchen nach der Wahrheit" (GS 16) nicht hinreichend anerkannt und stattdessen auf eine zeitenthoben vorgegebene, objektive Wahrheit verwiesen, dann ist seitens der Theologie nicht nur die damit verbundene erkenntnistheoretische Problemlage anzuzeigen, sondern ebenso der Verdacht, dass hiermit ein Konstrukt vorgelegt wird, das letztlich dazu bestimmt ist, „im Namen Gottes und der Moral Macht auszuüben"[345] und Gehorsam einzufordern.

Der „Schritt vom ‚Recht der Wahrheit' zum ‚Recht der Person'" (Ernst-Wolfgang Böckenförde) wird nur dann getan, wenn der von Johannes Paul II. nach dem Konzil erneut etablierte Vorrang des Naturrechts, den Benedikt XVI. wiederholt bestätigt hat, aufgegeben wird. Mitnichten führt das geradewegs zu einem naturvergessenen Personalismus, der „die kreatürliche Dimension der Natur" (VS 46) außen vor lässt. Wer die Ablehnung der „Sprache der Natur" (Benedikt XVI.) befürchtet, sollte auch hinzufügen, dass diese Sprache vieldeutig und darum nicht einfachhin „von sich aus moralisch" (Benedikt XVI.) ist. Natur stellt keine moralisch *evidente* Vorgabe, sondern eine von der Vernunft zu deutende moralisch *relevante* Aufgabe dar. Dieses Aufspüren wie auch Erkennen der Relevanz verweist auf die Vernunft und Freiheit von Personen. Eine Theologie, die dem Recht der Per-

---

344 Karl-Wilhelm Merks, Göttliches Recht, menschliches Recht, Menschenrechte. Die Menschlichkeit des *ius divinum*, in: Stephan Goertz/ Magnus Striet (Hg.), Nach dem Gesetz Gottes. Autonomie als christliches Prinzip, Freiburg i. Br. 2014, S. 9–46, hier: 12.

345 Klaus Demmer, Gottes Anspruch denken. Die Gottesfrage in der Moraltheologie, Freiburg-Schweiz/Freiburg i. Br. 1993, S. 138.

son wirklich gerecht wird, muss deshalb, wie auch der menschenrechtliche Diskurs, „systematisch bei der Freiheit des Menschen ansetzen“ (Heiner Bielefeld). Somit gilt es auch den (in der Tradition von Augustinus stehenden) Freiheitspessimismus des kirchlichen Lehramts zu überwinden und in ethischen Fragen konsequent das „freie Subjekt als Prinzip Theologischer Ethik“[346] anzuerkennen.

Freiheitstheologische Logik

Die Frage, ob gleichgeschlechtliche Paare ihre Liebe von G|tt anerkannt und gesegnet begreifen dürfen oder nicht, ist eine Frage des vorausgesetzten Offenbarungsverständnisses.

Geht es hierbei um eine geoffenbarte Sachwahrheit, um Gesetze, die den Plan G|ttes ausweisen, den der Mensch von sich aus nicht ergründen und somit um seines Heils willen nur gehorsam befolgen kann? Entlang eines solchen Offenbarungsverständnisses hält die Kongregation für die Glaubenslehre 2021 fest[347], dass die Kirche keine Vollmacht hat, gleichgeschlechtliche Paare zu segnen. Sie könne nicht über den Plan G|ttes für Ehe und Familie verfügen, der nur die Ehe als „unauflösliche Verbindung eines Mannes und einer Frau, die an sich für die Lebensweitergabe offen ist“, bezeugt. Gleichgeschlechtliche Partnerschaften seien dagegen eine „sexuelle Praxis außerhalb der Ehe“, die „nicht als objektiv auf die geoffenbarten Pläne Gottes hingeordnet anerkannt“ und daher auch nicht „rechtmäßig zum Gegenstand einer kirchlichen Segnung“ gemacht werden kann.

---

346 Vgl. Saskia Wendel, Das freie Subjekt als Prinzip Theologischer Ethik, in: Goertz u. a. (Hg.), Fluchtpunkt Fundamentalismus?, S. 159–173. [Anm. 141]

347 Responsum ad dubium der Kongregation für die Glaubenslehre über die Segnung von Verbindungen von Personen gleichen Geschlechts. URL: https://www.vatican.va/roman_curia/congregations/cfaith/documents/rc_con_cfaith_doc_20210222_responsum-dubium-unioni_ge.html

Letztendlich, das wurde schon dargelegt, ist dieses instruktionstheoretische Offenbarungsverständnis unvereinbar mit der biblisch bezeugten Grundwahrheit, dass G|tt Liebe ist (vgl. 1 Joh 4,8; 16). Hier geht es primär und fundamental um keine Sachwahrheit, sondern um eine personale Wahrheit. Diese in einem kommunikationstheoretischen Verständnis von Offenbarung reflektierte Wahrheit bezeugt G|ttes unbedingte Zuwendung zum Menschen als eine relationale Wirklichkeit, als ein der Liebe entspringendes Beziehungsgeschehen, das Menschen die Würdigung um ihrer selbst willen gewahr werden lässt. Darin gründet auch die Erfahrung von Freiheit, die in Differenz zum Tier ein reflexives Selbstverhältnis eröffnet, das zur freien Selbstbestimmung im Horizont menschlicher Bedingungen ermächtigt. Derart existiert der Mensch „als das Zugleich von ‚Sichselbstsetzen' und ‚Sichselbstnicht*so*gesetzthaben'"[348], als relationale Freiheit, die theologisch betrachtet in G|ttes Liebe wurzelt und hierin erhalten wird.

Erst die diesem Offenbarungsverständnis zugrunde liegende freiheitstheoretische Bestimmung des Menschen ermöglicht es, den freiheitlichen Anspruch der Menschenrechte in das eigene theologische Selbstverständnis aufzunehmen. In freiheitstheologischer Logik können auch die im vorigen Abschnitt genannten Differenzen zum menschenrechtlichen Diskurs abgebaut und die in der G|ttebenbildlichkeit aller Menschen gründenden Affinitäten gestärkt werden. So vermag auch die bislang kirchenlehramtlich dominierende Diskursimmunisierung gegenüber genderrelevanten Themen abgelegt und in einen von Argumenten geleiteten Diskurs übergeführt zu werden, der dann, basierend auf wissenschaftlicher Redlichkeit, nicht nur kritisch-ablehnend, sondern auch konstruktiv-perspektivisch gestaltbar sein wird. Derart wird Kirche ganz im Sinne des Zweiten Vatikanischen Konzils nicht autoritativ *gegenüber*, sondern diskursiv *in* der Welt

348 Thomas Pröpper, Theologische Anthropologie, Freiburg i. Br. 2011, S. 594.

von heute agieren und hierbei versuchen, dem Gender-Anliegen entlang einer *best practice* zu begegnen.

In einer so sich eröffnenden Diskurssensibilität sollte, erstens, erkenn- und anerkennbar werden, dass die Gender/Queer Studies, so unüberschaubar komplex diese auch sein mögen, zumindest hinsichtlich ihrer wissenschaftlich anerkannten Repräsentant:innen keine Naturablehnungs- oder Naturneuerfindungsstrategie intendieren, sondern eine Re-Interpretation der dispositiv in der Natur angelegten Vielfalt, die im Licht heutiger Erfahrungen ein Freiheits- und Gleichheitsethos generiert, das soziale Anerkennung auch jenseits der Alltagstheorie von Geschlecht einfordert. Das Konzil hat ja in *Gaudium et spes* festgehalten, konkrete Problemlagen „im Licht des Evangeliums und der menschlichen Erfahrung" (GS 46) aufgreifen zu wollen. Daher sollte innerhalb eines kommunikationstheoretischen Offenbarungsverständnisses diese Re-Interpretation von Natur grundsätzlich auch im Licht des Evangeliums gewürdigt und (wenigstens partiell) anerkannt werden können. Gilt doch Gottes unbedingte Zuwendung bedingungslos allen Menschen.

Zweitens sollte dann rezipiert werden können, dass die menschenrechtliche Gewährleistung der gleichen Freiheit aller, die jede sachlich unbegründete Diskriminierung von Menschen verbietet, nicht „Gleichmacherei", besagt, wie das in der katholischen Gender-Kritik regelmäßig unterstellt wird, sondern Anerkennung von Diversität. Das Recht auf Gleichheit kommt allen Menschen *allein aufgrund ihres Menschseins* gleichermaßen zu. Der den Menschenrechten zugrunde liegende Würdebegriff impliziert die *prinzipielle* Gleichheit aller Menschen, ohne dadurch die Differenz und Andersheit von Individuen zu nivellieren. In Bezug auf deren Menschsein sind aber individuelle Unterschiede unerheblich, weshalb – bezogen auf das vorliegende Thema – jemand *als* Mann nicht mehr Mensch ist wie *als* Frau, *als* heterosexueller nicht mehr Mensch ist wie *als* homosexueller oder *als* trans: oder *als* inter: usw. Das Recht auf Gleichheit zielt auf *prinzipielle* Gleichberechtigung (engl. *equality*), nicht aber auf unterschiedslose Gleichheit (engl. *sameness*). Darum sind

> „Gleichheit und Vielfalt keine Gegensätze, sondern Chancengleichheit und Gleichbehandlung in der Vielfalt sind das Ziel. In anderen Worten: Mein Recht auf Gleichheit bedingt daher auch mein Recht, anders zu sein und in dieser Andersartigkeit respektiert zu werden."[349]

Dieses Anderssein von Menschen, welches das Recht auf Gleichheit respektiert, lässt sich aber, drittens, nicht mehr länger essentialistisch in den Diskurs einbringen. Essentialistisches Denken markiert stets eine ontologische Differenz der Individuen, in der diese zwar bezüglich ihres Menschseins gleich an Würde begriffen werden, im Blick auf die differente Materialität ihres Menschseins jedoch nicht als prinzipiell gleich. Lehramtliche Aussagen sprechen daher, „wenn sie genau sein wollen, von Gleich*wertigkeit*, nicht von Gleich*berechtigung* der Frau"[350]. Die substantielle Gleichheit der Würde aller Menschen bedingt daher in katholischer Lesart keine rechtliche Gleichstellung, wie das im menschenrechtlichen Diskurs der Fall ist. Gemäß dem Gleichheitsgrundsatz, wonach Gleiches gleich, Ungleiches aber ungleich zu behandeln sei, kommen darum Frauen, aber auch queeren Menschen, nicht die gleichen Rechte zu. Entlang dieser Denklogik ist die Kirche „keine Gemeinschaft von Gleichgestellten (eben keine *Communio* in diesem Sinne), sondern eine hierarchisch gestufte Gemeinschaft Ungleicher"[351]. Erneut stellt sich die

---

349 Manfred Novak, Menschenrechte. Eine Antwort auf die wachsende ökonomische Ungleichheit, Horn 2015, S. 95.

350 Norbert Lüdecke, Mehr Geschlecht als Recht?, in: Sigrid Eder/Irmtraud Fischer (Hg.), „... männlich und weiblich schuf er sie ..." (Gen 1,27). Zur Brisanz der Geschlechterfrage in Religion und Gesellschaft, Innsbruck-Wien 2009, S. 183–216, hier: 208.

351 Saskia Wendel, Diskurse und Praktiken von Menschenwürde und Menschenrechten in spätkapitalistischen Zeiten. Systematisch-theologische Überlegungen, in: Baumeister u. a. (Hg.), Menschenrechte, S. 141–152, hier: 145f. [Anm. 334]

Gretchenfrage: Wie hältst du es mit dem Zweiten Vatikanum, speziell mit dem dort propagierten kommunikativen Offenbarungsverständnis und dem Leitbild von Kirche als Volk G|ttes?

In freiheitstheologischer Logik wäre seitens des Lehramts noch zu lernen, das Recht auf Gleichheit auch mit einer Gleich*berechtigung* von Männern und Frauen zu verbinden – unbeschadet zusätzlich möglicher Reflexionen über das Anderssein von Männern und Frauen. Gleiche Würde und Gleich*berechtigung* dürfen nicht nur im menschenrechtlichen Diskurs in unlösbarer Verknüpfung stehen. Das würde z.B. besagen, dass das permanente Problem der Vereinbarkeit von Familie und Beruf auch seitens der Kirche konsequent als Frauen- *und* Männerthema zu erörtern ist. Damit gilt es die im katholischen Denken nach wie vor dominierende Vorstellung einer frauenzentrierten Primärverantwortung für Familie zugunsten einer egalitär elternzentrierten Sicht aufzubrechen. Doch unübersehbar stehen einem solchen Aufbrechen gravierende Blockaden entgegen, da Gleich*berechtigung* im lehramtlich ausgelegten Plan G|ttes nicht vorgesehen ist. Binnenkirchlich stellt darum die aus menschenrechtlicher Sicht fehlende Gleich*berechtigung* von Frauen vielfach keine Diskriminierung dar, sondern eine anzuerkennende ontologische Realität geschlechtlicher Differenz. Keineswegs nur, aber doch signifikant wird diese nicht vorhandene Gleich*berechtigung* am Ausschluss der Frau von der Ordination sichtbar. Lehramtlich wird ja bereits negiert, dass die Amtsfrage überhaupt eine Frage der Gleichberechtigung sein könne, insofern die einzigartige kirchliche Rolle der Frau darin besteht, „allen Getauften [...] das wahre Antlitz der Kirche, der Braut Christi und der Mutter der Gläubigen, zu offenbaren“ (ZMF 16). Die hierin sich zeigenden diskursiven Vermittlungsprobleme in der Frauenfrage bestätigt auch Papst Franziskus. Er „würdige den Feminismus, sofern er weder die Uniformität anstrebt noch die Mutterschaft verneint“ (AL 173). Diesbezüglich ist der lehramtliche Lernprozess noch als deutlich ausbaufähig einzustufen.

Schließlich noch viertens: Das Recht auf Gleichheit erstreckt sich ebenso auf queere Menschen. Diese können in freiheitstheologischer Logik nicht einfach außerhalb der Schöpfungsordnung stehend oder – entgegen wissenschaftlichen Standards – mit Krankheitswert begriffen werden. G|ttes unbedingte Liebe ist allen Menschen gleichermaßen zugesagt und damit ist die Würdigung des Lebens jeder Person Realität. Dem suchen die in diesem Kapitel in Abschnitt „... im Blick auf queere Personen" vorgestellten Texte des Synodalforums IV gerecht zu werden. Auf der fünften und letzten Vollversammlung des Synodalen Wegs im März 2023 wurde z. B. auch beschlossen, dass künftig in Deutschland allen Paaren, die keine sakramentale Ehe eingehen können (nicht nur gleichgeschlechtliche, sondern auch wiederverheiratet-geschiedene), eine offizielle Segensfeier ermöglicht werden soll. Hierzu soll in klarer Abgrenzung zur sakramentalen Ehe eine Handreichung erstellt werden. Eine 52-seitige Arbeitshilfe *Die Feier des Segens für Paare* ist bereits im April 2023 von der Arbeitsgemeinschaft für katholische Familienbildung herausgegeben worden.[352] Auf damit verbundene sakramententheologische Fragestellungen ist hier nicht einzugehen. Aus der Sicht menschenrechtlicher Diskurse entstünde wohl die Anfrage, ob in solchen Segensfeiern nicht alsbald ein sakramentaler Charakter erkennbar wird, der den Unterschied zur sakramentalen Ehe verblassen lässt. Das ist wohl die große Sorge des kirchlichen Lehramts und wird unstrittig für weitere Konflikte sorgen.

Diese (vermutlich fiktiv bleibende) Anfrage resultiert aus der in westlichen Demokratien sich verdichtenden Entwicklung der letzten Jahr(zehnt)e, für Paare gleichen Geschlechts nicht mehr länger nur ein eheähnliches Institut, sondern – auf der Basis des Gleichheitsgrundsatzes – die Ehe rechtsinstitutionell zu festigen. Das bezieht auch die Kinderfrage ein, d. h. das Thema der Stiefkindadoption, der gemeinsamen

---

352 Vgl. URL: https://www.akf-bonn.de/files/endf_f_230517_die_feier_des_segens_fuer_paare_web.pdf

Fremdkindadoption und des Zugangs zur Reproduktionsmedizin. Diese Themenkomplexe können hier nicht entfaltet werden.[353] Sie verdeutlichen aber allesamt eine tiefe Kluft zur geltenden kirchlichen Lehre, konkret zur eben nicht freiheitstheologisch, sondern weiterhin essentialistisch-naturrechtlich aufgefassten Geschlechteranthropologie, die weder eine Analogie zur Ehe noch die Voraussetzungen für das Kindeswohl anerkennen lässt. Der zentrale Grund hierfür wird in der (natürlichen) Verschiedenheit der Geschlechter festgemacht, die sowohl für die Ehe als auch für die gedeihliche Kindererziehung als notwendig erachtet wird.

Dagegen können zahlreiche Sachargumente vorgebracht werden, wonach z. B. auch gleichgeschlechtliche Paare (trotz kirchlich besehen fehlender Komplementarität) zu einer erfüllten Partnerschaft fähig sind oder die Ehe keineswegs notwendig, wie kirchlich üblich, familienzentriert verstanden werden muss und somit Ehe und Familie auch als zwei unterschiedliche Institutionen (partner- bzw. kindzentriert) in den Blick genommen werden können. Dass die fehlende Komplementarität der Geschlechter „Hindernisse für die normale Entwicklung der Kinder" impliziert, also dem Kindeswohl entgegenstehen würde, wie die Glaubenskongregation 2003 in Nr. 7 der *Erwägungen zu den Entwürfen einer rechtlichen Anerkennung der Lebensgemeinschaften zwischen homosexuellen Personen*[354] behauptet, wäre ebenso durch zahlreiche Studien widerlegbar, die belegen, dass es für die Entwicklung der Kinder primär nicht entschei-

353 Vgl. dazu: Stephan Goertz, Zwischen Ablehnung und Anerkennung. Katholische Stellungnahmen zur gleichgeschlechtlichen Ehe in Deutschland, in: Family Forum 2017, S. 35–54. URL: https://czasopisma.uni.opole.pl/index.php/ff/article/view/82/41; Konrad Hilpert, Ehe für alle?, in: Ders./Bernhard Laux (Hg.), Leitbild am Ende? Der Streit um Ehe und Familie, Freiburg i. Br. 2014, S. 209–226; Gerhard Marschütz, Gleichgeschlechtliche Elternschaft. Theologisch-ethische Anmerkungen zu einer kontrovers geführten Debatte, in: Goertz (Hg.), „Wer bin ich, ihn zu verurteilen", S. 369–409. [Anm. 92]

354 URL: https://www.vatican.va/roman_curia/congregations/cfaith/documents/rc_con_cfaith_doc_20030731_homosexual-unions_ge.html

dend ist, „ob sie bei einem allein erziehenden Elternteil, zwei Müttern oder Vätern oder bei Vater und Mutter aufwachsen, sondern wie die Beziehungsqualität in diesen Familien ist“[355].

Mit der Vorbringung solcher Gegenargumente ist nicht schon bestritten, dass die übliche elterliche Konstellation von Vater und Mutter wohl weiterhin der bevorzugte Ort für Kinder und deren Wohl sein wird. Doch auch in dieser Familienkonstellation besteht faktisch eine große Bandbreite zwischen dem (im juristischen Bereich unterschiedenen) optimalen Standard des Kindeswohls und dessen minimalem Standard. Letzterer fokussiert auf Mindestbedingungen, die für das Wohl des Kindes unabdingbar sind, weshalb deren Unterschreitung aus rechtlicher Sicht eine Gefährdung des Kindeswohls darstellt. In solchen Fällen – etwa Vernachlässigung, Misshandlung und sexuellem Missbrauch von Kindern – wird ein staatliches Eingreifen unausweichlich. Eine Kindeswohlgefährdung liegt darum aber nicht schon durch belastete familiäre Lebensumstände des Kindes oder die Abwesenheit eines Elternteils (meist des Vaters) in Einelternfamilien vor. Immerhin ist rechtlich, unabhängig von der sexuellen Ausrichtung, auch die Adoption durch eine Einzelperson erlaubt. Folglich kann auch gleichgeschlechtlichen Paaren nicht abgesprochen werden, dass sie deutlich mehr als nur den minimalen Standard des Kinderwohls einzulösen vermögen.

Dennoch: Die katholische Kirche wird wohl auch künftig der naturrechtlichen Argumentationslogik treu bleiben. Die Grundlagen einer christlichen Geschlechteranthropologie,

---

355 Marina Rupp (Hg.), Die Lebenssituation von Kindern in gleichgeschlechtlichen Lebenspartnerschaften, Köln 2009, S. 308. Die englischsprachige Zusammenfassung dieser Studie ist abrufbar unter URL: https://www.bmj.de/SharedDocs/Downloads/EN/The_living_conditions_of_children_in_same_sex_civil_partnerships.pdf?__blob=publicationFile&v=3; Vgl. auch: Benjamin S. Siegel/Ellen C. Perrin u.a., Promoting the Well-Being of Children Whose Parents Are Gay or Lesbian, in: Pediatrics 131 (4/2013) S. 827–830. URL: https://publications.aap.org/pediatrics/article/131/4/827/31789/Promoting-the-Well-Being-of-Children-Whose-Parents?searchresult=1

wie sie Johannes Paul II. wirkmächtig in die jüngere Kirchengeschichte eingeschrieben hat, werden zugunsten einer freiheitstheologischen Logik, obzwar diese prinzipiell angezeigt ist, nicht aufgeweicht werden. Andernfalls müsste an die bereits 1983 vom Tübinger Theologen Norbert Greinacher (1931–2022) getätigte Aussage nicht erinnert werden, der zufolge „die Glaubwürdigkeit der Kirche in der heutigen Gesellschaft in entscheidendem Maße davon abhängt, ob sie in ihrem Innern die grundlegenden Menschenrechte verwirklicht“[356]. Doch die Befürchtung der katholischen Kirche ist weiterhin groß, sich in ihrer Identität aufzugeben, wenn sie konsequent einer freiheitstheologischen Logik folgen würde. Hierbei handelt es sich freilich primär um die in der Kirchenkonstitution *Lumen gentium* dargelegte Wer-Identität der Kirche, die von der Pastoralkonstitution *Gaudium et spes* zugemutete Wo-Identität wird unterbelichtet und damit die wechselseitige Voraussetzung von *Lumen gentium* und *Gaudium et spes* relativiert.

Speziell beim Gender-Thema erscheint die Identität der katholischen Geschlechteranthropologie infrage gestellt. Sofern aber Joseph Ratzinger als noch junger Theologe recht hat, speist sich der Vorwurf der „Gender-Ideologie“ maßgeblich aus „ideologischen Elementen“ des Naturrechts. Diese müssen offen angesehen, kritisch analysiert und letztlich abgelegt werden, um frei werden zu können für eine freiheitstheologische Perspektive, in der elementare Gender-Anliegen nicht abgewiesen werden. Frei nach einem bekannten Satz der Schriftstellerein Ingeborg Bachmann[357] gilt dann: Der kritische Anspruch der Menschenrechte ist der katholischen Kirche zumutbar.

---

356 Norbert Greinacher, Christenrechte in der Kirche, in: Theologische Quartalschrift 163 (1983) S. 189–199, hier: 199.

357 Vgl. URL: https://www.br.de/mediathek/podcast/artmix-galerie/die-wahrheit-ist-dem-menschen-zumutbar-ingeborg-bachmanns-beruehmte-dankesrede-zum-hoerspielpreis-der-kriegsblinden/1831302

Abkürzungen

AEMR Allgemeine Erklärung der Menschenrechte (1948)
AL Papst Franziskus, Apostolisches Schreiben *Amoris laetitia* (2016)
BF Papst Johannes Paul II., *Brief an die Frauen* (1995)
CC Papst Pius XI., Enzyklika *Casti connubii* (1930)
CIC Codex Iuris Canonici (1983; Kodex des kanonischen Rechtes)
DzH *Denzinger* Heinrich, Kompendium der Glaubensbekenntnisse und kirchlichen Lehrentscheidungen. Lateinisch – Deutsch, Hg. v. Peter *Hünermann* (402005)
EFFL Päpstlicher Rat für die Familie, *Ehe, Familie und „Faktische Lebensgemeinschaften“* (2000)
EG Papst Franziskus, Apostolisches Schreiben *Evangelii gaudium* (2013)
EJB Paula-Irene Villa, Judith Butler. Eine Einführung (22012)
ES Papst Paul VI., Enzyklika *Ecclesiam suam* (1964)
EV Papst Johannes Paul II., Enzyklika *Evangelium vitae* (1995)
FC Papst Johannes Paul II., Apostolischen Schreiben *Familiaris consortio* (1981)
GS Zweites Vatikanisches Konzil, Pastoralkonstitution *Gaudium et spes* (1965)
GSR Gabriele Kuby, *Die globale sexuelle Revolution* (2012)
HV Papst Paul VI., Enzyklika *Humanae vitae* (1968)
KKK *Katechismus der Katholischen Kirche* (2020; Erstveröffentlichung 1992)
KvG Judith Butler, *Körper von Gewicht* (1997)
LG Zweites Vatikanisches Konzil, Dogmatische Konstitution *Lumen gentium* (1964)

LGB	Grundtext des Synodalforums IV, *Leben in gelingenden Beziehungen – Grundlinien einer erneuerten Sexualethik* (2022)
LV	Karol Wojtyła, *Liebe und Verantwortung* (1960)
MD	Papst Johannes Paul II., Apostolischen Schreiben *Mulieris dignitatem* (1988)
MdG	Judith Butler, *Die Macht der Geschlechternormen und die Grenzen des Menschlichen* (³2015)
MF	Kongregation für das Katholische Bildungswesen, *Als Mann und Frau schuf er sie* (2019)
OS	Papst Johannes Paul II., Apostolisches Schreiben *Ordinatio sacerdotalis* (1994)
PdM	Judith Butler, *Psyche der Macht* (2001)
PdW	Avishai Margalit, *Politik der Würde* (2012)
PT	Papst Johannes XXIII., Enzyklika *Pacem in terris* (1963)
TL	Papst Johannes Paul II., *Theologie des Leibes* (1979–1984)
UdG	Judith Butler, *Das Unbehagen der Geschlechter* (1991)
UG	Arthur Fridolin Utz/Joseph Fulko Groner, Soziale Summe Pius XII. (3 Bde, 1954–1961)
VS	Papst Johannes Paul II., Enzyklika *Veritatis splendor* (1993)
ZMF	Kongregation für die Glaubenslehre, *Zusammenarbeit von Mann und Frau in der Kirche und in der Welt* (2004)

Die Abkürzungen der biblischen Bücher finden sich in jeder Bibelausgabe